내게로 오라

Come and Welcome to Jesus Christ

by John Bunyan

잉글랜드 P&R 시리즈는 개신교를 탄생시킨 존 칼빈의 사상을 그대로 이어받아 신앙의 삶으로 구현한 청교도들, 그중에서도 가장 왕성하고도 풍부한 저술 활동으로 헤아릴 수도 없는 명저들이 가득한 잉글랜드 청교도와 그 신앙을 계승한 영적 위인들의 저서를 소개합니다. 존 후퍼(John Hooper), 윌리엄 퍼킨스(William Perkins), 리차드 십스(Richard Sibbes), 토마스 굿윈(Thomas Goodwin), 리차드 백스터(Richard Baxter), 존 오웬(John owen), 존 번연(John Bunyan), 매튜 헨리(Matthew Henry), 조지 휫필드(George Whitefield), 존 라일(John Ryle), 찰스 스펄전(Charles Spurgeon), 마틴 로이드 존스(Martyn Lloyd-Jones) 등 일일이 열거하기 힘들 만큼 많은 영적 위인들이 잉글랜드 개혁신앙의 맥을 이어 왔습니다.

내게로 오라

존 번연 지음 | 황의무 옮김

지평서원

All that the Father giveth me shall come to me;
and him that cometh to me I will in no wise cast out.
(John 6:37)

■ 들어가는 말 본문의 배경과 구성 · 6

1부 설명을 통한 고찰

1장 성부의 선물 · 13

2장 그리스도에게로 오다 · 32

3장 그리스도에게로 오리라는 약속의 확실성 · 66

4장 그리스도에게 오는 자 · 97

5장 그리스도에게 오는 자를 향한 약속 · 131

2부 관찰을 통한 고찰

6장 하나님의 선물 · 159

7장 그리스도에게 나아오는 자들이 느끼는 두려움 · 182

8장 두려움을 내쫓으시는 그리스도 · 224

9장 적용 · 233

| 들어가는 말 |

본문의 배경과 구성

"아버지께서 내게 주시는 자는 다 내게로 올 것이요
내게 오는 자는 내가 결코 내쫓지 아니하리라"(요 6:37).

본문의 배경

본문의 앞 절인 요한복음 6장 16-21절에는 예수님께서 먼저 제자들을 배에 태워 가버나움으로 보내신 후 홀로 바다 위를 걸으시는 장면이 나옵니다. 그때 큰바람이 불어 파도가 일어나 제자들이 탄 배가 힘든 항해를 하고 있었습니다. 밤 사경(새벽 두 시부터 네 시) 즈음에 예수님께서 바다 위를 걸어 배 가까이 오시자, 그 광경을 본 제자들은 매우 두려워하였습니다. 예수님은 하나님의 백성에게 암담하고 끔찍한 상황이 닥쳤을 때 참으로 놀라운 방식으로 자신을 나타내십니다. 그런데 제자들은 이러한 상황을 감당하지 못하고 오히려 더욱 두려워하였던 것입니다. 그들은 바람과 바다를 두려워하였을 뿐만 아니라 그런 상황 가운데 나타나신 주님조차 두려워하였습니다.

그때 예수님은 제자들에게 "내니 두려워하지 말라"(20절)라고 말씀하십니다. 예수님께서(비록 무섭고 놀라운 방식이기는 하지만) 자기 백성에게 나타나신 것은 그들의 두려움과 혼란을 진정시키기 위함이었습니다.

"이에 기뻐서 배로 영접하니 배는 곧 그들이 가려던 땅에 이르렀더라"(21절).
그리스도의 백성들은 그리스도가 계시지 않을 때에는 빨리 가지 못하고 어려움을 만나게 되지만, 그리스도가 그들에게로 오시는 순간 모든 여정이 순탄해지고 참으로 쉽게 목적지에 이르게 됩니다.

전날 예수님의 말씀을 들었던 사람들 중에는 예수님과 제자들이 떠난 것을 알고는 예수님을 뒤따라 배를 타고 가버나움으로 온 사람들도 있었습니다. 예수님을 발견한 그들은 놀라서 "랍비여, 언제 여기 오셨나이까?"(25절)라고 물었습니다. 그러나 예수님은 그들의 말을 무시한 채로, "내가 진실로 진실로 너희에게 이르노니 너희가 나를 찾는 것은 표적을 본 까닭이 아니요 떡을 먹고 배부른 까닭이로다"(26절)라고 나무라셨습니다.

그렇습니다. 그들이 떡을 위해 바다 건너까지 그분을 따라간 것처럼, 세상에는 세속적인 목적을 위해 그리스도를 따르는 사람들이 있습니다. 그런 사람들은 자신의 배를 채우기 위해 상당한 수준의 종교 생활을 합니다. 그리고 그리스도를 위해 온갖 위험을 무릅쓰기도 합니다. 그러나 그리스도 앞에서 행위의 열매를 맺게 하는 것은 그러한 위선이 아니라 '선한 의도'입니다. 그리스도께서 인정하시는 것은 신앙고백자의 수고나 노력이 아니라 그리스도에 대한 사랑입니다. 그리스도로부터 무엇인가 만족을 얻고 싶어할지라도 마음이 부패했다면, "너희가 나를 찾는 것은 표적을 본 까닭이 아니요 떡을 먹고 배부른 까닭이로다"라는 핀잔과 책망을 듣게 될 것입니다.

그러나 우리는 예수님께서 그러한 사람들에게도 선한 충고를 잊지 않으셨다는 사실에 유의해야 합니다. 그리스도는 그들에게 "썩을 양식을 위하여 일하지 말고 영생하도록 있는 양식을 위하여 하라"(27절)라고 명령하셨습니다. 참으로 예수 그리스도는 위선으로 나아오는 자들일지라도 진실하게 나아와 구원받기를 원하시는 것입니다.

오늘의 본문인 37절 말씀은 예수님께서 그들과 함께 많은 말씀을 나누신 후에 제시하시는 결론에 해당합니다. 여기서 예수님은 오직 형식과 위선으로 나아오는 자들을 기뻐하지 않으시고 다만 아버지께서 자신에게 주신 자들, 곧 '남은 자(remnant)'를 통해 영광 받으실 것이라는 사실을 잘 보여 주십니다. 그분은 마치 "나는 너희들의 구원을 기대하는 것이 아니다. 아버지께서 나에게 주신 자들이 있는데, 그들은 나에게 진실하게 나아올 것이며, 나는 그들로 말미암아 만족할 것이다"라고 말씀하시는 것과 같습니다. 그러므로 본문은 많은 설교와 수고가 무위로 돌아갔는데도 모든 말씀을 결론 맺으시면서 만족하신 '그리스도의 안식(Christ's repose)'을 보여 준다고 할 수 있습니다.

예수님은 이사야 선지자의 말처럼 '헛되이 수고하였으며 무익하게 공연히 힘을 다하였습니다.' 그러나 이어지는 말씀에서 그는 "참으로 나에 대한 판단이 여호와께 있고 나의 보응이 나의 하나님께 있느니라"(사 49:4)라고 말합니다. 이와 같이 주님께서도 "아버지께서 내게 주시는 자는 다 내게로 올 것이요 내게 오는 자는 내가 결코 내쫓지 아니하리라"(요 6:37)라고 말씀하시는 것입니다. 예수님은 자신을 따르는 사람들 가운데 위선자들이 있다는 사실을 고려하면서 이 말씀을 통해 위안을 받고 계신 것입니다.

또한 가버나움과 고라신과 벳새다에서의 사역이 거의 효과가 없었다는 사실도 그분에게는 위안이 되었습니다. 그분은 이렇게 고백하십니다.

"천지의 주재이신 아버지여, 이것을 지혜롭고 슬기 있는 자들에게는 숨기시고 어린아이들에게는 나타내심을 감사하나이다"(마 11:25).

"옳소이다. 이렇게 된 것이 아버지의 뜻이니이다"(눅 10:21).

본문의 구성과 내용 전개

본문은 두 부분으로 구성되어 있는데, 각각 성부와 성자에 대하여 말하고 있습니다. 아울러 성부와 성자가 함께 하나님의 백성의 구원에 관여함을 보여 줍니다.

"아버지께서 내게 주시는 자는 다 내게로 올 것이요 내게 오는 자는 내가 결코 내쫓지 아니하리라"(요 6:37).

본문의 상반절은 성부와 그분의 '주심'에 초점을 맞추고 있으며, 하반절은 성자와 그의 '받으심'에 초점을 맞추고 있습니다.

그러므로 우리는 먼저 성부의 주심, 즉 그분의 선물 자체에 대해 다룰 것입니다. 성부께서는 성자에게 특정한 사람들을 주셨습니다. 성부께서는 그들을 선물로 주셨으며, 이 선물은 성자에게로 갈 것입니다.

"내게 오는 자는."

이와 같이 성부의 선물은 성부께서 예수 그리스도에게로 보내신 사람들입니다.

이어서 하반절을 중심으로 성자의 받아들이심, 곧 이 선물을 받아들이시는 성자에 대해 살펴볼 것입니다. 특히 다음의 네 가지 사항에 초점을 맞추고자 합니다.

첫째, 예수님은 '아버지께서 자신에게 주시는 자'를 인정하고 받아들이십니다.

둘째, 예수님은 하나님께서 주신 모든 자들에 대해 상세히 알고 계십니다.

"아버지께서 내게 주시는 자는 다(all)."

셋째, 예수님은 그들을 자신에게로 이끄시리라 결심하셨습니다.

"아버지께서 내게 주시는 자는 다 내게로 올 것이요."

넷째, 예수님은 그들이 오는 것을 결코 싫어하지 않으십니다.

"내게 오는 자는 내가 결코 내쫓지 아니하리라."

본문은 대체로 이러한 구조와 내용으로 제시됩니다.

이제 우리는 본문에 나타난 단어를 중심으로 설명(1-5장)과 관찰(6-9장)이라는 두 가지 방식을 통해 본문을 살펴볼 것입니다.

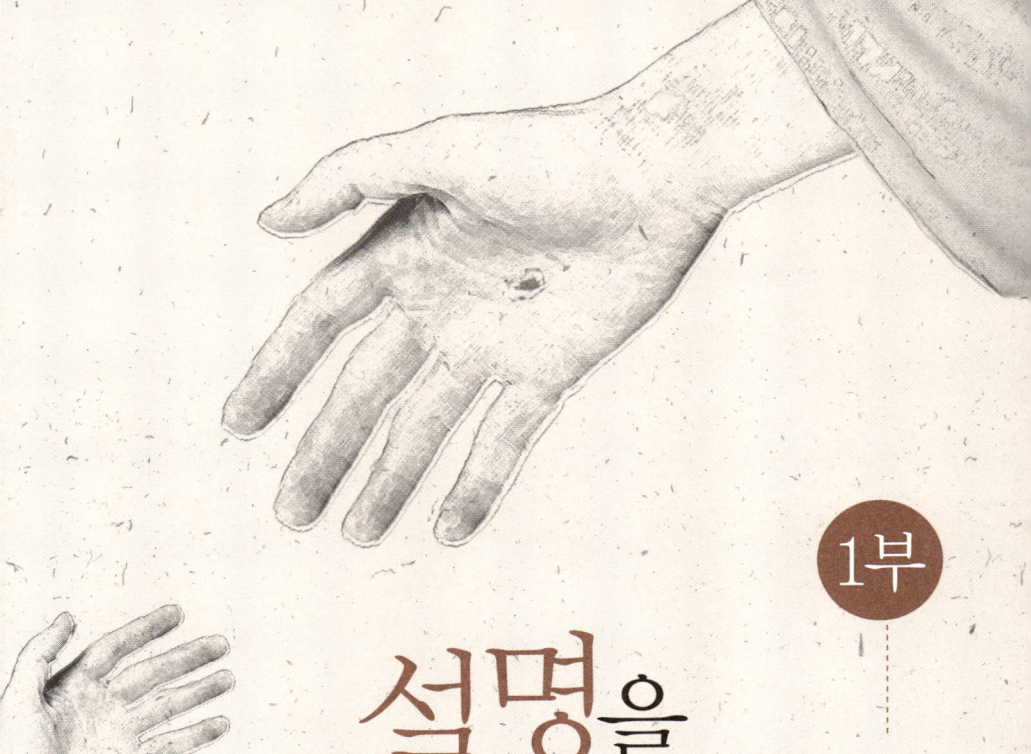

1부
설명을 통한 고찰

1장 성부의 선물
2장 그리스도에게로 오다
3장 그리스도에게로 오라는 약속의 확실성
4장 그리스도에게 오는 자
5장 그리스도에게 오는 자를 향한 약속

Come and Welcome to Jesus Christ

1장
성부의 선물

"아버지께서 내게 주시는 자는 다"
All that the Father giveth me

1. 아버지께서 내게 주시는 자는 '다(all)'

여기서 '다(all)'라는 말은 성경에서 종종 사용되는 문장에 따라 진리나 논증을 더욱 확장하거나 엄격하게 제한하는 역할을 합니다. 우리는 이러한 '다'라는 단어의 용례를 통해 그리스도의 마음을 더욱 잘 헤아릴 수 있습니다. 본문에서 '다'라는 말은 구원받을 사람들, 즉 그리스도에게로 올 사람들만을 제한하여 지칭합니다. 바로 그들을 그리스도께서 '결코 내쫓지 않으신다'는 말입니다.

'온 이스라엘'이라는 표현도(때로는 야곱의 모든 족속을 의미할 때도 있지만) 이러한 맥락에서 해석해야 합니다. 가령 "온 이스라엘이 구원을 받으리라"(롬 11:26)라는 말씀에서 '온 이스라엘'이란 넓은 의미에서 이스라엘 전체를 의미하는 것이 아닙니다.

"이스라엘에게서 난 그들이 '다' 이스라엘이 아니요 또한 아브라함의 씨가 '다' 그의 자녀가 아니라. 오직 이삭으로부터 난 자라야 네 씨라 불리리라 하셨으니 곧 육신의 자녀가 하나님의 자녀가 아니요 오직 약속의 자녀가 씨로 여기심을 받느니라"(롬 9:6-8).

이와 같이 '다'라는 단어는 사용된 문장에 따라 그것이 나타내고자 하는 진리나 논증을 더욱 확장하거나 엄격하게 제한합니다. 이러한 사실을 망각하면 성경을 왜곡하거나 성경을 읽다가 혼란에 빠지게 됩니다.

예수님은 "내가 땅에서 들리면 '모든(all)' 사람을 내게로 이끌겠노라"(요 12:32)라고 말씀하셨습니다. 여기서 '모든'이라는 말을 제한적 의미로 보지 않고 이 땅에 거하는 모든 인류로 생각하는 사람은 없을 것입니다. 여기서 "땅에서 들리면"이라는 말이 하늘나라로 가신다는 의미라면, 이 구절은 그분께서 이끄시는 모든 사람들이 그분을 따라 영광의 나라에 들어가리라는 의미가 될 것이며, 따라서 '모든 사람'이란 참으로 진노로부터 영원히 구원받은 사람들만을 가리키게 되는 것입니다.

"하나님이 '모든(all)' 사람을 순종하지 아니하는 가운데 가두어 두심은 '모든(all)' 사람에게 긍휼을 베풀려 하심이로다"(롬 11:32).

이 말씀에는 '모든'이라는 표현이 두 번 나옵니다. 그런데 첫 번째 '모든'과 두 번째 '모든'의 의미가 서로 다릅니다. 물론 둘 다 유대인을 의미합니다. 그러나 두 번째 '모든 사람'은 동일한 유대인을 의미하지만,

대부분 하나님께서 긍휼을 베푸시겠다고 약속된 시대에 사는 사람들을 가리킵니다. 이 말씀에서도 '모든'이 구원받은 사람들만을 제한적으로 가리키는 것입니다.

그렇다면 본문의 '주다'라는 단어도 제한적인 대상에 국한되어 적용되어야 합니다. 그러므로 "아버지께서 내게 주시는 자는 다"라는 말씀은 넓은 의미에서 '성부께서 성자에게 보내시는 모든 자'라는 의미가 아닙니다. 그런 의미라면 실제로 예수님께 오지 않는 사람들도 포함될 것인데, 그렇게 보면 결국 그분에게 주신 사람들도 쫓겨날 수 있다는 결론에 이르고 말기 때문입니다. 그래서 저는 먼저 여러분에게 이러한 진리에 대해 설명한 후에, 본문이 말하는 선물의 의미가 무엇인지를 살펴보고자 합니다.

그리스도에게 주어진 모든 사람을 '넓은 의미에서' 성부의 선물로 보는 것은 다음의 세 가지 측면에서 본문과 부합하지 않습니다.

첫째, 그렇게 되면 세상에 있는 모든 사람이나 모든 사물이 구원받아야 합니다. 예수님은 마태복음 11장 27절에서 "내 아버지께서 모든 것을 내게 주셨으니"라고 말씀하십니다. 그런데 저는 여기서 말하는 '모든 것'에는 이성을 가진 인간이 포함되지 않는다고 생각합니다. 그러므로 오늘 본문의 '주셨다'는 말은 성부께서 성자에게 특별한 방식으로 주신 사람들에만 국한되어야 합니다.

둘째, 성부께서 그리스도에게 주신 것들 중에는 그분에 의해 산산이 부서진 것들도 있습니다. 성부께서는 자신의 백성에게 "내게 구하라.

내가 이방 나라를 네 유업으로 주리니 네 소유가 땅 끝까지 이르리로다"(시 2:8)라고 말씀하셨습니다. 그러나 그들이 어떻게 되었습니까? 그리스도께서 그들을 모두 구원하셨습니까? 그렇지 않습니다. 오히려 하나님께서는 "네가 철장으로 그들을 깨뜨림이여, 질그릇같이 부수리라"(시 2:9)라고 말씀하셨습니다. 하나님이 그들을 주신 것은 그들을 은혜로 구원하시기 위함이 아니라 그리스도와 성도들로 철장을 가지고 그들을 다스리게 하시기 위함이었던 것입니다(계 2:27 참고). 이런 경우에도 성경은 그들을 '유업으로 주겠다'라는 표현을 사용하는 것입니다. 그러므로 오늘 본문에서 말하는 선물은 이와는 다른 목적으로 주어진, 즉 성부께서 성자에게 특별한 방식으로 주신 것들에 국한되어야만 합니다.

같은 관점으로 시편 18편을 보십시오. 여기서 그분은 자신에게 주어진 것들을 끊어 버리겠다고 말씀합니다.

"또 주께서 내 원수들에게 등을 내게로 향하게 하시고 나를 미워하는 자들을 내가 끊어 버리게 하셨나이다"(40절).

이러한 것들 역시 본문이 말하는 '성자에게 주신 것'에 해당되지 않습니다. 왜냐하면 그분에게 주어진 것에 대해 주님은 "아버지께서 내게 주시는 자는 다 내게로 올 것이요 내게 오는 자는 내가 결코 내쫓지 아니하리라"라고 말씀하시기 때문입니다.

셋째, 그리스도에게 주어진 것들 가운데에는 이 땅에서 심오한 목적과 섭리를 이루기 위한 도구로 사용되는 경우도 있습니다. 예를 들어,

가룟 유다는 그리스도에게 주어졌으나 스승을 죽음으로 몰고 갔으며, 그로 말미암아 택자들을 구원하시려는 목적이 성취되었습니다. 예수님은 "내가 그들과 함께 있을 때에 내게 주신 아버지의 이름으로 그들을 보전하고 지키었나이다. 그중의 하나도 멸망하지 않고 다만 멸망의 자식뿐이오니 이는 성경을 응하게 함이니이다"(요 17:12)라고 말씀하셨습니다. 결국 가룟 유다 역시 그리스도에게 주어졌으나 다른 제자들과는 다르며, 본문에서 성자에게 주어졌다고 언급된 자들에 속하지도 않는 것입니다. 만약 그렇지 않았다면, 그리스도께서 그를 보전하여 영생에 이르도록 지키셨을 것입니다.

가룟 유다는 실로 그리스도에게 주어진 자였으나, 그것은 이미 정해진 대로 예수님을 죽음으로 이끌기 위함이었습니다. 그가 예수님을 배반함으로써 예수님을 죽음에 넘기는 도구가 되어 성경의 말씀을 성취하고 다른 사람의 구원을 이루기 위함이었던 것입니다. 예수님은 "그중의 하나도 멸망하지 않고 다만 멸망의 자식뿐이오니 이는 성경을 응하게 함이니이다"라고 말씀하셨습니다.

그러므로 본문에서 성자에게 주어진 자는 넓은 의미로 해석할 것이 아니라 '예수님께서 받아 주시고 영원한 구원을 보장하신 자들'이라는 제한된 의미로 이해해야 합니다. 이것이 바로 "아버지께서 내게 주시는 자는 다 내게로 올 것이요 내게 오는 자는 내가 결코 내쫓지 아니하리라"(요 6:37)라는 말씀의 뜻입니다. 즉, 본문은 "그들은 나에게 특별하게 주신 자들이므로 결코 거절당하지 않을 것이다"라는 뜻의 말씀인 것입니다. 이것이 본문의 핵심 의미입니다.

따라서 본문에서 선물로 주어진 자들은 언약에 의해 성자에게 주어진 자들로서, 성경의 다른 곳에서는 '택자'나 '선민' 또는 '양'이나 '약속의 자녀'로 불립니다. 하나님 아버지께서는 이들을 그리스도에게 맡기셨으며, 그리스도께서는 이들에게 영생을 약속하셨습니다. 그리고 그들은 그분의 말씀을 받으며 천국에서 그분의 영광을 보게 될 것입니다.

"나를 보내신 이의 뜻은 내게 주신 자 중에 내가 하나도 잃어버리지 아니하고 마지막 날에 다시 살리는 이것이니라"(요 6:39).

"내가 그들에게 영생을 주노니 영원히 멸망하지 아니할 것이요 또 그들을 내 손에서 빼앗을 자가 없느니라. 그들을 주신 내 아버지는 만물보다 크시매 아무도 아버지 손에서 빼앗을 수 없느니라"(요 10:28,29).

"아버지께서 아들에게 주신 모든 사람에게 영생을 주게 하시려고 만민을 다스리는 권세를 아들에게 주셨음이로소이다"(요 17:2).

"그들은 아버지의 것이었는데 내게 주셨으며 그들은 아버지의 말씀을 지키었나이다"(요 17:6).

"내가 그들을 위하여 비옵나니 내가 비옵는 것은 세상을 위함이 아니요 내게 주신 자들을 위함이니이다. 그들은 아버지의 것이로소이다. 내 것은 다 아버지의 것이요 아버지의 것은 내 것이온데 내가 그들로 말미암아 영광을 받았나이다……거룩하신 아버지여, 내게 주신 아버지의 이름으로 그들을 보전하사 우리와 같이 그들도 하나가 되게 하옵소서"(요 17:9-11).

"아버지여, 내게 주신 자도 나 있는 곳에 나와 함께 있어 아버지께서 창세전부터 나를 사랑하시므로 내게 주신 나의 영광을 그들로 보게 하시기를 원하옵나이다"(요 17:24).

이러한 말씀들은 그리스도께서 본문과 동일한 맥락에서 하신 말씀으로, 여기에 사용된 '다(all)', '모든(many)', '그들(those, they)'이라는 말은 본문에서 '아버지께서 주신 자들'과 동일한 의미로 볼 수 있습니다.

이와 같이 '다(all)'라는 단어는 어리석은 생각이나 경솔한 주장에 따라 임의로 해석해서는 안 됩니다. 이러한 표현들은 본문의 의도나 문맥에 따라 더욱 확장된 의미나 제한된 의미를 가집니다. 그러므로 우리는 이러한 표현이 사용된 경우, 다른 성경 구절과 자세히 비교하여 그 의미를 더욱 신중하게 판단해야 할 것입니다. 그렇게 할 때 우리에게 말씀하신 주님의 의도를 더욱 잘 파악할 수 있습니다.

2. '아버지께서(the Father)' 내게 주신 자

본문에서 그리스도는 자신에게 사람들을 주신 분이 누구이신지에 대해 언급합니다. 우리는 여기서 몇 가지 유익한 가르침을 얻을 수 있습니다.

첫째, 주 하나님, 우리 주 예수 그리스도의 아버지께서는 아들과 함께 자기 백성들의 구원에 관여하십니다. 다만 우리의 구원과 관련하여 성부께서 하시는 일은 성자가 하시는 일과는 다릅니다. 성부께서 하시는 일은 아들이 우리를 위해 하신 일과 같지 않습니다. 그분은 성자처럼 우리를 위해 죽으시거나 피 흘리시지 않았습니다. 그러나 그분은 우리의 구원에 관여하십니다.

예수님은 "아버지께서 친히 너희를 사랑하심이라"(요 16:27)라고 말씀하셨습니다. 이러한 사랑은 우리를 택하시고 자신의 아들을 주신 행위에 잘 나타납니다. 그분은 자신의 아들을 우리를 위한 대속물로 주셨습니다. 그래서 그분은 "자비의 아버지시요 모든 위로의 하나님"(고후 1:3)이라고 불리십니다. 성부께서는 아들의 보혈을 통해 우리에게 다가오시고 은혜를 베푸신 것입니다(골 1:12-14 참고).

그러므로 우리는 성부 하나님께서 죄인을 구원하시는 데 중요한 역할을 담당하셨음을 기억하고 감사해야 합니다. 우리는 마땅히 '우리로 하여금 빛 가운데서 성도의 기업의 부분을 얻기에 합당하게 하신 아버지께 감사'(골 1:12)해야 합니다. 그분께서 '아들을 세상의 구주로 보내'(요일 4:14) 주셨기 때문입니다. 요한복음 6장 37절에도 '아버지께서' 죄인들을 그리스도에게 '주셔서' 구원하게 하신 것이 잘 나타나 있습니다.

둘째, 본문에서 예수님은 우리에게 하나님을 친밀하게 제시하시기 위하여 그분을 "아버지"라고 부르십니다. 하나님이라는 이름은 우리에게 두려움을 줍니다. 특히 그분의 공의나 거룩이나 능력이나 영광을 나타내는 경우에는 더욱 그런 인상을 받기 쉽습니다. 그러나 아버지라는 표현은 친밀감을 줍니다. 아버지라는 표현은 죄인에게 두려움보다는 그분의 사랑을 느끼게 하며, 편안함을 줍니다. 그래서 그리스도는 우리에게 하나님께 기도하는 법을 가르쳐 주실 때에도 하나님을 아버지라고 부르게 하셨습니다.

"하늘에 계신 우리 아버지여"(마 6:9).

'아버지'라는 단어가 주는 친밀감을 통해 자녀들이 더욱 담대하게 기도하고 큰 것을 구할 수 있게 하시려는 것입니다. 저 역시 다른 어떤 호칭보다 '아버지'라고 부를 때에 더욱 편안함을 느낍니다.

구약시대에는 이러한 관계적 칭호를 사용하는 예가 드물었다는 사실을 기억하십시오. 구약시대의 성도들은 하나님을 아버지라고 부른 경우가 드물며, 구약성경 가운데에는 이러한 호칭이 전혀 없는 책도 여러 권 있습니다. 반면 신약성경에서는 예수님은 물론 사도들조차 가장 즐겨 사용한 호칭이 바로 '아버지'라는 말입니다. 사실 이 호칭을 처음 사용하시고 기도나 가르침을 통해 그것을 가르치시고 일상적으로 사용하게 하신 분은 예수님입니다. '아버지'라는 호칭만큼 하나님께 편안하고도 친밀하게 다가가게 하는 것도 없습니다. 이러한 호칭을 통해 우리는 우리를 향한 모든 긍휼이 하나님께로부터 왔으며, 우리가 양자로서 그분의 자녀가 되었다는 사실을 깨닫게 됩니다.

3. 아버지께서 내게 '주신(giveth)' 자는 다

'주다(giveth)'라는 단어(현재형)는 그리스도의 일상 언어 가운데 자주 등장합니다. 이것은 얼핏 성부께서 아들에게 주시는 행위가 과거의 사실이 아니라 현재에도 계속되고 있는 듯한 인상을 줍니다. 그러나 사실 이 선물은 창세전에 성부와 성자 사이에 영원한 언약이 체결될 때 그리스도에게 주어진 것입니다. 그러하기에 성경의 다른 곳에는 동일한 선물에 대해 과거 시제로 언급되어 있습니다.

"내게 주신(hath given)."

"그들을 주신(gavest) 내 아버지는."

따라서 본문은 이러한 과거적 해석으로부터 그 의미를 추론해야 합니다. 즉, 본문의 현재형 '주다'라는 말을 '주셨다'라는 의미로 살펴보아야 하는 것입니다. 그렇지 않으면 택함에 관한 교리나 성부와 성자 간에 맺어진 영원한 언약에 관한 교리가 설 수 없을 것이며, 악한 자들의 공격을 받게 될 것입니다. 그들은 이러한 행위가 지금도 계속되고 있으므로 창세전에 성부께서 그리스도에게 구원받을 사람들을 다 주신 것이 아니라고 주장할 것입니다.

그러나 본문에 '주다'라는 단어가 현재형으로 기록된 것은 아무런 문제가 없으며, 다음과 같은 차원에서 이해해야 합니다.

첫째, 사람들 간에 주고받는 행위는 그 일이 일어난 시점이 있으므로 정확한 시제를 나타내 주어야 하지만, 하나님의 경우는 그럴 필요가 없습니다. 왜냐하면 하나님께서는 과거나 미래가 언제나 현재이며, 이것은 그분의 아들 예수 그리스도에게도 마찬가지이기 때문입니다. 하나님은 '없는 것을 있는 것으로(우리에게 마치 '있었던 것'처럼[as though they were]) 부르시는 이'(롬 4:17)이십니다. 뿐만 아니라 성경은 "예로부터 이것을 알게 하시는 주의 말씀이라"(행 15:18)라고 했습니다. 하나님께는 모든 것이 태초부터 알려진 바 되었다는 말입니다. 이와 같이 하나님께는 모든 것이 현재이므로 성부께서 성자에게 주시는 행위도(비록 우리에게는 과거의 행위에 속한다 할지라도) 현재의 행위인 것입니다.

둘째, 그리스도는 이러한 표현을 통해 성부께서 창세전에 그들 모두를 주셨을 뿐만 아니라 그들을 개별적으로 다시 주실 것임을 보여 주십니다. 즉, 때가 되면 회심을 통해 그들을 개별적으로 그분에게로 이끄실 것입니다. 성부께서 그들을 그리스도에게로 이끄실 것입니다(요 6:44 참고).

"수 놓은 옷(그리스도의 의)을 입은 그는 왕께로 인도함을 받으며"(시 45:14).

구원받은 자에게 그리스도의 의를 전가하시는 분은 하나님이십니다(고전 1장 참고). 어떤 사람이 누군가에게 자신의 딸을 내어 주겠다고 약속한다면, 이것은 일차적으로는 결혼에 대한 약속이요 과거의 사건입니다. 그리고 이차적으로 약속한 날이 되면 실제로 딸을 내어 줍니다. 여기서 본문은 후자의 의미에 해당된다고 할 수 있습니다. 즉, 성부께서 창세전에 예수 그리스도에게 주신 모든 것을 혼인날이 되어 다시(이차적으로) 내어 주시는 것입니다.

사람들 간에 주고받는 선물은 맨 처음 새것일 때의 상태가 가장 좋습니다. 이 땅에 속한 모든 것은 시간이 지날수록 낡습니다. 그러나 그리스도에게는 그렇지 않습니다. 성부의 선물은 낡거나 변형되지 않으며, 보기 싫게 퇴색되지 않습니다. 그분에게는 언제나 새것입니다. 여호와께서 이스라엘 백성에게 가나안 땅을 주신 것에 대해 말씀하신 것을 보십시오. 그것을 '주었다(have given)'나 '줄 것이다(would give)'가 아니라 현재형을 사용하여 "네 하나님 여호와께서 네게 이 아름다운 땅을 기업으로 주신(giveth)"(신 9:6)이라고 말합니다. 이것은 그들이 수백 년 전 조상들의 허리에 있을 때에 그 땅을 주신 것이 아니라 그분이 '지금' 그들에게 그 땅을 주고 계신다는 의미입니다. 마치 그들이 요단강 건너편에서 지금 막 그 땅을 새롭게 취하고 있는 듯한 표현입니다. 이것은 무엇을 의미합니까? 그 땅이 그들에게 언제나 새로운 것이어야 한다는 것입니다.

본문에서 말하는 성부의 선물도 마찬가지입니다. 그것은 언제나 새로운 것이요, 성자에게 주시는 때 역시 언제나 지금인 것입니다.

4. 성부와 성자의 사역

"아버지께서 내게 주시는 자는 다"라는 표현에는 두 위격(성부와 성자)이 언급됩니다. 한 분은 선물을 주시는 아버지이시고, 한 분은 그것을 받으시는(받아들이시는) 아들이십니다.

먼저, 본문은 두 분이 성령과 더불어 동일하신 영원한 하나님이시지만 동시에 서로 다른 위격(personality)을 가지고 계신다는 점을 보여줍니다. 즉, 성부와 성자와 성령이 서로 다른 위격이라는 것입니다. 다만 본문에는 세 위격 가운데 두 위격만 언급되었으므로 저도 두 위격에 대해서만 말하겠습니다.

주시는 분과 받는 분은 주는 행위와 받는 행위가 동일하지 않다는 점에서 논리적으로 동일한 인격이 될 수 없습니다. 주는 이는 자신에게 주는 것이 아니라 타인에게 주는 것이며, 받는 이는 자신에게서 받는 것이 아니라 타인으로부터 받는 것이기 때문입니다. 성부는 성부 자신에게 주는 것이 아니라 성자에게 주십니다. 또한 성자는 성자 자신으로부터 받는 것이 아니라 성부로부터 받으십니다.

성부께서 명령하시는 경우도 마찬가지입니다. 그분은 자신에게 명령하시는 것이 아니라 타인에게 명령하십니다. 그러므로 예수님은 "아버지께서 내가 말할 것과 이를 것을 친히 명령하여 주셨으니"(요 12:49)라고 말씀하십니다. 또한 "내가 나를 위하여 증언하는 자가 되고 나를 보내신 아버지도 나를 위하여 증언하시느니라"(요 8:18)라고 말씀하십니다.

더 나아가, 본문에는 겉으로 드러나지 않는 의미가 함축되어 있습니다. 그것은 성부께서 그리스도에게 모든 사람을 주시지는 않았다는 것입니다. 넓은 의미에서는 그들 모두를 주셨을지라도 본문의 의도는 그런 것이 아닙니다. 만일 그것을 넓은 의미로 해석한다면 모든 사람이 구원받아야 합니다. 그러나 그분은 일부 사람들을 다르게 다루셨습니다. 그분은 어떤 사람들의 경우에는 우상을 섬기도록 내버려 두셨으며(행 7:42 참고), 어떤 사람들의 경우에는 '더러움'과 '부끄러운 욕심'과 '상실한 마음'대로 내버려 두셨습니다(롬 1:24,26,28 참고). 그리고는 이러한 행위에 대해 진노하사 그들로 하여금 자신의 행위의 열매를 거두게 하시고, '그들의 그릇됨에 상당한 보응'을 받게 하셨습니다(롬 1:27 참고).

그러나 하나님은 모든 사람에게 그렇게 하시지는 않았습니다. 그분은 일부 사람들에게 긍휼을 베푸사 이러한 심판으로부터 보존하십니다. 그분은 "내가 남긴 자를 용서할 것임이라"(렘 50:20)라는 말씀대로 그들을 용서하십니다. 바로 이러한 자들이 성부께서 예수 그리스도에게 기업과 분깃으로 주신 자들입니다. 그래서 예수님은 "나를 보내신 아버지께서 이끌지 아니하시면 아무도 내게 올 수 없으니 오는 그를 내가 마지막 날에 다시 살리리라"(요 6:44)라고 말씀하신 것입니다.

이처럼 성부 하나님께서 그들을 구원하시기 위해 그리스도에게 주셨다는 말씀은 우리에게 다음과 같은 사실을 알려 줍니다.

첫째, 그리스도에게는 이러한 하나님의 계획에 부응하여 그것을 이루실 수 있는 능력이 있습니다. 그분은 그들을 온전히 구원하실 수 있습니다(히 7:25 참고). 그분은 '능력 있는 용사에게는 돕는 힘을 더하며'(시 89:19), '구원하는 능력을 가진 이'(사 63:1)이십니다. 또한 그분은 여호와께서 자기 백성을 위해 보내 주시겠다고 약속한 '구원자이자 보호자'(사 19:20)이십니다. 구원은 전능하심이 요구되는 위대한 사역입니다. 그러므로 그분은 '기묘자, 모사, 전능하신 하나님'(사 9:6 참고)이십니다.

죄의 힘은 강력하며, 사탄의 힘도 강력합니다. 사망과 음부도 강력하며, 율법의 저주 역시 그러합니다. 그러므로 이처럼 강력한 대적에게서 택자들을 구원하기 위해서는 전능한 능력이 필요합니다. 그래서 성부께서 그러한 전능하심이 있는 성자에게 그들을 맡기신 것입니다. 그리고 성자는 우리의 구원을 위한 사역을 통해 이러한 전능하심을 입증하셨습니다.

그분은 '사망을 폐하시고'(딤후 1:10) '죽음의 세력을 잡은 자 곧 마귀를 멸하시며'(히 2:14), 스올을 멸망시키시고(호 13:14 참고), 허물과 죄의 끝이 되셨습니다(단 9:24 참고). 또한 성부로부터 받은 자들을 위하여 저주를 받은 바 되사 율법의 저주에서 그들을 속량하셨으며(갈 3:13 참고), 율법의 증서를 십자가에 못 박으시고 십자가로 모든 대적을 이기시고 승리하셨습니다(골 2:14,15 참고). 그리고 지금도 살아 계신 그리스도께서는 사망을 이기고 승리하신 주로서 사망과 음부의 열쇠를 가지고 계십니다(계 1:18 참고).

둘째, 성부께서 자기 백성을 성자에게 주셔서 구원하게 하신 것은, 성자께서 중보자의 직무를 신실하게 감당하실 것이며, 그들이 그분의 신실하신 구원 사역을 통해 죄의 열매(값)인 영원한 저주로부터 보호받게 될 것이라는 사실을 보여 줍니다. 성령께서도 그리스도에 대해 "그가 자기를 세우신 이에게 신실하시기를"(히 3:2)이라고 말합니다. 즉, 그리스도가 성부께서 주신 자들을 구원하는 사역을 신실하게 행하셨다는 것입니다.

그분은 마치 '모세가 하나님의 온 집에서 한 것과 같이'(히 3:2) 신실하셨습니다. 사실 그분은 훨씬 더 신실하셨습니다. 모세는 하나님의 집에서 종으로서 신실하였으나 그리스도는 하나님의 집을 맡은 아들로서 그와 같이 신실하셨습니다(히 3:5,6 참고). 그분은 모세보다 더 신실하셨을 뿐만 아니라 인격의 존엄성으로 인해 그보다 훨씬 더 존귀하셨습니다. 그리스도의 이러한 진실하심과 신실하심으로 말미암아 하나님께서 그리스도의 어깨에 자기의 모든 백성을 기꺼이 맡기신 것입니다. 그분은 구원 사역을 이루시기에 조금도 부족함이 없었습니다.

이러한 사실에 대해 성자는 이미 증거를 받으셨습니다. 때가 되자 하나님의 공의는 백성들의 죄를 씻어 그들을 구속하기 위해 아들의 피를 요구했으며, 그리스도께서는 기꺼이 자신의 보혈을 물처럼 쏟아부어 주셨습니다. 그분은 자신의 생명을 조금도 아끼지 않으셨습니다. 그러하기에 하나님께서는 그분을 '의로운 종'(사 53:11)이라고 부르셨습니다. 그리스도가 자신의 사역에 신실하지 않았다면 그분의 의도 완전할 수 없었을 것입니다. 그분이 참되고 신실하셨기 때문에 자신의 의로 백성을 구원하실 수 있었던 것입니다. 그분이 이러한 신뢰에 어긋남 없이 주어진 사역을 신실하게 수행하실 것임을 알고 계셨기에 성부께서 택자들을 그분에게 주신 것입니다.

셋째, 성부께서 자기 백성을 성자에게 주셔서 구원하게 하신 것은, 백성들의 도발과 허물에도 그들을 온유와 관용으로 대하실 것임을 보여 줍니다. 성자께서 자신이 구원할 백성들로부터 당하신 고통과 아픔은 상상할 수 없는 것이었습니다. 그분은 실로 '시험한 돌'(사 28:16)이었습니다. 그분은 마귀나 죄나 죽음이나 율법의 저주로부터 시험을 당하셨을 뿐만 아니라 무지하고도 완고하며 죄에 빠지기 쉬운 자기 백성에게도 시험을 당하셨습니다.

만약 우리가 지금까지 예수님께서 자기 백성으로부터 어떤 시험을 당하셨는지를 볼 수 있다면, 그분의 인내와 관용에 놀라지 않을 수 없을 것입니다. 그분은 실로 '자비로우시며 노하기를 더디하시며 인애가 크신'(욘 4:2 참고) 분입니다. 만약 그런 분이 아니었다면 아담 이후 지금까지 계속된 그들의 행위에 대해 참으실 수 없었을 것입니다. 교회를 향한 그분의 긍휼과 사모함은 자식을 향한 어미의 긍휼과 사모함을 능가합니다.

"여인이 어찌 그 젖 먹는 자식을 잊겠으며, 자기 태에서 난 아들을 긍휼히 여기지 않겠느냐. 그들은 혹시 잊을지라도 나는 너를 잊지 아니할 것이라"(사 49:15).

한때 하나님은 그리스도의 종 모세에게 백성들을 이끄는 일을 맡기셨으나, 애굽에서 가나안까지가 전부였습니다. 그런데도 성경은 모세에 대해 '지면에서 가장 온유한 자'라고 증언합니다(민 12:3 참고). 물론 모세도 백성들을 매우 사랑했습니다. 그러나 그의 온유함이나 사랑은 계속되지 못했습니다. 그는 혈기를 내었으며, 급기야 하나님의 진노를 촉발하고 말았습니다.

"모세가 여호와께 여짜오되 어찌하여 주께서 종을 괴롭게 하시나이까"(민 11:11).

여기서 그가 말하는 괴로움이란 무엇입니까? 하나님께서는 왜 그에게 "양육하는 아버지가 젖 먹는 아이를 품듯 그들을 품에 품고 주께서 그들의 열조에게 맹세하신 땅으로 가라"(민 11:12)라고 명령하셨습니까? 그리고 모세는 그때 뭐라고 대답했습니까? 그는 "책임이 심히 중하여 나 혼자는 이 모든 백성을 감당할 수 없나이다. 주께서 내게 이같이 행하실진대 구하옵나니 내게 은혜를 베푸사 즉시 나를 죽여 내가 고난당함을 내가 보지 않게 하옵소서"(민 11:14,15)라고 하지 않았습니까?

하나님께서는 그때부터 가나안에 이르기까지 그들이 여러 가지로 도발할 것을 알면서도 그들을 자비와 관용과 사랑으로 인도하기 위해 그들을 모세에게 맡기셨습니다. 그러나 모세는 그렇게 하지 못했습니다. 그는 그 일을 감당할 수 없었습니다. 그에게는 그들에 대한 인내가 부족했기 때문입니다. 그러나 그리스도에 대해서는 이렇게 말씀하십니다.

"그는 목자같이 양 떼를 먹이시며 어린양을 그 팔로 모아 품에 안으시며 젖 먹이는 암컷들을 온순히 인도하시리로다"(사 40:11).

이것은 하나님이 원하시는 자질이 무엇인지를 보여 줍니다. 하나님은 그리스도에게 이러한 자질이 있음을 아시고는 그에게 택자들을 주셔서 구원하게 하신 것입니다.

넷째, 성부께서 자기 백성을 성자에게 주셔서 구원하게 하신 것은, 성자께서 온갖 역경 속에서도 자기 자녀들을 영광으로 인도하실 수 있는 충만한 지혜를 가지고 계시다는 것을 보여 줍니다. 하나님은 그리스도로 지혜가 되게 하셨습니다. 그리스도는 지혜 자체이십니다(고전

1:24 참고). 더욱이 하나님께서는 그리스도가 "받들어 높이 들려서 지극히 존귀하게 되리라"(사 52:13)라고 하셨습니다.

그분의 대적이 누구보다도 영악하기 때문에 백성의 구세주가 되기 위해서는 참으로 지혜로워야 합니다. 가장 지혜로웠던 조상 아담과 하와보다 더 영악했던 뱀과의 만남이기 때문입니다(창 3장 참고). 지혜에 관한 한 예수님은 솔로몬보다 지혜로우시며, 어떤 사람이나 천사보다도 뛰어난 분이십니다. 그분의 지혜는 곧 하나님의 지혜입니다. 그리스도는 '하나님의 지혜'(고전 1:24) 자체이십니다. 그러하기에 그리스도께서는 죄와 유혹과 박해와 실패와 모든 것을 자기 백성에게 유익하도록 바꾸십니다(롬 8:28 참고).

결론적으로 볼 때, 우리를 구원하시기 위해 이처럼 온전한 방법을 준비하셨다는 점에서 우리를 향한 성부 하나님의 사랑은 참으로 위대하고도 놀랍습니다. 우리는 이러한 사실을 통해 하나님의 사랑을 더욱 잘 깨닫게 됩니다. 두로 왕 후람(Hiram)은 하나님이 솔로몬과 같은 왕을 세우신 것을 보고는 하나님께서 이스라엘을 사랑하신다고 인정했습니다(대하 2:11 참고). 그렇다면 우리를 자신의 아들에게 주시고 또한 그분을 우리에게 주신 하나님의 사랑이야말로 얼마나 지극한 것이겠습니까?

2장
그리스도에게로 오다

"내게로 올 것이요"
shall come to me

1. '오다come'

본문에 사용된 '오다(come)'라는 말에는 성부께서 택자들을 예수 그리스도에게 주신 목적이 함축되어 있습니다. 아버지의 목적은 그들이 아들에게로 와서 구원을 받는 것이며, 아들이 그 일을 이루실 것입니다. 죄나 사탄, 육신이나 세상, 지혜나 어리석음은 그들이 예수님께로 오는 것을 막을 수 없습니다. 예수님은 "내게 오는 자는 내가 결코 내쫓지 아니하리라"(요 6:37)라고 말씀하셨습니다.

예수님께서는 이 말씀에서 이 약속을 효과적으로 수행하시기 위해 풍성한 은혜를 베풀 것이라는 단호한 결심을 나타내십니다. 그분은 "내게로 올 것이요"라는 목적을 이루기 위해 사용될 수단들 위에 복을 주

서서 그들을 자신에게로 이끄실 것입니다. 아합을 길르앗 라못에 보내 패하게 만든 거짓말하는 영에게 하나님은 "너는 꾀겠고 또 이루리라. 나가서 그리하라"(왕상 22:22)라고 말씀하셨습니다. 이와 같이 예수님도 성부께서 주신 자들을 이끌 수단들에 대해 동일하게 말씀하실 것입니다. 그분은 자신의 말씀을 복되게 하심으로써 그 일을 능히 수행하게 하실 것입니다. 그리하여 그분의 말씀이 그들을 효과적으로 설득시킬 것입니다.

만약 그렇지 않다면, 성부의 목적은 좌절되고 말 것입니다. 왜냐하면 아버지의 뜻은 아들에게 주신 자들을 하나도 잃어버리지 않고 마지막 날에 다시 살리는 것이기 때문입니다. 먼저 첫 열매인 그리스도를 살리시고 그다음에 그분이 강림하실 때 그리스도에게 속한 사람들을 살리실 것입니다(고전 15:23 참고). 만일 은혜 사역이 그들 가운데 한 사람에게라도 미치지 못한다면 이러한 뜻이 이루어질 수 없습니다. 그러나 그런 일은 절대로 일어나지 않을 것입니다. 성부께서 보내신 자는 모두 구원을 얻을 것입니다.

"아버지께서 내게 주시는 자는 다 내게로 올 것이요."

좀 더 자세히 보자면, "내게로 올 것이요"라는 말씀은 두 가지 면에서 살펴볼 수 있습니다. 하나는 그리스도에게로 온다는 말의 뜻이 무엇이냐 하는 것이고, 또 하나는 이 약속에서 그들을 오게 만드는 힘이 무엇이냐 하는 것입니다.

먼저 이번 장에서는 그리스도에게로 온다는 말의 의미에 대해 살펴

보겠습니다[1)]

'오다'라는 말은 영적인 의미로 받아들여야 하며, 육신적 의미로 생각해서는 안 됩니다. 많은 사람들이 육신적으로 그분께 나아오지만 그것은 구원의 효력을 가지지 못합니다. 예수님이 세상에 계실 때에도 참으로 많은 사람들이 그렇게 나아왔습니다. 또 오늘날에도 습관적으로 예수님께 나아와 공허한 예배를 드리는 형식적인 사람들이 많습니다. 그러나 그러한 사람들에 대해서는 언급하지 않겠습니다. 왜냐하면 본문이 그러한 사람들에 대해 언급하지 않기 때문입니다.

본문에서 '오다'라는 단어는 '마음 중심을 그분께로 향하게 한다'는 뜻으로 이해되어야 합니다. 또한 이러한 마음은 자신의 칭의와 구원을 위해 그리스도가 절대적으로 필요하다는 인식에서 나옵니다. 그러므로 그리스도에게로 온다는 말의 의미는 두 가지 측면에서 살펴볼 수 있습니다. 하나는, 그리스도에게로 온다는 것이 자신의 마음을 그분에게로 향하게 한다는 의미를 지닌다는 점입니다. 또 하나는, 이러한 마음이 자신의 칭의와 구원을 위해 그리스도가 절대적으로 필요하다는 인식에서 비롯된다는 점입니다.

1) 의지적 마음

그리스도에게로 온다는 것은 마음을 그분에게로 향하게 하는 것입

---

1) **역자주** – 그들을 오게 만드는 힘에 대해서는 3장에서 살펴볼 것입니다.

니다. 우리가 자발적으로 어느 곳을 향해 움직이는 것은 마음이나 의지의 작용으로 나타나는 결과입니다. 이와 같이 그리스도에게로 오는 것도 의지의 작용에서 나오는 행위입니다.

"주의 백성이 거룩한 옷을 입고 즐거이……주께 나오는도다"(시 110:3).

이러한 마음의 의지가 우리를 주께로 향하게 하는 것입니다. 성경은 그리스도를 향한 이러한 마음의 움직임을 감정의 움직임으로 표현했습니다.

"내 사랑하는 자가 문틈으로 손을 들이밀매 내 마음(창자, bowels)이 움직여서"(아 5:4).

여기서 '내 마음'이란 모든 감정의 간절한 열정이 복받쳐 나온 것을 표현하는 말입니다(창 43:30; 왕상 3:26; 사 16:11 참고). 즉, 그리스도에게로 온다는 것은 이러한 마음으로 그분을 향한다는 것입니다.

"이 강물이 이르는 곳마다 번성하는 모든 생물이 살고"(겔 47:9).

여기서 '강물'이란, 말씀에 담긴 하나님의 은혜를 의미합니다. 그리고 '생물'이란, 복음을 통해 하나님의 은혜를 받은 자들을 가리킵니다. 이 구절은 계속해서 "이 강이 이르는 각처에 모든 것이 살 것이며"(겔 47:9)라고 말합니다. 요한계시록을 보면 그리스도께서 강물이 '이르는(moveth)' 상태를 어떻게 해석하시는지 알 수 있습니다.

"성령과 신부가 말씀하시기를 오라 하시는도다. 듣는 자도 오라 할 것이요 목마른 자도 올 것이요 또 원하는(be willing) 자는 값없이 생명수를 받으라 하시더라"(계 22:17).

이처럼 그리스도께로 마음을 향하여 그분을 따르는 것이 곧 그리스도에게로 오는 것입니다. 그러나 그리스도에게로 오는 사람들 가운데에는 아직도 이러한 사실을 모르는 불쌍한 사람들이 많습니다. 그들은 그리스도께로 오는 것을 신비하고도 기적적인 일로 생각합니다. 물론 그것은 신비입니다. 그러나 그들은 그분을 따르려는 마음의 움직임이나 의지의 성향이라는 의지적 요소의 중요성에 대하여 간과하고 있으며, 그것이 신비나 기적의 한 부분임을 잊고 있습니다. 사실 그것만큼 큰 기적도 없습니다. 한때 죄로 인하여 죽어 마귀에게 사로잡혀 그리스도를 대적하며 모든 '은혜에서 떨어진 자'(갈 5:4)가 그 마음을 예수 그리스도께로 향하고 그분을 따른다는 것은 이 세상에서 가장 큰 기적 가운데 하나입니다.

2) 그리스도가 절대적으로 필요하다는 인식

그리스도께로 향하는 마음은 자신의 칭의와 구원을 위해 그리스도가 절대적으로 필요하다는 인식에서 비롯되어야 합니다. 그러므로 그리스도가 없어 길을 잃은 상태, 즉 전적으로 무능한 상태에 대한 바른 인식 없이는 결코 그분을 향한 마음이 생길 수 없습니다.

입으로만 사랑을 말하는 사람들이 있습니다(겔 33:31 참고). 이런 사람들이 비록 그리스도께로 나아오기는 하지만, 그것은 남들에게 보여주기 위한 위선적인 행위일 뿐입니다. 그들은 하나님의 자녀들처럼 사역자 앞에 앉아 말씀을 들으면서도 그 말씀을 행하지는 않습니다. 즉,

마음으로 나아오지 않는 것입니다. 그러므로 그러한 사람들에 대해 성경은 이렇게 말합니다.

"입으로는 사랑을 나타내어도 마음으로는 이익을 따름이라"(겔 33:31).

그들에게는 자신이 본질적으로 불행한 상태에 처해 있다는 점에 대한 실제적인 자각이 없습니다. 그리고 이러한 인식을 가지기 전에는 마음으로 그분을 따를 수 없습니다.

참으로 그분께로 나아오는 사람들에 대해 성경은 이렇게 말합니다.

"그날에 큰 나팔을 불리니 앗수르 땅에서 멸망하는 자들과 애굽 땅으로 쫓겨난 자들이 돌아와서 예루살렘 성산에서 여호와께 예배하리라"(사 27:13).

멸망하는 자들과 쫓겨난 자들이 진실한 마음으로 예수 그리스도에게로 나아온다는 말입니다. 이러한 인식이 삼천 명을 나아오게 하였고(행 2:41 참고), 다소 사람 사울을 나아오게 하였으며(행 9:1-19 참고), 빌립보 감옥의 간수를 나아오게 하였고(행 16:30-34 참고), 모든 믿는 사람들을 그리스도께로 나아오게 만들었습니다.

열왕기하 7장 3절 이하에 나오는 나병환자 네 사람에 대한 비유는 그리스도께 진정으로 나아오는 사람들에 관해 잘 가르쳐 줍니다. 당시 그 땅에는 기근이 심했고 양식이 동나고 말았습니다. 그들은 남아 있는 나귀 고기와 비둘기 똥으로 연명하고 있었습니다(왕하 6:25 참고). 그러나 그마저도 성 밖으로 쫓겨난 나병환자들에게 돌아갈 몫은 없었습니다. 그들은 성문 어귀에 앉아 굶주려 죽어 가고 있었습니다. 그들은 아무것도 할 수 없었습니다. 서로의 얼굴에서 죽음의 그림자를 보던 그들은 다음과 같이 결심하였습니다.

"만일 우리가 성읍으로 가자고 말한다면 성읍에는 굶주림이 있으니 우리가 거기서 죽을 것이요 만일 우리가 여기서 머무르면 역시 우리가 죽을 것이라. 그런즉 우리가 가서 아람 군대에게 항복하자. 그들이 우리를 살려두면 살 것이요 우리를 죽이면 죽을 것이라"(왕하 7:4).

어차피 굶주려 죽을 수밖에 없었던 그들은 절박한 심정으로 아람으로 가리라고 결심한 것입니다. 진정으로 예수 그리스도께로 나아오는 사람들도 이와 같습니다. 그들은 사망이 눈앞에 이르렀음을 보고 느낍니다. 그들이 예수 그리스도에게로 오지 않는다면 사망이 그들을 집어삼킬 것입니다. 그러므로 그들은 그리스도께 피하지 않으면 완전히, 그리고 영원히 멸망할 수밖에 없다는 절박한 심정으로 그분께로 나아오는 것입니다.

그리스도께로 오는 사람들은 바로 이러한 사람들입니다. 예수님은 이러한 사람들을 부르십니다.

"수고하고 무거운 짐 진 자들아, 다 내게로 오라. 내가 너희를 쉬게 하리라"(마 11:28).

다음의 몇 가지 사실을 통해 '그리스도에게로 오는 것이 그리스도께서 절대적으로 필요하다는 점을 인식하는 데서 출발한다'는 말의 의미를 더욱 자세히 살펴봅시다.

첫째, 그들이 울며 돌아와 간구하리라고 하신 말씀을 기억하십시오.

"그들이 울며 돌아오리니 나의 인도함을 받고 간구할 때에 내가 그들을 넘어지지 아니하고 물 있는 계곡의 곧은길로 가게 하리라"(렘 31:9).

기도와 눈물은 긍휼이 필요함을 바르게 인식한 결과입니다. 이러한 인식이 없는 죄인은 그리스도께로 올 수 없습니다. 그는 기도할 수도 없고, 울 수도 없습니다. 볼 수도, 느낄 수도 없는 것을 어떻게 인식하고 나아올 수 있겠습니까?

"여호와의 말씀이니라. 그날 그때에 이스라엘 자손이 돌아오며 유다 자손도 함께 돌아오되 그들이 울면서 그 길을 가며 그의 하나님 여호와께 구할 것이며, 그들이 그 얼굴을 시온으로 향하여 그 길을 물으며 말하기를, 너희는 오라 잊을 수 없는 영원한 언약으로 여호와와 연합하라 하리라"(렘 50:4,5).

둘째, 그리스도께로 온다는 것은 진노를 피해 그분에게로 달려와 숨어야 한다는 말입니다. 그리스도께로 오는 사람들은 모두 이 점을 인식하고 있습니다. 즉, 그들은 자신의 죄와 그 결과인 사망에 대해 깊이 인식하고 있습니다. 또 그들은 자신이 마땅히 당해야 할 진노에 대해서도 잘 알고 있으며, 따라서 생명을 위해 즉시 하나님의 아들에게로 도망하여 피하지 않으면 멸망하게 될 것이라는 사실도 깨닫고 있습니다(시 143:9 참고).

도망은 위기에 처한 사람의 마지막 수단입니다. 위기에 처한 사람이 모두 도망하는 것은 아닙니다. 자신이 위기에 처한 것을 알면서도 도망하지 않는 사람도 있습니다. 자신이 위기에 처한 사실을 들었다고 해서 다 도망하는 것은 아닙니다. 사람들은 도망하기 전에 먼저 다른 방법이 있는지를 찾습니다. 도망은 최후의 수단인 것입니다. 모든 방법이 다 실패로 돌아가고, 살기 위해 그리스도께로 피하지 않는다면 죄와 사망과 저주를 맞을 수밖에 없다는 사실을 깨달은 후에야 도망할 것입니다.

셋째, 실제로 예수 그리스도께로 나아오는 사람들의 부르짖음을 보십시오. 그 부르짖음을 통해 우리는 구원받기 위해 그리스도가 절대적으로 필요하다는 인식이 있어야만 진정으로 그분에게로 나아올 수 있다는 사실을 알 수 있습니다. 그들은 모두 "주여, 나를 구원하소서(그렇지 않으면 멸망하겠나이다)"(마 14:30), "형제들아, 우리가 어찌할꼬"(행 2:37), "선생들이여, 내가 어떻게 하여야 구원을 받으리이까"(행 16:30)라고 부르짖었습니다. 이러한 부르짖음은, 진정으로 그리스도께로 나아오는 사람이 예수 그리스도를 통해 구원받아야 함을 깨닫고 오직 그리스도만이 자신을 구원할 수 있다는 사실을 인식하고 있다는 것을 보여 줍니다.

넷째, 율법에 의해 사형선고를 받은 사람은 마음의 찔림을 받고, 최소한의 가책만으로도 큰 고통을 느낄 수밖에 없습니다(행 2:37 참고). 또 그러한 사람은 예수 그리스도께로 피하지 않으면 틀림없이 멸망하게 되리라는 사실로 인해 두려워 떨 수밖에 없습니다.

다섯째, 무엇보다도 그리스도께로 온다는 것은 참으로 그분을 위해 모든 것을 버리는 것입니다.

"무릇 내게 오는 자가 자기 부모와 처자와 형제와 자매와 더욱이 자기 목숨까지 미워하지 아니하면 능히 내 제자가 되지 못하고, 누구든지 자기 십자가를 지고 나를 따르지 않는 자도 능히 내 제자가 되지 못하리라"(눅 14:26,27).

이 말씀 가운데 그리스도께서는 참으로 자신에게로 오는 사람들은 모든 것을 버린다는 사실을 분명하게 가르쳐 주십니다. 그러한 사람들은 예수 그리스도께로 가는 것을 방해하는 모든 것들을 버리고 떠나고 미워합니다.

세상에는 거짓으로 예수 그리스도께 나아오는 사람들도 많습니다. 그들은 마태복음 21장 29절에 나오는 아들처럼, 아버지의 명령에 가겠다고 대답만 할 뿐 가지는 않습니다. 이런 식으로 예수 그리스도께 오는 사람이 얼마나 많은지 모릅니다. 그들은 그리스도께서 복음으로 부르실 때에 즉시 "가겠나이다"라고 대답하지만, 여전히 세상 낙과 육신적 쾌락에 빠져 살아갑니다. 그들은 입술로만 아첨할 뿐 결코 그분에게로 나아오지 않습니다. 그러나 주님께서는 그러한 사실을 알고 계십니다. 그러하기에 결코 속지 않으십니다. 그들은 "가겠나이다"라고 말하고도 가지 않았으므로 거짓말한 것입니다. 이렇게 거짓말로 자신을 속이는 사람은 이 사실을 명심하십시오. 말로만 오겠다고 하는 것은 아무런 소용이 없습니다. 실제로 와야 합니다. 그것을 대신할 수 있는 것은 없습니다.

2. 그리스도에게로 오는 것을 방해하는 의문과 답변

다음 주제로 넘어가기 전에 먼저 예수 그리스도께 올바로 나아오는 것을 방해하는 몇 가지 의문에 대해 살펴보고자 합니다.

의문 1 "그분이 없이는 멸망할 수밖에 없는, 전적으로 무능한 상태에 있음을 인식하고 마음으로 그리스도를 따르고는 있지만, 그분께 나아가는 나의 목적이 잘못된 것은 아닌지 두렵습니다."

그리스도께로 나아가는 목적이 무엇입니까? 만일 당신이 "예수 그리스도로 말미암아 영생을 얻고 구원을 받기 위함입니다"라고 대답한다면, 아무런 문제가 없습니다.

(1) 적어도 영생과 구원을 얻기 위해 그리스도에게로 오는 것은 매우 합당하고도 선한 일입니다.

그것은 분명한 사실입니다. 그리스도께서 자신에게로 오는 죄인들에게 영생을 약속하셨기 때문입니다. 그분은 죄인들이 영생을 위해 오지 않는 것을 책망하십니다.

"그러나 너희가 영생을 얻기 위하여 내게 오기를 원하지 아니하는도다"(요 5:40).

뿐만 아니라 그리스도께서 자기에게로 나아오는 죄인들에게 안전을 약속하는 구절도 무수히 많습니다. 성경은 "그를 믿는 자는 멸망하지 않을 것이요, 믿는 자는 구원을 얻을 것이며, 그를 믿는 자는 정죄를 받지 않을 것이다"라고 말씀합니다. 믿는 것이 곧 그분에게로 오는 것입니다. 그러므로 영생을 얻기 위해 그리스도께로 오는 것은 합당하고도 선한 일입니다. 왜냐하면 그것은 죄를 속하시는 분이 오직 그리스도뿐이라는 사실을 믿는 것이기 때문입니다(롬 5장 참고).

(2) 오직 영생을 얻기 위해 그리스도에게로 오는 사람은 그분을 존귀하게 여기는 사람입니다.

① 그는 그리스도의 말씀을 존중하며 그것을 받아들입니다. 이것은 두 가지 면에서 생각할 수 있습니다.

첫째로, 그는 죄가 가장 가증스럽고 하나님이 싫어하시며 인간에게 저주가 된다고 가르치는 모든 말씀을 인정합니다. 성경은 이렇게 말합니다.

"내가 나의 모든 종 선지자들을 너희에게 보내되 끊임없이 보내어 이르기를 너희는 내가 미워하는 이 가증한 일을 행하지 말라 하였으나"(렘 44:4).

"율법을 자랑하는 네가 율법을 범함으로 하나님을 욕되게 하느냐"(롬 2:23).

"죄의 삯은 사망이요 하나님의 은사는 그리스도 예수 우리 주 안에 있는 영생이니라"(롬 6:23).

"진리를 믿지 않고 불의를 좋아하는 모든 자들로 하여금 심판을 받게 하려 하심이라"(살후 2:12).

둘째로, 그는 성경이 말하는 대로 영생에는 사망과 저주가 없으며, 가장 좋은 것과 의와 모든 것이 있음을 믿습니다. 성경은 영생을 얻기 위해 그리스도께로 오는 자에 대해 이렇게 말씀합니다.

"오호라, 나는 곤고한 사람이로다. 이 사망의 몸에서 누가 나를 건져 내랴. 우리 주 예수 그리스도로 말미암아 하나님께 감사하리로다. 그런즉 내 자신이 마음으로는 하나님의 법을 육신으로는 죄의 법을 섬기노라"(롬 7:24,25).

"이는 그리스도 예수 안에 있는 생명의 성령의 법이 죄와 사망의 법에서 너를 해방하였음이라. 율법이 육신으로 말미암아 연약하여 할 수 없는 그것을 하나님은 하시나니 곧 죄로 말미암아 자기 아들을 죄 있는 육신의 모양으로 보내어 육신에 죄를 정하사"(롬 8:2,3).

"그가 또한 우리를 새 언약의 일꾼 되기에 만족하게 하셨으니 율법 조문으로 하지 아니하고 오직 영으로 함이니 율법 조문은 죽이는 것이요 영은 살리는 것이니라. 돌에 써서 새긴 죽게 하는 율법 조문의 직분도 영광이 있어 이스라엘 자손들은 모세의 얼굴의 없어질 영광 때문에도 그 얼굴을 주목하지 못하였거든 하물며 영의 직분은 더욱 영광이 있지 아니하겠느냐"(고후 3:6-8).

② 그는 그리스도의 인격을 존중합니다. 곧 그리스도 안에 생명이 있으며, 그분이 우리를 사망과 음주와 사탄과 저주로부터 구원하실 수 있다고 믿습니다. 그것을 믿지 않는 사람은 영생을 얻고자 그리스도께로 나아올 수 없습니다.

"예수는 영원히 계시므로 그 제사장 직분도 갈리지 아니하느니라. 그러므로 자기를 힘입어 하나님께 나아가는 자들을 온전히 구원하실 수 있으니 이는 그가 항상 살아 계셔서 그들을 위하여 간구하심이라"(히 7:24,25).

③ 그는 그리스도의 사역을 존중합니다. 곧 그리스도께서 영생을 얻기 위해 자신에게로 나아오는 사람들에게 성부의 권위로 영생을 주신다고 믿습니다.

"아버지께서 자기 속에 생명이 있음같이 아들에게도 생명을 주어 그 속에 있게 하셨고, 또 인자 됨으로 말미암아 심판하는 권한을 주셨느니라"(요 5:26,27).

"예수께서 이 말씀을 하시고 눈을 들어 하늘을 우러러 이르시되, 아버지여 때가 이르렀사오니 아들을 영화롭게 하사 아들로 아버지를 영화롭게 하게 하옵소서. 아버지께서 아들에게 주신 모든 사람에게 영생을 주게 하시려고 만민을 다스리는 권세를 아들에게 주셨음이로소이다"(요 17:1,2).

④ 그는 예수 그리스도의 제사장직을 존중합니다. 그가 그리스도께서 죄를 위한 희생 제물이 되심으로써 율법이나 사탄이나 사망이나 죄의 저주보다 더 강력한 능력으로 우리를 죄에서 구원하실 수 있다고 믿기 때문입니다. 이것을 믿지 못하면 영생을 얻기 위해 그리스도께로 올 수 없습니다.

"그러므로 형제들아, 너희가 알 것은 이 사람을 힘입어 죄 사함을 너희에게 전하는 이것이며"(행 13:38).

"자녀들은 혈과 육에 속하였으매 그도 또한 같은 모양으로 혈과 육을 함께 지니심은 죽음을 통하여 죽음의 세력을 잡은 자 곧 마귀를 멸하시며 또 죽기를 무서워하므로 한평생 매여 종노릇하는 모든 자들을 놓아주려 하심이니"(히 2:14,15).

"내가 볼 때에 그의 발 앞에 엎드러져 죽은 자같이 되매 그가 오른손을 내게 얹고 이르시되 두려워하지 말라. 나는 처음이요 마지막이니 곧 살아 있는 자라. 내가 전에 죽었었노라. 볼지어다. 이제 세세토록 살아 있어 사망과 음부의 열쇠를 가졌노니"(계 1:17,18).

또한 그는 그리스도께서 자신의 직무를 신실하게 수행하실 것을 믿기 때문에 제사장직을 존중합니다. 영생을 얻기 위해 예수 그리스도께로 오는 사람들은 분명히 이러한 믿음을 가지고 있습니다.

"나의 자녀들아, 내가 이것을 너희에게 씀은 너희로 죄를 범하지 않게 하려 함이라. 만일 누가 죄를 범하여도 아버지 앞에서 우리에게 대언자가 있으니 곧 의로우신 예수 그리스도시라. 그는 우리 죄를 위한 화목 제물이니 우리만 위할 뿐 아니요 온 세상의 죄를 위하심이라. 우리가 그의 계명을 지키면 이로써 우리가 그를 아는 줄로 알 것이요"(요일 2:1-3).

"그러므로 그가 범사에 형제들과 같이 되심이 마땅하도다. 이는 하나님의 일에 자비하고 신실한 대제사장이 되어 백성의 죄를 속량하려 하심이라. 그가 시험을 받아 고난을 당하셨은즉 시험받는 자들을 능히 도우실 수 있느니라"(히 2:17,18).

⑤ 영생을 얻기 위해 예수 그리스도께 나아오는 사람은, 그분과 함께 죄와 낡고도 불완전한 세속적 의에 대항하여 싸웁니다. 물론 그는 그리스도의 공로와 온전하심을 부인하는 치명적인 실수와 적그리스도들과도 싸웁니다. 이것은 분명합니다. 왜냐하면 그들은 오직 그리스도만이 자신을 구원할 수 있는 유일하신 분이라고 믿기 때문입니다. 그

러므로 여러분도 하나님의 명령에 대해 노아처럼 구원을 위한 방주를 준비해야 합니다. 여러분은 그러한 구원의 방주를 통해 세상을 정죄하고 믿음을 따르는 '의의 상속자'가 되어야 합니다(히 11:7 참고).

⑥ 예수 그리스도께 나아오는 사람은, 영생을 얻기 위해 그분에게로 오는 사람에게 비록 아무 공로가 없더라도 그리스도께서 그를 긍휼히 여기고 자비를 베푸실 것이라 믿습니다. 그러므로 우리는 그리스도에게로 오라는 초청뿐만 아니라 우리를 용서하고 받아 주시겠다는 약속도 함께 받고 있는 것입니다.

"수고하고 무거운 짐 진 자들아, 다 내게로 오라. 내가 너희를 쉬게 하리라"(마 11:28).

영생을 얻고자 예수 그리스도께로 나아오는 사람들은 이 모든 믿음의 요소들을 가지고 있을 수밖에 없습니다. 죄의 가증함과 불완전한 세속적 의에 대한 그리스도의 증언을 믿지 않는 사람이 어떻게 영생을 위해 그분께로 나아올 수 있습니까? 성경의 증언을 믿지 않는 사람은 그리스도께로 나아올 수 없습니다. 다른 곳에 영생이 있다고 믿는 사람은 결코 그분에게로 나아올 수 없습니다. 성부께서 그리스도에게 죄 사함의 권세를 주셨다는 사실을 의심하는 사람도 그분께로 나아올 수 없습니다. 그리스도의 구원하시는 능력보다 죄와 율법과 사망과 사탄의 능력이 더 크다고 믿는 사람은 그분에게로 나아올 수 없습니다. 또한 그리스도께서 죄인을 구원하시기 위해 자신의 제사장직을 신실하게 수행하실 것이라는 점을 믿지 못하는 사람도 그분께로 나아올 수 없습니다.

그렇다면 실제로 그리스도께 나아오는 죄인들이여, 여러분은 이러한 사실을 믿고 있습니까? 어쩌면 여러분이 이러한 사실에 대해 분명히 확신하지 못하거나 이러한 믿음의 요소들을 깨닫지 못하고 있을지도 모릅니다. 그러나 영생을 얻기 위해 그리스도께로 나아오는 사람에게는 이러한 믿음이 분명히 있습니다. 이러한 믿음이야말로 가장 순수하고도 훌륭한 믿음입니다. 왜냐하면 그는 자신이 죄인임을 깨닫고 영생이 오직 예수 그리스도에게 있음을 알기 때문입니다.

이제 두 가지 사실을 더 살펴본 후에 첫 번째 의문에 대한 결론을 제시하겠습니다.

첫째로, 도피성은 율법으로 말미암아 죽어야 하는 사람들을 위해 세워졌습니다. 그들이 원수 갚는 자로부터 살아남기 위해(영생을 위해) 그곳으로 피신하면 은혜로 말미암아 살 수 있었습니다. 그곳으로 피신한 사람은 특별한 방식에 의해 하나님의 백성으로 불렸음을 주목하십시오. 하나님은 "돋우고 돋우어 길을 수축하여 내 백성의 길에서 거치는 것을 제하여 버리라"(사 57:14)라고 말씀하십니다. 이것은 살인자가 도피성으로 도망할 수 있도록 그곳으로 가는 길을 준비하는 방법에 관한 말씀입니다. 생명을 위해 그곳으로 도망한 살인자는 특별한 방식에 의해 하나님의 백성으로 불렸던 것입니다.

둘째로, 열왕기상 20장에 기록된 아합의 예를 살펴봅시다. 벤하닷이 자신의 생명을 구하고자 보낸 신하들은 아합에게 "왕의 종 벤하닷이

청하기를 내 생명을 살려 주옵소서 하더이다"(32절)라고 전합니다. 벤하닷은 아합에게 왕권과 나라는 물론 아합의 생명까지 요구했던 자입니다(3-6절 참고). 그런 그가 어떻게 아합을 설득할 수 있겠습니까? 그런데도 아합은 "그가 아직도 살아 있느냐? 그는 내 형제이니라……가서 그를 인도하여 오라"(32,33절)라고 말합니다. 그리고는 그에게 나아온 벤하닷을 자신의 병거에 태웠습니다.

그리스도께 나아오는 죄인들이여, 여러분은 어떻게 생각합니까? 예수 그리스도께서 벤하닷을 살려 준 아합만큼도 선하시지 않겠습니까? 더구나 여러분이 그분의 왕권이나 위엄을 요구한 것도 아닙니다. 여러분은 오직 그분의 생명, 즉 영원한 생명을 구했을 뿐입니다. 그렇다면 그처럼 선하시고 인자하신 그리스도로부터 생명을 얻지 못하겠습니까? 더구나 여러분이 영생을 얻기 위해 그리스도에게로 오라는 분명한 약속을 받았는데도 말입니다. 민수기 35장 11,14,15절과 요한복음 20장 1-6절과 히브리서 6장 16-21절을 읽어 보십시오.

의문 2 "나의 구원이 하나님의 영광을 위한 것인지를 고려하지 않고 오직 자기 자신만을 생각하는 것은 잘못된 것이 아닙니까?"

예수 그리스도께서 영생을 얻기 위해 자기에게로 오는 자들에게 일정한 조건을 갖추라고 요구하신다는 말씀이 어디에 나옵니까? 그런 문제로 고심하지 말고 오직 영생을 얻기 위해 나아오십시오. 그리고 하나님과 그리스도로 하여금 벌레 같은 여러분을 구원하심으로써 스스로 영광 받으시게 하십시오. 성부께서는 성자에게 "너는 나의 종이요 내 영광을 네 속에 나타낼 이스라엘이라"(사 49:3)라고 말씀하셨습니다. 하나님은 영생을 얻고자 그리스도에게로 오는 죄인들에게 영생을 주겠다고 말씀하셨습니다. 또한 그리스도는 분명히 "내가 온 것은 양으로 생명을 얻게 하고 더 풍성히 얻게 하려는 것이라"(요 10:10)라고 말씀하셨습니다.

여러분에게는 그분의 영생이 필요하지만, 그분에게는 여러분의 섭리나 계획이 필요 없습니다. 그리스도는 여러분에게 죄 사함과 진노로부터 구원하시리라 제시하십니다. 여러분에게 필요한 것이 바로 그것입니다. 뿐만 아니라 하나님은 아무런 자격도 없고 무가치한 죄인들을 은혜와 자비로 대하십니다. 그러므로 비록 무가치한 존재이지만 영생을 얻고자 그분께로 나아오는 길에는 결코 그 어떤 장애물도 없습니다 (요 3:36, 5:34, 11:25,26; 마 1:21; 잠 8:35,36; 살전 2:16 참고).

사도행전 16장에서 빌립보 감옥의 간수가 "선생들이여, 내가 어떻게 하여야 구원을 받으리이까"(30절)라고 물었을 때, 바울은 그에게 "무슨 목적으로 그렇게 묻느냐? 너의 구원에 앞서 하나님의 영광에 대해 생각해 본 적이 있느냐"라고 되묻지 않았습니다. 참으로 지혜로운 바울은 이러한 질문이 적어도 지금은 이 중요한 사건에 도움을 주기보다는 무용지물에 불과하다는 사실을 알고 있었습니다. 지금 이 불쌍한 죄인에게 필요한 것은 예수 그리스도의 구원뿐입니다. 지금 그에게는 자신의 죄로 말미암은 사망과 음부에서 구원 얻는 일만이 필요한 것입니다.

바울은 이러한 죄인에게 다른 어떤 명령도 하지 않고, 오직 "주 예수를 믿으라. 그리하면 너와 네 집이 구원을 받으리라"(31절)라고 말했습니다. 이것은 "나는 네가 나중에 그리스도의 규례를 따라 살아감으로써 그분께 영광 돌리고 싶어할 것을 안다. 그러나 지금 너에게 필요한 것은 영생이다. 원수 갚는 자가 너를 뒤쫓고 있으며, 우는 사자와 같은 마귀가 너를 기다리고 있다. 그러니 먼저 그리스도께로 나아와 이러한 것들로부터 구원을 얻으라. 네가 그리스도로 말미암아 그의 생명에 동참하게 된 후에 비로소 다음과 같이 고백하게 될 것이다"라는 의미입니다.

"내 영혼아 여호와를 송축하라. 내 속에 있는 것들아 다 그의 거룩한 이름을 송축하라. 내 영혼아 여호와를 송축하며 그의 모든 은택을 잊지 말지어다. 그가 네 모든 죄악을 사하시며 네 모든 병을 고치시며 네 생명을 파멸에서 속량하시고 인자와 긍휼로 관을 씌우시며"(시 103:1-4).

의문 3 "그러나 나는 종종 그분이 계시다는 사실과 그분의 구원 사역 자체에 대해서 의심합니다. 그래서 내가 그리스도께로 나아왔다는 것을 믿을 수가 없습니다."

이런 의심이 든다는 것은 불행한 일입니다. 이 문제와 관련하여 여러분의 판단이 잘못되지 않기를 바랍니다. 여러분은 "느낀 대로 판단하는 것이 잘못될 수 있습니까?"라고 묻습니다. 그렇습니다. 여러분의 감정은 얼마든지 잘못될 수 있습니다. 그렇다면 왜 여러분은 이러한 의심이 마음에서 비롯된다고 생각하는 것일까요?

이 문제에 대해 대답하겠습니다. 마음에서 비롯된다는 것은 곧 자신의 의지와 감정, 지성과 판단력과 양심으로부터 나온다는 뜻입니다. 즉, 의심이 마음에서 비롯된다는 것은 이러한 요소들이 그러한 의심에 동의했다는 말입니다.

그렇다면 참으로 자신의 감정과 양심이 그렇게 의심하는 것입니까? 그렇지 않습니다. 그러한 생각들이 마음에 들어올 때 우리의 양심은 떨 것이며, 우리의 감정 역시 그것을 받아들이지 않을 것입니다.

그렇다면 결론은 간단합니다. 이러한 것들은 갑자기 들어온 마귀의 생각이거나 아직도 여러분 속에 거하는 죄와 사망의 몸의 열매이거나 마귀와 육신이 동시에 작용한 결과입니다. 그것이 전적으로 마귀로부터 온 것이거나(여러분의 양심과 감정이 그것을 거부한다는 사실에서 알 수 있습니다) 여러분 속에 거하는 사망의 몸으로부터 나온 것이라면(구체적으로 어디서 왔든 궁금해할 필요 없이 그저 자신에게서 나온다고 생각하면 편할 것입니다), 그로 인해 여러분이 그리스도께로 나아오는 일이 지장을 받거나 여러분이 잘못 나아오고 있다고 생각해서는 안 됩니다.

이제 이 문제와 관련하여 여러분에게 몇 가지 질문을 하겠습니다.

질문1 여러분은 이처럼 악하고 참람한 생각을 용납하겠습니까?

대답 "그럴 수 없습니다. 이러한 생각들은 나를 죽입니다."

질문2 여러분은 그러한 생각에 대해 개탄하고 그러한 생각에 빠지지 않도록 기도하며 그렇게 생각하는 자신을 미워하겠습니까?

대답 "물론입니다. 그러나 내가 그러한 생각들을 완전히 떨쳐 내지 못한다는 사실이 마음 아픕니다."

질문3 만일 여러분에게 선택권이 있다면, 여러분은 진실로 자신의 마음이 가장 훌륭하고도 영적이며 거룩한 것들의 영향을 받아 그것에 사로잡히기를 원합니까?

대답 "진심으로 그렇습니다. 그러한 생각으로 하나님 앞에서 죄를 짓느니 차라리 죽음(그것이 하나님의 뜻이라면)을 택하겠습니다."

그렇다면 결론은 분명합니다. 여러분이 그러한 생각을 싫어하고 슬퍼하며 그러한 생각에 빠지지 않기를 기도하고, 그러한 생각을 하는 자신을 미워하며, 영적이고도 거룩한 것들만 생각하기를 원한다면, 그것은 곧 여러분의 의지나 감정, 이해력이나 판단력, 또는 양심이 그러한 생각을 용납하지 않는다는 뜻입니다. 따라서 그러한 의심은 여러분의 마음에서 비롯되는 것이 아니라 마귀로부터 오거나 여러분의 육신에 거하는 사망의 몸에서 나오는 것입니다. 그러므로 우리는 "만일 내가 원하지 아니하는 그것을 행하면 내가 이로써 율법이 선한 것을 시인하노니 이제는 그것을 행하는 자가 내가 아니요 내 속에 거하는 죄니라"(롬 7:16,17)라고 고백할 수 있습니다.

한 가지 예를 들어 보겠습니다. 신명기 22장에는 약혼한 처녀에 관한 말씀이 나옵니다. 약혼한 처녀는 우리가 그리스도에게 자신을 드리듯이 남편에게 맹세하고 마음을 줍니다. 그러나 그녀에게는 힘이 없기 때문에 들에서 다른 남자에게 강간을 당할 수도 있습니다. 이런 경우

의로운 재판장이신 하나님은 어떤 판결을 내리십니까? 하나님은 이렇게 말씀하십니다.

"만일 남자가 어떤 약혼한 처녀를 들에서 만나서 강간하였으면 그 강간한 남자만 죽일 것이요 처녀에게는 아무것도 행하지 말 것은 처녀에게는 죽일 죄가 없음이라. 이 일은 사람이 일어나 그 이웃을 쳐 죽인 것과 같은 것이라. 남자가 처녀를 들에서 만난 까닭에 그 약혼한 처녀가 소리 질러도 구원할 자가 없었음이니라"(신 22:25-27).

유혹에 빠져 있는 여러분도 이 처녀와 같습니다. 여러분에게 그처럼 참람한 생각을 강제로 주입시킨 것은 마귀입니다. 마귀는 여러분이 예수 그리스도를 따르다가 들에서 방황할 때 적절한 장소에서 여러분과 맞닥뜨릴 것입니다. 그러면 여러분은 소리를 지를 것입니다. 곧 여러분이 그처럼 악한 음행을 혐오한다는 것을 나타내는 것입니다. 온 세상의 재판장이신 하나님은 이 모든 상황에 대해 바르게 판단하실 것입니다. 그분은 여러분에게 죄를 묻지 않으시고, 악을 제공한 자에게 죄를 물으실 것입니다. 그분께서 '마귀에게 눌린 모든 사람을 고치시려고'(행 10:38 참고) 오셨다는 사실을 기억하고 위로를 삼기 바랍니다.

의문 4 "나는 내가 그리스도께로 왔다는 사실에 대해 너무나 무감각하고 소극적이며 무기력합니다. 그러므로 정말로 그리스도에게로 왔다고 할 수 있을지 모르겠습니다."

여러분, 앞에서 말한 것처럼 그리스도에게로 오는 것이 마음과 감정을 그분에게로 향하는 것임을 기억하십시오. 어떤 사람은 이렇게 질문합니다. "그렇지만 거룩한 의무에 대해 무기력하고 무관심한 것은 결국 마음으로 그리스도께 나아오는 것이 아니지 않습니까?" 이러한 질문에 대해 저는 이렇게 대답하겠습니다.

① 마음이 그리스도를 향하느냐, 향하지 않느냐는 의무 수행에 대한 느낌이나 감정으로 판단하는 것이 아닙니다. 그것은 그러한 의무에 대한 나태함에 맞서 여러분의 영이 하나님을 향해 쏟아 놓는 은밀한 탄식과 호소로 분별할 수 있습니다.

② 여러분의 말처럼 비록 그리스도에게로 나아오는 것이 더딜 수도 있습니다. 그러나 그리스도에게로 오라는 명령은 그분에게 전혀 오지 않는 자에게 하는 명령입니다. 그러므로 설령 지금 여러분이 자신의 연약함을 탄식한다 하더라도 여러분은 그분에게로 나아가고 있는 것이 분명합니다. 그분은 빨리 오는 자가 아니라 그저 "내게 오는 자는 내가 결코 내쫓지 아니하리라"(요 6:37)라고 말씀하십니다. 또 잠언 9장에서는 "또 지혜(여기서 지혜는 종종 '마음'으로 해석됩니다) 없는 자에게 이르기를 너는 와서 내 식물을 먹으며 내 혼합한 포도주를 마시고"(4,5절)라고 말씀하십니다.

③ 여러분이 간절한 마음으로 그리스도께로 나아가고자 할 때에도 육신의 나태함에 사로잡혀 있을 수 있습니다. 그래서 성경은 "너는 나를 인도하라. 우리가 너를 따라 달려가리라"(아 1:4)라고 외쳤으며, 바울도 "선을 행하기 원하는 나에게 악이 함께 있는 것이로다"(롬 7:21)라

고 말한 것입니다. 우리 마음에서 '성령을 거스르는 육체의 소욕'(갈 5:17 참고)과 갈등이 성령의 역사보다 더욱 현저하기 때문에 성령의 역사에 대해서 그만큼 둔해진 것입니다. 그러면 어떻게 해야 합니까? 자신의 연약함을 보더라도 낙심하지 말고 구원받기 위해 더욱 그리스도께로 나아와야 합니다.

④ 여러분은 그리스도가 우리에게 하신 약속, 곧 자신에게로 나아오는 죄인을 용납하시리라는 은혜로운 약속으로 마음을 따뜻하게 함으로써 더욱 빨리 그분에게로 나아갈 수 있습니다. 낙담은 추운 날씨와도 같습니다. 그것은 감각을 마비시키고 미련스럽도록 자신의 일에만 몰두하게 만듭니다. 반면 은혜로운 약속의 따뜻한 빛은 생기와 활력을 주는 햇빛과 같습니다. 겨울에는 벌이 날아다니는 것을 거의 볼 수 없습니다. 추위 때문입니다. 그러나 날씨가 풀리면 그 무엇보다 왕성하게 활동하는 것이 벌입니다.

⑤ 다시 한 번 말하지만, 그리스도께로 오는 사람은 영생을 얻기 위해 나아옵니다. 영생을 얻고자 나아오는 사람 가운데 자신이 빨리 가고 있다고 생각하는 사람은 없습니다. 그분께 나아가는 사람은 모두 한 번에 한 걸음씩 나아갑니다. 비록 더디기는 하지만 조금씩 나아가는 것입니다.

"나는 말하기를 만일 내게 비둘기같이 날개가 있다면 날아가서 편히 쉬리로다……내가 나의 피난처로 속히 가서 폭풍과 광풍을 피하리라"(시 55:6,8).

그리스도께로 나아오는 사람들이여, 여러분은 마치 빨리 걷는 것조

차 싫어하는 말을 타고서 전속력으로 달리고 싶어하는 사람 같습니다. 여러분의 열망은 여러분이 타고 있는 말의 속도가 아니라 안장에 앉아 얼마나 힘을 주어 채찍질하며 박차를 가하느냐로 알 수 있습니다. 여러분의 육신은 이처럼 둔하고 느린 말과 같습니다. 도무지 그리스도를 향해 전속력을 내려고 하지 않습니다. 여러분의 영혼과 내세가 걸린 문제인데도 여러분의 육신은 뒤로 처지려고만 합니다. 그러나 낙심할 필요가 없습니다. 그리스도께서는 외적인 활동으로 판단하시지 않습니다. 그분은 여러분의 마음과 중심이 얼마나 진실한지를 보십니다(요 1:47; 시 51:6 참고).

사무엘하 19장을 보십시오. 겉으로 볼 때 시바(Ziva)는 므비보셋보다 먼저 다윗에게 나아옵니다. 그러나 그의 마음은 므비보셋처럼 정직하지 못했습니다(26,27절 참고). 다윗은 므비보셋에게 사실 여부를 확인하기 위해 이렇게 묻습니다.

"네가 어찌하여 나와 함께 가지 아니하였더냐"(25절).

그러자 므비보셋은 "왕의 종인 나는 다리를 절므로"(26절)라고 대답하였고, 그가 다리를 전다는 사실을 떠올린 다윗은 마음이 풀렸습니다. 만일 다리를 절지 않았다면 그가 더 빨리 왔을 것이라고 생각한 것입니다. 므비보셋은 다윗을 이 땅에서 일어나는 모든 일을 알고 있는 '하나님의 사자'(27절)와 같이 여기면서 자신이 늦은 이유가 마음의 문제 때문이 아니라 다리를 절기 때문이라고 호소했던 것입니다.

그렇다면 그리스도께로 나아오는 죄인들이여, 여러분이 모든 면에서 다른 사람보다 늦는 것이 마음이나 의지 때문입니까, 아니면 육신의 연약함 때문입니까? 여러분은 진실로 "마음에는 원이로되 육신이 약하도다"(마 26:41)라고 대답할 수 있습니까? 여러분은 마음속 가장 깊은 곳까지도 통달하시는 예수 그리스도께 그것이 진실임을 호소할 수 있습니까? 그렇다면 그분의 말씀을 통해 위로받기 바랍니다.

"그날에는 내가 저는 자를 모으며……발을 저는 자는 남은 백성이 되게 하며"(미 4:6,7).

"그때에 내가 너를 괴롭게 하는 자를 다 벌하고 저는 자를 구원하며"(습 3:19).

여러분은 하나님의 아들의 입으로부터 나오는 더욱 많은 은혜의 약속들을 들을 수 있습니다.

⑥ 성경은 우리가 사슬에 매여 그리스도를 따른다고 말씀합니다.

"여호와께서 이같이 말씀하시되 애굽의 소득과 구스가 무역한 것과 스바의 장대한 남자들이 네게로 건너와서 네게 속할 것이요 그들이 너를 따를 것이라. 사슬에 매여 건너와서 네게 굴복하고 간구하기를 하나님이 과연 네게 계시고 그 외에는 다른 하나님이 없다 하리라 하시니라"(사 45:14).

확실히 사슬에 매여 그리스도를 따르는 사람은 걷는 것이 쉽지 않기 때문에 어려움을 많이 겪습니다. 그들을 낙심하게 하는 것보다 더 무거운 사슬이 있겠습니까? 여러분의 목에 올려진 죄악의 사슬(멍에)은 악하고 더럽고 무거워서 여러분을 피곤하게 만들 것입니다(애 1:14, 3:7 참고). 그러나 이처럼 사슬에 매여 있을지라도 나아와야 합니다. 죄인이 사슬에 매여 그리스도께로 나아오는 것을 통해 그분께서 영광을 받으십니다. 사슬이 여러분에게 거추장스럽겠지만 여러분의 구원에 결코 장애물이 되지는 않을 것입니다. 여러분을 사슬에서 풀어 구원하고 여러분의 발걸음을 가볍게 하여 자유를 주는 것이 그리스도의 사역이자 영광입니다.

⑦ 맹인은 예수 그리스도를 큰 소리로 불렀지만 그분을 따라갈 수 없었습니다. 그러나 그리스도는 걸음을 멈추고 그를 기다리셨습니다. 진실로 그분은 '바람 날개를 타고'(시 18:10) 다니시는 분이지만 우리를 위해 오래 참고 기다리십니다. 바로 이러한 기다림이 그분에게로 나아오는 사람들에게 구원이 되는 것입니다.

"주의 약속은 어떤 이들이 더디다고 생각하는 것같이 더딘 것이 아니라 오직 주께서는 너희를 대하여 오래 참으사 아무도 멸망하지 아니하고 다 회개하기에 이르기를 원하시느니라"(벧후 3:9).

⑧ 예수님이 이 땅에 계실 때 그분께 나아오는 사람들이 그들의 연약함으로 인해 얼마나 절뚝거리며 더디게 나아왔습니까? 그런데도 그리스도께서는 얼마나 큰 자비와 사랑과 은혜로 그들을 맞아 주시고 그들의 소원을 들어주셨습니까? 여러분이 예수 그리스도에게로 나아오는 것도 이와 같습니다.

의문 5 "나는 너무 늦었습니다. 내가 너무 오래 지체하는 동안 아무래도 이미 문이 닫혀 버린 것 같습니다."

여러분이 예수 그리스도에게로 오기만 한다면 결코 늦지 않습니다. 두 가지 사례를 들겠습니다.

먼저, 마태복음 20장에서 제십일시(오후 다섯 시)에 나아온 자를 봅시다. 그는 빈둥거리고 놀면서 온종일을 허비하다가 마지막 시간에 나아왔습니다. 그리하여 제십일시에 포도원에 들어가 하루 종일 뙤약볕에서 수고한 다른 사람들과 합류했습니다. 그런데 포도원 주인이 그를 어떻게 대우했습니까? 삯을 나누어 줄 때 그는 가장 먼저 삯을 받았을 뿐만 아니라 다른 품꾼들과 동일한 금액을 받았습니다. 다른 품꾼들은 불평하였습니다. 그러나 주인이 그들에게 뭐라고 말하였습니까?

"내 것을 가지고 내 뜻대로 할 것이 아니냐? 내가 선하므로 네가 악하게 보느냐"(15절).

또 하나의 예로 십자가에 달린 강도를 보십시오. 그도 늦게 나아왔습니다. 그는 평생 예수 그리스도를 떠나 강도로 살다가 죽기 한 시간 전에 그리스도께로 나아왔습니다. 만일 그가 거짓말로 판사를 속여 정당한 선고를 피할 수 있었다면, 그는 끝까지 구세주께로 나아오지 않았을지도 모릅니다. 그러나 그는 사형을 선고받아 십자가에 달려 범죄자로 죽을 수밖에 없게 되었습니다. 그리고 그제서야 회개하고 돌아온 이 악한 죄인에게 예수님은 자비를 베푸셨으며, 지난 잘못에 대해 전혀 비난하지 않은 채 "오늘 네가 나와 함께 낙원에 있으리라"(눅 23:43)라고 말씀하셨습니다.

어느 누구도 하나님의 은혜를 헛되게 받아서는 안 됩니다. 그리스도께 나아오는 사람에게는 위로가 주어질 것입니다.

질문1 "어떤 사람에게는 그가 죽기 전에 긍휼의 문이 닫히지 않습니까?"

대답 물론입니다. 그리고 하나님께서는 그러한 자들이 기도하는 것도 금하십니다(렘 7:16; 요일 5:16 참고).

질문2 "그렇다면 내가 그러한 자가 아닐지 의심해 볼 수도 있지 않습니까?"

대답 여러분이 예수 그리스도께로 나아오고 있다면 결코 의심할 필요가 없습니다. 왜냐하면 하나님께서 긍휼의 문을 닫으신 사람들에게는 예수 그리스도께로 나아가려는 마음 자체를 주시지 않기 때문입니다. 아버지께서 주신 자가 아니면 그 누구도 그리스도에게 나아올 수 없습니다. 그러나 여러분이 그리스도에게로 오고 있다면, 그것은 아버지께서 하신 일입니다. 그러므로 만일 아버지께서 여러분에게 예수 그리스도에게로 나아가고자 하는 마음을 주셨다면, 여러분에게는 아직 자비의 문이 열려 있는 것입니다. 예수 그리스도에게로 나아오는 은혜를 베푸신 후에 여러분에 대한 긍휼의 문을 닫아 버리는 것은 결코 하나님의 지혜가 아닙니다.

"너희는 귀를 기울이고 내게로 나아와 들으라. 그리하면 너희의 영혼이 살리라. 내가 너희를 위하여 영원한 언약을 맺으리니 곧 다윗에게 허락한 확실한 은혜이니라"(사 55:3).

질문3 "그러나 이미 닫힌 문을 두드리는 사람도 있지 않습니까?"

대답 그렇습니다. 그러나 그런 말씀들은 심판의 날에 관한 기록이지,

이 땅에서 죄인이 그리스도에게로 나아오는 일에 관한 것이 아닙니다. 예컨대 마태복음 25장 11절과 누가복음 13장 24,25절을 읽어 보십시오. 이 본문들은 지금 예수 그리스도께 나아오고 있는 당신의 상황과는 무관한 내용입니다.

"보라 지금은 은혜 받을 만한 때요, 보라 지금은 구원의 날이로다"(고후 6:2).

하나님께서 지금 은혜의 보좌에 앉아 계시며, 그리스도 예수께서 그 옆에 앉아 죄인을 위해 흘리신 보혈의 승리를 간구하고 계십니다. 세상 끝 날까지 "내게 오는 자는 내가 결코 내쫓지 아니하리라"라는 말씀이 영원히 성취될 것입니다. 죄가 많은 사람일수록, 더욱 큰 자비가 필요한 사람일수록 그로 말미암아 그리스도께서 더욱 큰 영광을 받으실 것입니다.

그러므로 그리스도께로 나아오십시오. 그리고 주님이 연약한 죄인을 얼마나 불쌍히 여기시고 사랑하시는지를 맛보십시오.

의문 6 "나는 그리스도께 나아가기 시작하고 나서 타락하였습니다. 그러므로 나는 그리스도께 제대로 나아온 것이 아니며, 따라서 그분은 나를 받아 주시지 않을 것입니다."

타락은 위험한 것입니다. 왜냐하면 타락은 그리스도의 명예를 손상시키고 양심에 상처를 내며 하나님의 원수에게 비난거리를 제공하기 때문입니다. 그러나 타락했다고 해서 예수 그리스도께 잘못 나아온 것은 아닙니다. 만일 다윗이나 솔로몬이나 베드로가 자신에 대해 그렇게 생각했더라면, 그들은 더욱 큰 고통에 빠지고 말았을 것입니다. 하나님의 인도하심을 받아 기쁨으로 그분 앞에 나아오는 사람도 때로는 유혹에 넘어질 수 있습니다.

"여호와께서 사람의 걸음을 정하시고 그의 길을 기뻐하시나니 그는 넘어지나 아주 엎드러지지 아니함은 여호와께서 그의 손으로 붙드심이로다"(시 37:23,24).

아론도 넘어졌고, 모세도 넘어졌습니다. 히스기야나 여호사밧도 마찬가지가 아닙니까? 물론 용서받을 수 있는 잘못이 있고, 용서받을 수 없는 잘못이 있습니다. 용서받을 수 없는 잘못이란, 빛을 거부하고 예수 그리스도와 그분의 복된 사역에 대해 드러내 놓고 경멸하며 짓밟는 것입니다(히 6:4-6, 10:28,29 참고). 이러한 죄에 대해서는 속죄하는 제사가 없습니다. 사실 그들에게는 생명을 얻기 위해 예수 그리스도에게로 나아올 마음도, 생각도, 소원도 없습니다. 그래서 그들이 멸망할 수밖에 없는 것입니다. 성경은 이러한 사람들에 대해 "다시 새롭게 하여 회개하게 할 수 없나니"(히 6:6)라고 말씀합니다. 그러므로 하나님은 그들을 불쌍히 여기시지 않으며, 우리도 그렇게 해야 합니다.

그러나 다른 죄를 지은 경우에는, 그것도 물론 무서운 일이며 하나님께서 그 일로 자기 백성을 징계하시겠지만, 그렇다고 그 사람이 영생을 얻기 위해 예수 그리스도께로 나아오지 않는 사람이요 은혜와 무관한 사람인 것은 아닙니다.

복음서에는 귀신 들린 한 아이에 관한 이야기가 나옵니다(마 17:14-18; 막 9:14-27; 눅 9:37-43 참고). 그 아이가 예수님께로 올 때에 귀신이 그를 거꾸러뜨리고 심한 경련을 일으키게 하였습니다.

절망에 빠져 있는 죄인들이여, 여러분이 예수 그리스도께로 나아올 때 넘어지는 것은 이상한 일이 아닙니다. 우리는 수없이 넘어질 수밖에 없는 존재입니다. 왜냐하면 우리는 본질상 어리석고 심히 연약하기 때문입니다. 또 타락한 천사는 우리의 힘으로는 감당하기 어려운 강력한 적이기 때문입니다. 그리스도에게로 오는 길에는 너무나 많은 어려움과 장애물이 도사리고 있습니다. 악한 세력은 틈만 나면 우리를 방해하고 넘어뜨리려고 온갖 수단을 동원합니다.

그렇다면 이제 우리가 어떻게 해야 합니까? 이러한 유혹에 넘어질 수밖에 없습니까? 아닙니다. 그렇다면 이렇게 넘어지는 것을 두려워하지 말아야 합니까? 그렇습니다. 성경은 "그런즉 선 줄로 생각하는 자는 넘어질까 조심하라"(고전 10:12)라고 말씀합니다. 그러나 결코 낙심하지 마십시오. 그분은 '모든 넘어지는 자들을 붙드시며 비굴한 자들을 일으키시는'(시 145:14) 분이십니다. 결코 죄를 심상히 여기지 마십시오(잠 14:9 참고).

그런데도 넘어졌습니까? 사무엘은 "두려워하지 말라. 너희가 과연 이 모든 악을 행하였으나 여호와를 따르는 데에서 돌아서지 말고 오직 너희의 마음을 다하여 여호와를 섬기라……여호와께서는 너희를 자기 백성으로 삼으신 것을 기뻐하셨으므로 여호와께서는 그의 크신 이름을 위해서라도 자기 백성을 버리지 아니하실 것이요"(삼상 12:20,22)라고 말합니다. 그리스도께서는 그런 사람들도 자기 백성으로 계수하실 것입니다.

3장

그리스도에게로 오리라는 약속의 확실성

"내게로 올 것이요"
shall come to me

1. '올 것이요(shall)'

이번에는 "내게로 올 것이요"라는 말씀과 관련하여 그들을 그리스도에게 주시겠다는 약속에는 어떤 힘이 있는지 살펴보겠습니다. 먼저 이 약속에 담긴 의미에 대해 일반적으로 고찰해 보고, 그 의미를 구체적으로 살펴보고자 합니다.

1) 일반적 고찰

'올 것이요(shall)'라는 말은 성부께서 그리스도에게 주신 사람들에게만 적용됩니다.

"아버지께서 내게 주시는 자는 다 내게로 올 것이요"(요 6:37).

따라서 우리는 다음과 같은 결론을 내릴 수 있습니다.

첫째, 예수 그리스도에게로 오는 것은 이전에 하나님께서 그리스도에게 보내신 결과입니다. 누가 그리스도에게로 옵니까? 하나님께서 주신 사람들이 그리스도에게로 옵니다. 그들을 주셨기 때문에 그들이 오는 것입니다. 예수님은 "그들은 아버지의 것이었는데 내게 주셨으며"(요 17:6)라고 말씀하셨습니다. 아버지께서 그들을 그리스도에게 주셨기 때문에 그들이 그리스도에게로 오게 된다는 사실을 생각할 때 얼마나 큰 위로를 받는지 모릅니다. 그러므로 그리스도께 나아오는 사람은 이렇게 생각할 수 있습니다. "나는 진실로 그리스도께로 나아오고 있는가? 그렇다면 그것은 나 자신이나 나의 공로 때문이 아니라 그리스도에게 우리를 주신 하나님의 은혜요 선물이다. 하나님은 먼저 나의 인격을 그분에게 주셨다. 하나님께서 그리스도께로 나아갈 마음을 나에게 주신 것이다."

둘째, '올 것이요'라는 말은 아버지께서 주신 결과일 뿐만 아니라 아들의 목적이기도 합니다. 이것은 신적 목적이요 아들의 거룩한 결심입니다. "아버지께서 그들을 내게 주셨으며, 그들은 반드시 나에게로 올 것이다." 그리스도는 그들을 주신 아버지와 마찬가지로 그들을 구원하기로 굳게 결심하셨습니다. 그리스도는 아버지의 선물을 귀하게 여기십니다. 그분은 그들을 하나도 잃어버리지 않고 모두 구원하실 것이며, 마지막 날에 반드시 그들을 다시 살리심으로써 아버지의 뜻과 자신의 소원을 이루실 것입니다(요 6:39 참고).

셋째, '올 것이요'라는 말은 그리스도에게로 나아오는 것이 '절대적 약속'의 결과라는 것을 보여 줍니다. 죄인이 그분에게로 오는 것은 약속된 것입니다. 그것은 절대적 약속에 대한 신실하심의 결과입니다. 여러분은 이 약속으로 말미암아 그리스도에게로 올 힘을 얻었으며, 이 약속으로 말미암아 결국 그분에게 이르게 될 것입니다.

아브라함은 "내년 이맘때 내가 반드시 네게로 돌아오리니 네 아내 사라에게 아들이 있으리라"(창 18:10)라는 약속을 받았습니다. 이 아들은 바로 이삭입니다. "사라에게 아들이 있으리라"는 약속이 주어졌고, 사라는 아들을 낳았습니다. 약속이 성취된 것입니다. 그러므로 이삭은 '약속의 자녀'입니다(창 17:19; 롬 9:9 참고).

"사라에게 아들이 있으리라"라고 약속했는데, 사라가 늙었다면 어떻게 될까요? 그렇다 해도 여전히 "사라에게 아들이 있으리라"라는 약속은 유효할 것입니다. 만일 사라가 이미 아이를 낳을 수 없는 상태라면 어떻게 될까요? 그렇더라도 여전히 "사라에게 아들이 있으리라"라는 약속은 계속될 것입니다. 만일 아브라함의 몸이 죽은 자와 같다면 어떻게 될까요? 그렇다 해도 여전히 "사라에게 아들이 있으리라"라는 약속은 계속될 것입니다.

그분의 절대적 약속에 어떤 힘이 있는지 보십시오. 우리에게 그것을 이룰 만한 힘이나 수단이 있든지 없든지 아무 상관 없이 약속 자체에 그것을 성취할 수 있는 힘이 담겨 있습니다.

본문의 약속도 절대적 약속입니다. 그러므로 우리를 예수 그리스도께로 나아오게 만드는 것은 우리 자신이 아니라 약속 자체입니다. 본문은 "아버지께서 내게 주시는 자는 다 내게로 올 것이요"라고 약속합니다. 그러므로 예수 그리스도께 참으로 나아오는 자는 '약속의 자녀'로 불립니다.

"형제들아, 너희는 이삭과 같이 약속의 자녀라"(갈 4:28).

우리가 예수 그리스도에게 주시기로 약속된 하나님의 자녀인 것입니다. 예수 그리스도에게 주시기로 약속된 자녀들은 반드시 그분에게로 올 것입니다.

"아버지께서 내게 주시는 자는 다 내게로 올 것이요"

넷째, '올 것이요'라는 말에는 그리스도께서 자신에게 주신 자들을 효과적으로 오게 하기 위하여 모든 은혜의 방편을 베푸실 것이라는 의미가 담겨 있습니다. 즉, 그들이 올 것이라는 말씀은 그들의 의지가 아니라 은혜와 능력과 지혜와 새로운 심령과 성령, 이 모든 요소가 함께 역사함으로써 그들을 오게 할 것이라는 말씀입니다.

올 것이라는 약속은 절대적이기 때문에 우리의 의지나 능력이나 선한 행위에 의존하는 것이 아니라 하나님과 그리스도와 성령님을 움직입니다. 하나님께서 아브라함에게 사라가 아들을 낳을 것이라는 절대적 약속을 하셨을 때, 아브라함은 자신에게 그러한 자격이 있는지를 따지지 않았습니다. 하나님의 약속이 그것을 보지 않았기 때문입니다.

로마서 4장 19-22절을 보십시오. 아브라함은 하나님께서 자신에게 아들을 주실 것이라는 절대적 약속을 하셨기 때문에, 자기 몸이 죽은 것 같고 사라의 태가 죽은 것 같다는 사실을 개의치 않았습니다. 그는 '믿음이 없어 하나님의 약속을 의심하지 않고 믿음으로 견고하여져서 하나님께 영광을 돌리며 약속하신 그것을 또한 능히 이루실 줄을 확신'하였습니다. "사라에게 아들이 있으리라"라는 하나님의 약속은 절대적 약속이었으므로, 아브라함은 하나님께서 어떤 식으로든 약속을 성취하실 것이라고 믿었습니다. 이러한 아브라함의 기대는 성령의 인정을 받았습니다. 뿐만 아니라 하나님은 그것을 선하게 여기시고 칭찬하셨습니다. 아브라함은 그로 인해 하나님께 영광을 돌렸습니다.

마찬가지로 성부께서는 그리스도에게 특정한 사람들을 주셔서 구원하게 하셨으며, 그리스도께서는 그들이 자기에게 올 것이라고 말씀하셨습니다. 그러므로 하나님의 교회는 이러한 약속이 이루어질 것을 기쁜 마음으로 바라보며 살아야 합니다. 이 약속은 분명히 이루어질 것이며, 결코 실패하지 않을 것입니다.

"아버지께서 내게 주시는 자는 다 내게로 올 것이요."

2) 절대적 약속으로서의 본질

이제 이러한 절대적 약속의 본질에 대해 구체적으로 살펴봅시다.

(1) 무조건적 약속

이 약속이 '무조건적 약속'임을 기억하십시오. 좀 더 상세하게 말하자면, 이것은 특정인에게 그를 구원하시겠다는 영적인 복을 약속하시면서 '그것을 위해 무엇을 해야 한다'는 조건을 제시하지 않는 하나님(또는 그리스도)의 절대적 약속입니다. 우리에게 주신 약속이 바로 이러한 약속입니다. 본문에서 그 약속이 결국 그리스도에 의해 성취될 것이 아니라 우리의 자격을 요구한다는 조건을 찾을 수 있습니까? 있다면 제시해 보십시오.

절대적 약속에는 '만일(if)'이나 '그러면(and)'과 같이 조건을 나타내는 표현이 수반되지 않습니다. 이 약속은 우리에게 아무것도 요구하지 않고 자체적으로 성취되기 때문입니다. 이 약속은 "그들이 의지를 가지거나(if they will) 어떤 수단을 사용하면(if they use the means) 그렇게 될 것이다(they shall)"라고 말하지 않고, 아무런 조건 없이 그렇게 될 것이라고 말합니다.

혹 여러분이 '의지나 수단의 사용'이 명시되어 있지는 않지만 전제되어 있다고 주장할지도 모릅니다. 그러나 그렇지 않습니다. 그러한 것들은 결코 이 약속의 조건이 될 수 없습니다. 만일 이 약속에 그러한 조건이 조금이라도 포함되어 있다면, 그것은 우리에게 그러한 자격을 갖추어야 한다고 요구하려는 것이 아니라 단지 절대적 약속의 결과를 표현하려는 것일 뿐입니다. 시편 110편 3절을 보십시오.

"주의 권능의 날에 주의 백성이 거룩한 옷을 입고 즐거이 헌신하니(shall be willing)."

이것 역시 절대적 약속입니다. 이 약속이 기꺼이 헌신하려는 우리의 의지를 하나의 조건으로 제시하고 있습니까? 우리에게 그러한 의지가 있어야만 기꺼이 헌신할 수 있습니까? '그러한 의지가 있어야 하나님께서 자원하는 마음을 주신다'는 말이 과연 이치에 맞습니까? 그러므로 본문에는 절대 이러한 조건이 전제되어 있지 않습니다. 적어도 이것은 우리에게 절대적 약속이며, 이 약속을 성취하기 위해 우리에게 보장된 것은 오직 그리스도의 전능하신 능력과 신실하심뿐입니다.

(2) 절대적 약속과 조건적 약속의 차이

절대적 약속과 조건적 약속은 서로 다릅니다.

① 사용되는 표현이 다릅니다. 절대적 약속은 "내가 ~할 것이며, 너는 ~하게 될 것이다(I will, You shall)"라고 말합니다(렘 31:31-34; 겔 34:24-31; 히 8:8-12 참고). 반면 조건적 약속은 "네가 ~한다면 나는 ~할 것이다(if you will, I will)"(렘 4:1; 겔 18:30-32 참고) 또는 "~하라. 그리하면 살 것이다(do this, and thou shalt live)"라는 식으로 말합니다(마 19:21 참고).

② 우리에게 복 주시는 방법이 다릅니다. 절대적 약속은 오직 은혜로 거저 주어지는 것이지만(엡 1:6 참고), 조건적 약속은 그것이 요구하는 자격이 우리에게 있을 때에만 주어집니다.

③ 절대적 약속은 하나님과 관련되는 반면, 조건적 약속은 우리와 관련됩니다. 절대적 약속은 오직 하나님께서 홀로 성취하시지만, 조건적 약속의 성취는 전적으로 우리에게 달려 있습니다.

④ 절대적 약속은 반드시 지켜지지만, 조건적 약속은 지켜질 수도 있고 지켜지지 않을 수도 있습니다. 절대적 약속은 하나님의 신실하심으로 말미암아 반드시 성취됩니다. 그러나 조건적 약속은 인간의 신실

하지 못함으로 인해 이루어지지 않을 수도 있습니다.

⑤ 절대적 약속은 그 자체로서 그것을 성취할 수 있는 충분한 힘을 가지고 있지만, 조건적 약속은 그렇지 않습니다. 절대적 약속은 우리에게 요구되는 모든 것들을 충분히 보유하고 있는 풍성한 약속이므로 때가 되면 우리를 그것이 요구하는 조건들에 능히 부응할 수 있게 만들어 우리를 실제로 구원하는 것입니다.

(3) 절대적 약속과 조건적 약속의 조화

이와 같이 절대적 약속과 조건적 약속 사이에는 실제적이고도 영구적인 차이가 있는 한편 다음과 같은 유익한 조화도 존재합니다.

① 조건적 약속은 '회개'를 요구하며, 절대적 약속은 그것을 주십니다(행 5:30,31 참고).

② 조건적 약속은 '믿음'을 요구하며, 절대적 약속은 그것을 주십니다(습 3:12; 롬 15:12 참고).

③ 조건적 약속은 '새 마음'을 요구하며, 절대적 약속은 그것을 주십니다(겔 36:26 참고).

④ 조건적 약속은 '거룩한 순종'을 요구하며, 절대적 약속은 그것을 주십니다(겔 36:27 참고).

두 약속은 이러한 점에서 아름다운 조화를 이룹니다. 따라서 조건적 약속은 절대적 약속의 혜택을 받은 사람들에게 유익이 됩니다. 예를 들어 설명하겠습니다.

절대적 약속이 사람을 바로 서게 한 후에, "행위가 온전하여 여호와의 율법을 따라 행하는 자들은 복이 있음이여"(시 119:1)라는 조건적 약속이 이어집니다. 절대적 약속이 우리에게 여호와를 경외하는 마음을 준 후에, "여호와를 경외하며 그의 길을 걷는 자마다 복이 있도다"(시 128:1)라는 조건적 약속이 이어집니다. 절대적 약속이 믿음을 준 후에, "믿은 자에게 복이 있도다"(눅 1:45 참고)라는 조건적 약속이 이어집니다. 절대적 약속이 값없이 죄를 용서한 후에, "불법이 사함을 받고 죄가 가리어짐을 받는 사람들은 복이 있고 주께서 그 죄를 인정하지 아니하실 사람은 복이 있도다"(롬 4:7,8)라는 조건적 약속이 이어집니다. 하나님께서 자신의 선민을 끝까지 지키시리라는 절대적 약속 후에, "끝까지 견디는 자는 구원을 얻으리라"(마 10:22)라는 조건적 약속이 이어집니다(벧전 1:4-6 참고).

이와 같이 두 약속이 아름다운 조화를 이루면서 서로 유익한 역할을 하는 것입니다.

3) 의문과 대답

다시 본론으로 돌아와서, 우리가 살펴보고 있는 본문("아버지께서 내게 주시는 자는 다 내게로 올 것이요")은 절대적 약속입니다. 그러므로 이 약속은 그것을 성취하기 위해 필요한 모든 것들을 소유하고 있으며, 우리에게 그것을 베풀어 주시는 풍성한 약속입니다. 그들은 반드시 오게 될 것입니다. 정말 그렇습니까? 물론입니다.

그렇다면 그들이 오기 위해 필요한 은혜와 능력과 마음은 어떻게 주어지는 것일까요? "내게로 올 것이요"라는 그리스도의 말씀이 어떻게 이 모든 문제에 대한 답이 될 수 있습니까? 이 문제와 관련하여 제기될 수 있는 의문에 대해 살펴봅시다.

의문 1 "그들이 허물과 죄로 인해 죽은 상태인데 어떻게 올 수 있습니까?"

'올 것이요'라는 그리스도의 말씀은 그들을 이러한 죽음으로부터 다시 살리실 수 있습니다. 성경은 "죽은 자들이 하나님의 아들의 음성을 들을 때가 오나니 곧 이때라. 듣는 자는 살아나리라"(요 5:25)라고 말씀합니다. 따라서 '올 것이요'라는 말씀은 이러한 장애물을 제거합니다. 그들은 들을 것이며, 살아날 것입니다.

의문 2 "그러나 그들은 사탄의 포로입니다. 그들을 포로로 붙잡고 있는 사탄은 그들보다 강합니다. 그런데 어떻게 그들이 올 수 있겠습니까?"

'올 것이요'라는 그리스도의 말씀은 이 문제도 해결합니다. 사탄이 아브라함의 자녀들을 스스로 일어설 수 없도록 붙들고 있을지라도 이 말씀이 그들의 몸과 마음을 해방시킬 것입니다. 그리스도께서 그들을 사탄의 권세에서 벗어나 하나님께로 돌아오게 만드실 것입니다. 그 조건이 무엇입니까? 그들이 돌아오기 위해 특별한 자격을 갖추거나 어떤 공로가 있어야 합니까? 아닙니다. 그분은 값없이, 오직 자신의 기쁘신 뜻대로 그렇게 행하십니다(빌 2:13 참고).

생각해 보십시오. 지금까지 인간은 원수 마귀에게 사로잡힌 포로가 되어 사탄이 원하는 대로 조종당해 왔습니다. 그러나 '올 것이요'라는 말씀 앞에서 마귀가 무엇을 할 수 있겠습니까? 마귀가 그들을 붙들어 둘 수 있겠습니까? 그들이 예수 그리스도께로 가는 것을 막을 수 있겠습니까? 아닙니다. 결코 그럴 수 없습니다. 마귀의 권세는 타락한 천사의 힘에 불과하지만, '올 것이요'라는 약속은 하나님의 말씀입니다. 그러므로 이 약속은 성취될 수밖에 없습니다. 지옥의 문은 그렇게 말씀하신 분을 결코 대적할 수 없습니다.

막달라 마리아는 일곱 귀신에 사로잡혀 있었습니다(눅 8:2 참고). 혼자서는 도저히 벗어날 수 없었습니다. 그러나 때가 되자 '올 것이요'라는 말씀이 그녀에게 이루어졌습니다. 귀신들이 그녀를 놓아주고 달아났으며, 그녀는 "아버지께서 내게 주시는 자는 다 내게로 올 것이요"라는 말씀에 따라 예수 그리스도께로 나아오게 되었습니다.

거라사 지방의 귀신 들린 자 역시 인간의 힘으로는 벗어날 수 없는 더러운 군대 귀신에게 사로잡혀 있었으나 '올 것이요'라는 약속이 성취됨으로써 그들로부터 풀려났습니다(막 5:1-15 참고). 그 많은 귀신들도 그가 그리스도에게로 가는 것을 막을 수는 없었습니다. 그가 귀신에 사로잡혀 여기저기 떠돌아다닐 때에 그를 죽지 않게 막은 것도, 결국 귀신에게서 풀려나 그리스도에게로 갈 수 있게 한 것도 모두 '올 것이요'라는 약속의 힘이었습니다.

"아버지께서 내게 주시는 자는 다 내게로 올 것이요."

의문 3 "그들은 올 것입니다. 그런데 만일 그들이 그리스도께로 가지 않으려고 하면 어떻게 됩니까?"

"우리는 놓였으니 다시 주께로 가지 아니하겠다"(렘 2:31)라고 말하는 사람들도 있습니다. 그러나 하나님은 "유다의 모든 남은 자가 내 말과 그들의 말 가운데서 누구의 말이 진리인지 알리라"(렘 44:28)라고 말씀하십니다. 그러므로 누가 거짓말쟁이인지 분명히 알아야만 합니다. "다시 주께로 가지 아니하겠다"라고 말하는 이입니까, 아니면 "내게로 올 것이요"라고 말하는 이입니까?

"내게로 올 것이요"라는 것은 하나님의 말씀이고, "가지 않겠다"라는 것은 죄인의 말입니다. '올 것이요'가 하나님의 말씀인 한 그분은 반드시 죄인으로 하여금 '가지 않겠다'라는 말을 취소하게 만들 것입니다. 왜냐하면 '가지 않겠다'라는 말은 비정상적인 죄인의 경솔한 결론이지만, '올 것이요'라는 말씀은 성취하는 능력을 가진 분의 준엄한 약속이기 때문입니다.

마태복음 21장을 보십시오. 아버지가 둘째 아들에게 "얘, 오늘 포도원에 가서 일하라"라고 말하자 아들은 "싫소이다"라고 대답합니다. 그 결과 어떻게 되었습니까? 그가 안 가겠다는 말을 지켰습니까? 그렇지 않습니다. 성경은 "그 후에 뉘우치고 갔으니"(30절)라고 말합니다. 어떻게 된 일입니까? 그가 어떻게 회개할 수 있었습니까? 왜냐하면 그가 절대적 약속 안에 있었기 때문입니다. 그래서 그가 비록 "싫소이다"라고 말하기는 했지만 결국 회개하고 갈 수밖에 없었던 것입니다.

이 비유에서 예수 그리스도는 이 세상 죄인들이 그분에게로 나아가는 일에 대해 얼마나 완고한지를 보여 주십니다. 그들은 자신의 생명이 달려 있는 문제인데도 오지 않으려고 합니다. 그러나 '올 것이요'라는 하나님의 절대적 약속이 그들에게 성취될 때에 그들은 오지 않을 수 없습니다. 그 약속이 그들의 반역적 의지를 회복시키기 때문입니다. 시편 110편 3절 말씀을 보십시오.

"주의 권능의 날에 주의 백성이 거룩한 옷을 입고 즐거이 헌신하니."

여기서 주의 백성이란 누구를 가리킵니까? 그들은 성부께서 아들에게 주신 사람들입니다. 그러므로 결국 완고하고도 패역한 그들의 생각이 제거되고 기꺼이 나아오려는 마음을 가지게 될 것입니다. '올 것이요'라는 약속이 그들을 기꺼이 나아오게 만들 것입니다.

바울은 그리스도와 그분의 복음과 백성들을 대적하고, 특히 양심에 따라 그들을 박해하였습니다. 어느 누가 그런 바울이 예수 그리스도의 제자가 되리라고 상상이나 했겠습니까? 바울은 자신이 마땅히 해야 할 일을 하고 있다고 생각했습니다. 그러나 '올 것이요'라는 약속이 이 반역적인 죄인의 영혼에 임했을 때 어떤 일이 일어났는지 생각해 보십시오. 그는 성부께서 아들에게 주신 택한 그릇이었습니다. 때가 되자 '올 것이요'라는 약속이 그에게 이루어졌으며, 그는 두려움과 경외감에 사로잡혀 하늘의 부르심에 기꺼이 순종하게 되었습니다(행 9장 참고).

사도행전 2장에는 하나님의 아들을 죽이는 일에 가담했던 사람들에 관한 언급이 등장합니다. 그들은 그처럼 끔찍한 일을 저지른 것에 대해 전혀 회개하려 하지 않았으며, 오히려 "그 피를 우리와 우리 자손에게 돌릴지어다"(마 27:25)라고 부르짖었습니다. 그들의 이러한 완고함이 끝까지 계속되었습니까? 그들의 완고한 마음에서 비롯된 반역이 그들을 궁극적인 파멸로 내몰았습니까? 그렇지 않습니다. 성부께서 그리스도에게 주신 자들은 다 돌아왔습니다. 때가 되자 '올 것이요'라는 절대적 약속이 그들에게 임하였으며, 그들은 참회하고 돌아와 베드로와 다른 사도들에게 "형제들아, 우리가 어찌할꼬"(행 2:37)라고 부르짖게 되었습니다. 아무리 완고한 의지를 가진 사람이라 하더라도 하나님의 절대적인 말씀 앞에서는 여지없이 무너질 수밖에 없는 것입니다. '올 것이요'라는 약속이 결코 돌아오지 않으리라고 결심한 사람들을 비둘기가 창가로 되돌아오듯이 돌아오게 만드는 것입니다.

여호와께서 선지자를 통해 므낫세와 그의 백성들에게 말씀하실 때에 그들이 들었습니까? 아닙니다. 그들은 들으려 하지 않았습니다(대하 33:10 참고). 그렇다면 므낫세가 그렇게 끝나고 말았습니까? 그렇지 않습니다. 므낫세 역시 성부께서 아들에게 주신 사람들 가운데 하나였으므로 '올 것이요'라는 약속 안에 있었습니다. 그래서 그 약속이 그를 사로잡았으며, 그는 실제로 돌아왔습니다. 그는 겸손히 엎드리며 돌아왔습니다.

"그가 환난을 당하여 그의 하나님 여호와께 간구하고 그의 조상들의 하나님 앞에 크게 겸손하여 기도하였으므로 하나님이 그의 기도를 받으시며 그의 간구를 들으시사"(대하 33:12,13).

예수님과 함께 십자가에 못 박힌 강도는 처음에는 다른 강도와 함께 예수 그리스도를 비방하였습니다(마 27:44 참고). 그러나 그도 성부께서 아들에게 주신 사람들 가운데 하나였기 때문에 '올 것이요'라는 약속이 그와 그의 반역적인 의지를 꺾었습니다. 이러한 절대적 약속의 능력을 힘입은 그는 즉시 비방을 멈추고 하나님의 아들에게 자비를 구했습니다(눅 23:39-43 참고). 그는 "예수여, 당신의 나라에 임하실 때에 나를 기억하소서"(눅 23:42)라고 고백했습니다.

의문 4 "그러나 그들이 눈이 멀어 길을 찾지 못한다면 어떻게 해야 합니까? 어떤 사람은 마음이 완고할 뿐만 아니라 눈이 어두워서 그리스도로부터 멀리 벗어나 있습니다. 이렇게 눈먼 사람이 어떻게 올 수 있겠습니까?"

그들이 볼 수 없다는 사실은 전혀 문제 되지 않습니다. 문제는 그들이 '올 것이요'라는 약속 안에 속해 있느냐 하는 것입니다. 그들이 이 약속 안에 있다면, '올 것이요'라고 말씀하신 그리스도께서 그들을 찾아 자신에게로 인도하실 것입니다. 왕이신 그분께서 반드시 그렇게 하실 것입니다. 그러므로 돌아와야 할 사람들은 올 수밖에 없습니다. 어떠한 장애물도 그들을 가로막을 수 없습니다.

에베소교회 성도들의 어둠은 그들이 빛의 자녀가 되는 데 아무런 걸림돌이 되지 못하였습니다(엡 5:8 참고). 그리스도는 "보지 못하는 자들은 보게 하고"(요 9:39)라고 말씀하십니다. 그분이 '눈이 있어도 보지 못하는 자들'을 보게 하시겠다면 어느 누가 그것을 막을 수 있겠습니

까?(사 29:18, 43:8 참고)

앞에서 언급한 대로 이 약속은 그들이 그리스도께로 나아오는 데 필요한 모든 것을 가지고 있는 풍성한 약속입니다. 비록 그들이 어둠 가운데 있다고 해도 상관없습니다. '올 것이요'라는 약속은 여전히 유효하며, 그리스도는 계속해서 "그들이 나에게 올 것이다"라고 말씀하십니다. 그분은 이렇게 말씀하십니다.

"내가 맹인들을 그들이 알지 못하는 길로 이끌며 그들이 알지 못하는 지름길로 인도하며 암흑이 그 앞에서 광명이 되게 하며 굽은 데를 곧게 할 것이라. 내가 이 일을 행하여 그들을 버리지 아니하리니"(사 42:16).

의문 5 "그러나 그들의 죄가 많아 심히 가증스러운 자가 되었다면 어떻게 올 수 있겠습니까? 그들이 마을이나 성읍이나 가정에서 가장 악한 죄인이라면 어떻게 올 수 있겠습니까?"

상관없습니다. 그것이 '올 것이요'라는 약속이 성취되는 것을 막을 수는 없습니다. 만일 그들이 하나님께서 그리스도에게 주신 자들이라면, 허물이나 죄도 그들이 나아오는 것을 방해할 수 없으며, 결코 약속이 성취되는 것을 막을 수 없습니다.

"그날 그때에는 이스라엘의 죄악을 찾을지라도 없겠고 유다의 죄를 찾을지라도 찾아내지 못하리니 이는 내가 남긴 자를 용서할 것임이라"(렘 50:20).

그들이 죄를 짓지 않았기 때문이 아닙니다. 오직 그들을 그리스도의 구원으로 인도하시기 위해 하나님께서 절대적 약속으로 그들의 죄를 용서하고 덮으며 감추고 제거하셨기 때문입니다.

"내가 그들을 내게 범한 그 모든 죄악에서 정하게 하며 그들이 내게 범하며 행한 모든 죄악을 사할 것이라. 이 성읍이 세계 열방 앞에서 나의 기쁜 이름이 될 것이며, 찬송과 영광이 될 것이요 그들은 내가 이 백성에게 베푼 모든 복을 들을 것이요 내가 이 성읍에 베푼 모든 복과 모든 평안으로 말미암아 두려워하며 떨리라"(렘 33:8,9).

의문 6 "그러나 그들이 믿음이 없어 회개하지 않는다면 어떻게 올 수 있겠습니까?"

'올 것이요'라고 말씀하신 분이 약속을 지키시지 않겠습니까? 그리스도께로 나아올 사람이라면 반드시 오고 말 것입니다. 믿음도 없고 회개하지도 않는 사람들에게는 먼저 믿음이 주어지고 그 후에 회개가 주어질 것입니다. 그리하여 '올 것이요'라는 약속이 결국 그들에게 성취될 것입니다.

"내가 곤고하고 가난한 백성을 네 가운데에 남겨 두리니 그들이 여호와의 이름을 의탁하여 보호를 받을지라"(습 3:12).

"이새의 뿌리 곧 열방을 다스리기 위하여 일어나시는 이가 있으리니 열방이 그에게 소망을 두리라"(롬 15:12).

"이스라엘에게 회개함과 죄 사함을 주시려고 그를 오른손으로 높이사"(행 5:31).

"그들이 울며 돌아오리니 나의 인도함을 받고 간구할 때에"(렘 31:9).

앞서 언급한 대로 절대적 약속은 그것이 성취되기 위해 필요한 모든 것들을 예비하고 있으며 언제든지 제공할 준비를 하고 있습니다. 따라서 '올 것이요'가 절대적 약속이라면, 그 약속 안에 있는 모든 사람들에게 반드시 그러한 유익을 통해 약속이 성취될 것입니다. 그것이 하나님의 절대적 의지와 은혜로 진행되는 일이기 때문에 반드시 이루어지는 것입니다.

그리스도께 나아오는 것은 그리스도를 믿는 것과 동일합니다. "내게 오는 자는 결코 주리지 아니할 터이요 나를 믿는 자는 영원히 목마르지 아니하리라"(요 6:35).

그러므로 그들이 올 것이라는 말씀은 곧 그들이 믿을 것이라는 말씀입니다. 따라서 영혼을 구원하는 회개가 수반될 수밖에 없습니다. 그러므로 현재 믿음과 회개가 없다고 해서 하나님의 약속의 효력을 부정해서는 안 됩니다. 이 약속에는 다른 사람들이 요구하고 기대하는 모든 것이 포함되어 있기 때문입니다. 하나님은 "나는 그들에게 마음을 주겠다. 나는 그들에게 나의 영을 주겠다. 나는 그들에게 회개를 주겠다. 나는 그들에게 믿음을 주겠다"라고 말씀하십니다.

"누구든지 그리스도 안에 있으면 새로운 피조물이라"(고후 5:17)라는 말씀에 유의하시기 바랍니다. 어떻게 '새로운 피조물'이 될 수 있습니까? 누가 피조물을 창조할 수 있습니까? 오직 하나님만이 새로운 피조물을 만드실 수 있습니다. 그분은 "보라 내가 만물을 새롭게 하노라"(계 21:5)라고 말씀하십니다. 그래서 '새로운 피조물'에 관해 말한 후에 "모든 것이 하나님께로서 났으며"(고후 5:18)라고 말하는 것입니다.

의문 7 "그러나 그들이 그들 앞에 암초처럼 놓여 있는 여러 가지 위험하고도 가증스런 상황들을 어떻게 헤쳐 나올 수 있습니까?"

사실 이 세대는 이전 세대와 마찬가지로 여전히 타락한 세대입니다. 그러나 아무리 죄악이 가득한 세상이라 하더라도 성부께서 아들에게 주신 사람들은 결국 죄악에서 벗어나 그분에게로 가고야 말 것입니다. 성경은 그들의 안전을 보장하는 여러 가지 약속과 함께 그들이 반드시 올 것이라고 말씀합니다. 물론 그들은 여러 가지 위험으로부터 공격받을 수도 있고, 한동안 영혼을 감독하시는 분에게서 벗어나 있을 수도 있습니다. 그러나 이러한 약속들이 결국 그리스도에게 주어진 사람들의 사슬과 족쇄를 끊고 그들을 그리스도에게로 나아가게 만들 것입니다.

죄악은 잠언에 나오는 어리석은 여인처럼 '성읍 높은 곳에 있는 자리에 앉아서 자기 길을 바로 가는 행인들을'(잠 9:14,15) 부릅니다. 그러나 성부께서 아들에게 주신 사람들은 "내게로 올 것이요"라는 말씀으로 말미암아 죄악으로부터 보호받습니다. 하나님께서 항상 그들을 주목하시고, 말씀과 성령으로 평강의 길로 인도하시며, 모든 진리로 이끄실 것입니다(시 32:8, 73:24; 요 16:13; 눅 1:79 참고). 하나님께서 그리스도에게 주신 사람들은 이러한 인도하심에 따라 모든 위험으로부터 벗어나게 될 것이며, 결코 낙오하지 않을 것입니다. 비록 우매한 사람이라 할지라도 그곳에 주저앉지 않을 것입니다(사 35장 참고). 성경은 이렇게 말합니다.

"너희가 오른쪽으로 치우치든지 왼쪽으로 치우치든지 네 뒤에서 말소리가 네 귀에 들려 이르기를 이것이 바른길이니 너희는 이리로 가라 할 것이며"(사 30:21).

그리스도께서 오시기 전에 절도와 강도가 먼저 와 있었던 것처럼, 지금도 먼저 온 자들이 있습니다. 그러나 그리스도께서는 양들이 이러한 자들의 음성을 듣지 않는다고 말씀하십니다(요 10:8 참고). 왜냐하면 양들에게는 '올 것이요'라는 절대적 약속이 있기 때문입니다. 이 약속이 그들로 하여금 음성을 올바로 구별할 수 있게 만드는 것입니다. 예수님은 "내 양은 내 음성을 들으며"(요 10:27)라고 말씀하십니다(요 5:25; 엡 5:14 참고).

"아버지께서 내게 주시는 자는 다 내게로 올 것이요"라는 이 짧은 본문에는 이 모든 내용이 담겨 있습니다. 즉, 아버지께서 주시는 사람들은 결코 멈추거나 뒤돌아서거나 그리스도가 아닌 다른 것에 현혹되거나 그것에 안주하지 않을 것입니다.

2. 그리스도에게로 와야 하는 이유

다음으로 넘어가기 전에 한 가지 더 살펴봅시다. "내게로 올 것이요"라는 표현에 분명하게 드러나 있지는 않지만 여기에는 그분에게로 와야 하는 두 가지 이유가 암시되어 있습니다. 하나는, 그리스도 안에 우리의 부족함을 채우고 행복을 얻기 위해 필요한 모든 것들이 풍성하게 구비되어 있기 때문입니다. 그리고 또 하나는, 실제로 그분에게로 오는 사람이 그러한 것들을 풍성히 받을 수 있기 때문입니다.

1) 우리에게 필요한 모든 것이 풍성하기 때문

그리스도 안에는 우리에게 부족한 것과 우리의 행복을 위해 필요한 모든 것들이 풍성하게 구비되어 있습니다.

"아버지께서는 모든 충만으로 예수 안에 거하게 하시고"(골 1:19).

"우리가 다 그의 충만한 데서 받으니 은혜 위에 은혜러라"(요 1:16).

그분의 풍성함은 측량할 수 없습니다(엡 3:8 참고). 그분은 자신에 대해 이렇게 말씀하십니다.

"부귀가 내게 있고 장구한 재물과 공의도 그러하니라. 내 열매는 금이나 정금보다 나으며 내 소득은 순은보다 나으니라. 나는 정의로운 길로 행하며 공의로운 길 가운데로 다니나니 이는 나를 사랑하는 자가 재물을 얻어서 그 곳간에 채우게 하려 함이니라"(잠 8:18-21).

(1) 어둠으로부터 건지는 빛

이러한 일반적 언급과 함께 구체적으로 그리스도 안에는 그들을 모든 어둠으로부터 건지기에 충분한 빛이 있다고 말합니다. 그러나 그들을 제외한 모든 사람들은 어둠 가운데 걸리고 넘어져 멸망할 것입니다. 그분은 "나는 세상의 빛이니 나를 따르는 자는 어둠에 다니지 아니하고 생명의 빛을 얻으리라"(요 8:12)라고 말씀하십니다. 그들은 본질적으로 눈이 멀어 어둠 가운데 거하며 어디로 가야 할지 모릅니다. 그들을 이러한 어둠으로부터 구해 내실 수 있는 분은 오직 예수 그리스도뿐입니다. 인간의 본성적 양심으로는 그렇게 할 수 없습니다. 그들의 마음에 새겨진 십계명도 마찬가지입니다. 어둠에서 구하는 것은 오직 예수 그리스도만이 하실 수 있는 배타적 영역의 일입니다.

(2) 영원한 생명

그리스도 안에는 생명이 있습니다. 다른 데서는 그 생명을 발견할 수 없습니다. 이 생명은 영혼의 원동력으로서 하나님을 기쁘시게 하는 일을 하게 합니다.

"나를 믿는 자는 성경에 이름과 같이 그 배에서 생수의 강이 흘러나오리라"(요 7:38).

이러한 생명이 없다면, 그가 선한 사람이든 악한 사람이든(그것이 자신의 판단이든 타인의 판단이든) 그는 죽은 사람입니다. "내게로 올 것이요"라고 말씀하시는 그분 외에는 결코 참되고도 영원한 생명이 없습니다. 그러므로 그리스도에게로 나아오는 사람들에게만 생명이 있습니다.

그리스도에게 오는 자는 그분의 살과 피를 믿는 믿음으로 그 생명을 얻습니다.

"나를 먹는 그 사람도 나로 말미암아 살리라"(요 6:57).

이 생명은 율법의 저주와 죄의 결과로 임한 사망을 대적합니다. 그러하기에 그분을 먹지 않는 사람은 누구든지 이 율법의 저주 아래 놓여 영원토록 갇혀 지낼 수밖에 없습니다. 성경은 "대저 나를 얻는 자는 생명을 얻고"(잠 8:35)라고 말합니다. 그분이 없이는 영원한 사망과 멸망으로부터 결코 구원받을 수 없습니다.

저주를 선고받은 사람에게는 생명보다 더 바랄 것이 없습니다. 그런데 바로 이 생명이 오직 그리스도 안에 있습니다.

"이 생명이 그의 아들 안에 있는 그것이니라"(요일 5:11).

즉, 이 영원한 생명이 "아버지께서 내게 주시는 자는 다 내게로 올 것이요"라고 말씀하시는 그분 안에 있는 것입니다.

(3) 성부 하나님께로 인도하는 유일한 길(하나님과의 화목)

본문에서 말씀하고 계시는 분은 죄인을 성부 하나님 앞으로 인도하시는 유일한 분입니다. 우리는 모두 그분의 영광스러운 의로 말미암아, 그리고 그분 안에서 하나님 앞에 흠 없는 모습으로 서게 됩니다. 그리스도 외에는 아버지께로 갈 수 있는 길이 없습니다.

"내가 곧 길이요 진리요 생명이니 나로 말미암지 않고는 아버지께로 올 자가 없느니라"(요 14:6).

다른 길은 모두 죽은 길이요 저주의 길입니다. 그분은 그룹들과 두루 도는 불 칼을 두어 자신에게로 나아오는 길을 지키게 하셨습니다(창 3:24 참고). 이것은 그분에게로 오지 않는 모든 사람에게 해당되는 말씀입니다. 그러나 그분에게로 오는 사람에 대해서는 "내가 문이니 누구든지 나로 말미암아 들어가면 구원을 받고"(요 10:9)라고 말씀하십니다.

(4) 영원한 평안

본문에서 말씀하고 계시는 분만이 영원한 평안을 주실 수 있습니다.

그래서 그분은 "나의 평안을 너희에게 주노라"(요 14:27)라고 말씀하십니다. '나의 평안'은 하나님과의 화목이며, 양심의 평안이요, 영원히 지속되는 평안입니다. '나의 평안'은 세상의 그 어떤 평안과도 비교할 수 없습니다. 이 평안은 세상이 주는 것과 같지 않습니다(요 14:27 참고). 세상의 평안은 세속적이고 일시적이지만, 그리스도께서 주시는 평안은 거룩하고 영원합니다. 그분의 평안은 측량할 수 없는 하나님의 평안인 것입니다.

(5) 영혼의 만족

본문에서 말씀하고 계시는 분은 모든 간구하는 심령의 소원을 만족시킬 수 있는 모든 선하고도 유익한 것들을 풍성히 가지고 계십니다.

"누구든지 목마르거든 내게로 와서 마시라"(요 7:37).

"내가 생명수 샘물을 목마른 자에게 값없이 주리니"(계 21:6).

(6) 구원과 보호하심

본문에서 말씀하고 계시는 분은 자기에게로 나아오는 자들을 구원하고 온전하게 하며 보호할 능력을 가지고 계십니다.

"하늘과 땅의 모든 권세를 내게 주셨으니"(마 28:18).

이러한 예는 얼마든지 더 제시할 수 있습니다. 그러나 이 정도로 하고, 이제 우리가 그리스도께 나아와야 하는 두 번째 이유로 넘어가겠습니다.

2) 그리스도에게로 오는 자에게만 모든 것이 주어지기 때문

(1) 그리스도에게 속한 모든 것

그리스도에게로 오는 사람은 그리스도께 속한 모든 것을 받습니다. 그들은 빛을 위해 나아옵니다. 그들은 생명을 위해 나아옵니다. 그들은 하나님과의 화목을 위해 나아옵니다. 그들은 평안을 위해 나아옵니다. 그들은 영적 유익으로 영혼의 만족을 얻기 위해 나아옵니다. 그들은 그리스도로 말미암아 영원한 저주로부터 보호받기 위해 나아옵니다. 오직 그리스도만이 이 모든 것을 그들에게 주실 수 있습니다. 오직 그리스도만이 그들에게 영원한 기쁨을 주실 수 있습니다. 이것은 분명한 사실입니다.

성경은 이미 그분에게로 나아온 사람들에 대해 이렇게 선언합니다.

"그러므로 우리가 믿음으로 의롭다하심을 받았으니 우리 주 예수 그리스도로 말미암아 하나님과 화평을 누리자. 또한 그로 말미암아 우리가 믿음으로 서 있는 이 은혜에 들어감을 얻었으며 하나님의 영광을 바라고 즐거워하느니라"(롬 5:1,2).

그들의 눈이 그리스도를 향하는 한, 그들은 그리스도를 다른 무엇과도 바꾸지 않을 것입니다. 또 영적 기쁨을 위해 그리스도 외에 다른 무엇을 더하지도 않을 것입니다. 바울은 오직 주 예수 그리스도의 십자가만 자랑하였습니다.

"또한 모든 것을 해로 여김은 내 주 그리스도 예수를 아는 지식이 가장 고상하기 때문이라. 내가 그를 위하여 모든 것을 잃어버리고 배설물로 여김은 그리스도를 얻고 그 안에서 발견되려 함이니 내가 가진 의는 율법에서 난 것이 아니요 오직 그리스도를 믿음으로 말미암은 것이니 곧 믿음으로 하나님께로부터 난 의라"(빌 3:8,9).

또한 그들은 다른 사람들도 이러한 복에 동참하게 되기를 간절히 바랍니다. 바울은 "형제들아, 내 마음에 원하는 바와 하나님께 구하는 바는 이스라엘을 위함이니 곧 그들로 구원을 받게 함이라"(롬 10:1)라고 말합니다. 그는 자신과 같이 그들도 구원받기를 원하였습니다. 또한 바울은 갈라디아인을 향해 "형제들아, 내가 너희와 같이 되었은즉 너희도 나와 같이 되기를 구하노라"(갈 4:12)라고 말합니다. 바울은 자신도 그들과 같은 죄인이었으나 이제 생명을 찾은 것처럼 그들도 생명을 발견하게 되기를 원하였습니다. 그는 마치 주 예수 안에 그들과 자신을 위한 모든 것이 있다고 말하는 것 같습니다.

그리스도께로 나아온 사람들은 틀림없이 영육 간에 모든 대적을 물리치고 승리합니다.

"항상 우리를 그리스도 안에서 이기게 하시고 우리로 말미암아 각처에서 그리스도를 아는 냄새를 나타내시는 하나님께 감사하노라"(고후 2:14).

"누가 우리를 그리스도의 사랑에서 끊으리요"(롬 8:35).

"사망아 너의 승리가 어디 있느냐? 사망아 네가 쏘는 것이 어디 있느냐? 사망이 쏘는 것은 죄요 죄의 권능은 율법이라. 우리 주 예수 그리스도로 말미암아 우리에게 승리를 주시는 하나님께 감사하노니"(고전 15:55-57).

또한 그들은 그리스도 안에서 발견되는 영광으로 말미암아, '그들을 그리스도로부터 떼어 놓으려는 악한 마귀의 간계와 사망의 세력'으로부터 능히 벗어날 수 있습니다.

"누가 우리를 그리스도의 사랑에서 끊으리요. 환난이나 곤고나 박해나 기근이나 적신이나 위험이나 칼이랴. 기록된 바 우리가 종일 주를 위하여 죽임을 당하게 되며 도살당할 양같이 여김을 받았나이다 함과 같으니라. 그러나 이 모든 일에 우리를 사랑하시는 이로 말미암아 우리가 넉넉히 이기느니라. 내가 확신하노니 사망이나 생명이나 천사들이나 권세자들이나 현재 일이나 장래 일이나 능력이나 높음이나 깊음이나 다른 어떤 피조물이라도 우리를 우리 주 그리스도 예수 안에 있는 하나님의 사랑에서 끊을 수 없으리라"(롬 8:35-39).

"내게로 올 것이요."

(2) 그리스도의 영광

참으로 아버지께서 주신 자들은 이러한 그리스도의 영광에 이끌려 그분에게로 나아오게 됩니다. 옛 성도들은 그분에게로 나아올 때 이 놀라운 영광을 찬미하였습니다.

"말씀이 육신이 되어 우리 가운데 거하시매 우리가 그의 영광을 보니 아버지의 독생자의 영광이요 은혜와 진리가 충만하더라"(요 1:14).

그분에게로 오지 않고 죄 가운데 거하는 자들은 그분의 영광의 빛이 없기 때문에 멸망합니다.

"만일 우리의 복음이 가리었으면 망하는 자들에게 가리어진 것이라. 그 중에 이 세상의 신이 믿지 아니하는 자들의 마음을 혼미하게 하여 그리스도의 영광의 복음의 광채가 비치지 못하게 함이니 그리스도는 하나님의 형상이니라"(고후 4:3,4).

이처럼 그리스도 안에는 사람들을 끌어들이는 가슴 벅찬 영광이 있습니다. "내게로 올 것이요"라는 그리스도의 말씀은 이러한 영광을 발견한 사람들이 그분에게로 나아오지 않을 수 없다는 의미를 담고 있습니다. 그러므로 자신의 악을 깨닫고 울며 회개하는 마음으로 그분에게로 오는 사람들에 대해 성경은 이렇게 말합니다.

"여호와의 속량함을 받은 자들이 돌아오되 노래하며 시온에 이르러 그들의 머리 위에 영영한 희락을 띠고 기쁨과 즐거움을 얻으리니 슬픔과 탄식이 사라지리로다"(사 35:10).

예수 그리스도의 얼굴에 있는 은혜의 영광을 볼 때에 하늘의 장막에서 그분과 함께 있게 될 소망으로 기뻐하리라는 것입니다. '그들은 기쁨과 즐거움으로 인도함을 받고 왕궁에 들어'(시 45:15)갈 것입니다.

예수 그리스도 안에는 우리의 마음으로 말씀에 순종하게 만들어 그분께로 나아오게 하는 영광이 있습니다. 아브라함이 메소보다미아에 있을 때에 영광의 하나님이 그에게 나타나 고향과 친척을 떠나라고 말씀하셨습니다(행 7:2,3 참고). 그리고 어떻게 되었습니까? 그는 자신의 고향과 친척을 떠났습니다. 온 세상도 그를 붙잡지 못하였습니다.

시편 기자는 "영광의 왕이 누구시냐"라고 물은 후에 "만군의 여호와께서 곧 영광의 왕이시로다"(시 24:10)라고 대답하였습니다. 통치자들과 권세들을 무력화하여 십자가로 그들을 이기신 분이 누구십니까?(골

2:14,15 참고) 예수 그리스도가 아닙니까? 그러므로 그리스도께서는 유대인을 향해 아브라함이 그리스도 자신의 날을 미리 보았다고 말씀하셨습니다.

"너희 조상 아브라함은 나의 때 볼 것을 즐거워하다가 보고 기뻐하였느니라"(요 8:56).

세상 사람들은 속으로 그분에 대해 "고운 모양도 없고 풍채도 없은즉 우리가 보기에 흠모할 만한 아름다운 것이 없도다"(사 53:2)라고 생각합니다. 그러나 사실 그들은 그분을 보지 못하였습니다. 그분의 집에 거하면서 성령의 도우심으로 말미암아 말씀의 창을 통해 그분을 본 사람들은 다르게 말합니다.

"우리가 다 수건을 벗은 얼굴로 거울을 보는 것같이 주의 영광을 보매 그와 같은 형상으로 변화하여 영광에서 영광에 이르니 곧 주의 영으로 말미암음이니라"(고후 3:18).

그들은 그리스도의 인격과 사역 안에서 그분의 영광을 보았습니다. 그들은 그분의 보혈의 공로 안에서, 그리고 그분의 온전하신 공의 안에서 그분의 영광을 보았습니다. 그것은 마음에 사랑과 평안을 주고 마음을 변화시키는 영광입니다.

그리스도의 영광은 감추어져 있기 때문에 아버지의 계시가 없으면 볼 수 없습니다(마 11:27 참고). 육신이 그것을 가려서 볼 수 없게 만듭니다. 육신의 더러움과 부끄럽고도 추한 것들이 그것을 가리고 있는 것입니다. 그러나 하나님의 빛 안에서 이 모든 것을 보는 사람은 그리스도 안에 있는 영광을 볼 것입니다. 그리고 그 영광이 그들의 마음을 그리스도에게로 이끌 것입니다.

모세는 바로의 공주의 아들로 입양되었습니다. 모르긴 해도 아마 그가 왕궁의 헛된 것들을 따랐더라면 나중에 왕이 되었을 것입니다. 그러나 그는 그렇게 하지 않았습니다. 왜입니까? 어찌 된 일입니까? 그가 그리스도를 위해 받는 수모를 애굽의 모든 보화보다 더 큰 재물로 여겼기 때문입니다.

"모세는 장성하여 바로의 공주의 아들이라 칭함 받기를 거절하고 도리어 하나님의 백성과 함께 고난받기를 잠시 죄악의 낙을 누리는 것보다 더 좋아하고 그리스도를 위하여 받는 수모를 애굽의 모든 보화보다 더 큰 재물로 여겼으니 이는 상 주심을 바라봄이라"(히 11:24-26).

그가 애굽을 떠난 것은 결코 왕의 노함이 무서워서가 아닙니다. 무엇이 그를 그처럼 담대하게 만들었습니까? 그는 오늘 본문에서 말씀하시는 그리스도를 바라봄으로써 참을 수 있었습니다.

"곧 보이지 아니하는 자를 보는 것같이 하여 참았으며"(히 11:27).

저는 모세가 그리스도 안에서 애굽의 모든 보화보다 더 큰 영광을 보았을 것이라고 생각합니다.

그러므로 그리스도께서 "내게로 올 것이요"라고 말씀하신 것은 그들이 그리스도 안에 있는 은혜의 영광을 발견하게 되리라고 말씀하신 것과 다름없습니다. 그 영광의 아름다움과 광채가 그리스도에게 주어진 사람들의 마음을 강력한 힘으로 사로잡을 것입니다.

모세가 주님의 아름다운 영광에 사로잡혔을 때 그는 이미 어린아이가 아니었습니다. 당시에 그의 나이는 40세였으므로 사리 판단을 할 수 있는 총명함과 기회를 가지고 있었습니다. 그는 애굽 땅에서 자기를 기다리고 있는 것들이 얼마나 대단한 것인지 분별할 수 있었습니다. 그러나 예수 그리스도를 발견한 그는 이 모든 애굽의 영광을 귀한 것으로 여기지 않았습니다.

이 악한 세계는 천국에 대한 생각이나 내세의 행복이 세상에서 아무런 낙을 누리지 못하거나 세상 향락을 누릴 줄 모르는 사람들의 마음을 빼앗는 데 적격이라고 생각합니다. 그러나 그들은 각계각층의 다양한 사람들이 예수 그리스도의 영광에 사로잡혀 모든 것을 버리고 그분을 따랐다는 사실을 알아야 합니다. 아벨, 셋, 에녹, 노아, 아브라함, 이삭, 야곱, 모세, 사무엘, 다윗, 솔로몬은 모두 하늘의 영광을 맛본 사람들입니다. 이렇게 은혜의 영광을 맛본 사람들은 그 누구도 그분을 떠나거나 그분에게 저항할 수 없습니다.

4장
그리스도에게 오는 자

"내게 오는 자는"
and him that cometh to me

예수님은 이 말씀을 통해 자신에게로 나아오는 죄인에 대해 본성적으로 가지고 계신 선하심을 더욱 구체적으로 제시하십니다. 그분은 먼저 그들이 "올 것이요"라고 말씀하신 후에 그들을 진심 어린 마음으로 받아들이겠노라고 선언하십니다.

여기서는 이 약속의 조건성(conditionality)에 대해 살펴보고자 합니다. 어떤 사람은 "내게 오는 자는 내가 결코 내쫓지 아니하리라"라는 말씀을 보면서 "그리스도께서 우리를 은혜로 받아들이시는 것은 우리가 그분께 나아오느냐의 여부에 달려 있으며, 그러하기에 그리스도의 구원은 조건적이다"라고 주장합니다. 우리가 오면 받아 주시고 그렇지 않으면 받아 주시지 않는다는 것입니다. 다시 말해서, "내게 오는 자는"이라는 표현을 볼 때 영접하신다는 약속이 '자신에게 나아오는 자에 한해' 주어진다는 것입니다. 그러나 저는 본문의 '오다'라는 표현에 대해 상반절에 언급된 "내게로 올 것이요"라는 약속의 결과로 일어나는 사건이라고 대답하겠습니다. 즉, 하반절에서는 그리스도께로 나아오라고 우리에게 암시적으로 요구하고 있으며, 상반절에는 이러한 요구를 반드시 이루실 것이라는 은혜가 명백하게 약속되어 있다는 것입니다.

"아버지께서 내게 주시는 자는 다 내게로 올 것이요 내게 오는 자는 내가 결코 내쫓지 아니하리라"(요 6:37).

우리가 오는 것은 '올 것이요'라는 약속 때문입니다. 즉, 하반절의 조건적 표현이 상반절에 절대적으로 약속되어 있는 것입니다. 따라서 하반절의 '오다'라는 표현은 "나에게 올 것이요"라는 약속의 결과에 지나지 않습니다. 즉, "그들은 내게로 올 것이며, 나는 그들을 내쫓지 않을 것이다"라는 말씀인 것입니다.

1. '내게 오는 자(him that cometh)'

예수님은 "내게 온 자(him that is come)"라고 말씀하시지 않고 "내게 오는 자(him that cometh)"라고 말씀하십니다. 일반적으로 우리는 이러한 표현을 통해 네 가지 사실을 알 수 있습니다.

첫째, 아버지께서 그들을 주셨기 때문에 그들은 반드시 올 수밖에 없습니다. 예수 그리스도께서 본문의 표현을 통해 말씀하시고자 하는 것이 바로 이것입니다. 마치 예수님께서 "그들은 아버지께서 내게 주신 자들이기 때문에 나에게 능히 올 수 있다는 사실을 알고 있다"라고 말씀하시는 것과 같습니다.

예수님은 "만일 그들이 온다면"이나 "그들이 올 것이라고 추측한다"라고 말씀하시지 않고, "내게 오는 자"라고 말씀하십니다. 아버지께서 구원하라고 자신에게 주신 사람들이 모두 올 것이므로 그리스도께서 이제 그들을 받아들이는 일에 착수하시겠다는 것입니다. 이렇게 예수님께서 그들을 받아들일 준비를 하고 있다는 것은 그들이 오리라는 것을 기정사실화하고 있는 것입니다. 그분은 아버지께서 그들을 자신의 품으로 이끌어 주시리라는 것을 알고 계시며, 그래서 그들을 맞이할 준비를 갖추고 계신 것입니다.

둘째, 그리스도는 자신에게 주어진 사람들이 누구인지를 잘 알고 있습니다. 이것은 그들이 자신에게로 오는 것을 보았기 때문이 아니라 아버지께서 그들을 주셨기 때문입니다.

"아버지께서 내게 주시는 자는 다 내게로 올 것이요 내게 오는 자는."

예수님은 아버지께서 주신 사람들을 아시기 때문에 그들을 영접하십니다. 그분은 "나는 내 양을 알고"(요 10:14)라고 말씀하십니다. 그분은 이미 자신을 알고 있는 사람들뿐만 아니라 아직도 자신을 모르는 사람들까지도 알고 계십니다.

"또 이 우리에 들지 아니한 다른 양들이 내게 있어"(요 10:16).

그분은 유대 교회뿐만 아니라 아직도 죄 가운데 있는 사람들과 이방인 가운데서 자신에게로 올 사람들도 알고 계십니다. 그래서 바울이 고린도에서 두려워하고 있을 때 주님은 이렇게 말씀하셨습니다.

"두려워하지 말며 침묵하지 말고 말하라. 내가 너와 함께 있으매 어떤 사람도 너를 대적하여 해롭게 할 자가 없을 것이니 이는 이 성중에 내 백성이 많음이라"(행 18:9,10).

주님께서 가리키시는 사람들은 이미 돌아온 사람들이 아니라 아직 회개하지는 않았지만 아버지께서 주신 사람들입니다. 아버지께서 그들을 주셨기 때문에 그들을 "내 백성"이라고 부르신 것입니다. 그러하기에 바울은 그곳에 머물면서 그들에게 주님의 말씀을 전하였으며, 그들을 따뜻하게 맞이하고자 준비하고 계신 그리스도께로 그들이 나아갈 수 있도록 성령께서 그들의 영혼에 역사하신 것입니다.

셋째, '내게 오는 자'는 곧 '아버지께서 주신 자'입니다. '내게 오는 자'는 앞서 언급한 아버지께서 주신 모든 자 가운데 하나입니다. 결국 이 말씀은 '아버지께서 주신 자 가운데 그 누구도 결코 내쫓지 않으리라'는 의미를 지니고 있습니다. 이러한 사실은 다음과 같은 본문을 통해서도 알 수 있습니다.

"그가 어떤 사람은 사도로, 어떤 사람은 선지자로, 어떤 사람은 복음 전하는 자로, 어떤 사람은 목사와 교사로 삼으셨으니 이는 성도를 온전하게 하여 봉사의 일을 하게 하며 그리스도의 몸을 세우려 하심이라. 우리가 다 (all) 하나님의 아들을 믿는 것과 아는 일에 하나가 되어 온전한 사람을 이루어 그리스도의 장성한 분량이 충만한 데까지 이르리니"(엡 4:11-13).

바울은 여기서 '다(all)'라는 표현을 사용합니다. '우리가 다'라고 할 때 이것은 누구를 가리키는 말입니까? 당연히 아버지께서 그리스도에게 주신 사람들입니다. 바울이 그들을 '그리스도의 몸'이라고 부른다는 사실에서 이 점이 더욱 잘 드러납니다. 그런데 바울은 그들이 그리스도의 장성한 분량이 충만한 데까지 이르리라고 말합니다. 아버지께서 주신 모든 자, 즉 택한 교회 전체가 그리스도의 몸이요 그분의 충만인 것입니다(엡 1:22,23 참고).

넷째, 그리스도는 아버지께서 주신 자들에 대해 만족하십니다.

"아버지께서 내게 주시는 자는 다 내게로 올 것이요 내게 오는 자는 내가 결코 내쫓지 아니하리라."

그분은 그들을 진심으로, 그리고 기꺼이 받아들이십니다. 이것은 우리를 받아들이시는 그리스도의 사랑이 우리를 그분에게 주신 아버지의 사랑만큼이나 크다는 것을 보여 줍니다. 그러하기에 그리스도는 아버지의 선물에 대해 감사하며, 그것을 악한 세대에게는 숨기신 것으로 감사할 수 있었습니다(마 11:25; 눅 10:21 참고).

그렇다면 이제 '내게 오는 자'라는 말에 함축된 의미를 구체적으로 살펴보겠습니다.

1) '자(him)'

이 표현을 통해 그리스도가 아버지의 선물 전체는 물론 아버지께서 주신 한 사람 한 사람을 모두 염두에 두고 계시다는 것을 알 수 있습니다.[1]) 그분은 마치 "나는 아버지께서 주신 선물 전체뿐만 아니라 각 사람에 대해 특별한 관심을 가지고 있다. 나는 그들의 일부나 대부분을 보호하는 것이 아니라 그들 모두를 보호하며, 한 사람도 잃어버리지 않을 것이다"라고 말씀하시는 것 같습니다. 아버지께서 주신 자들 가운데 한 사람도 잃어버리거나 남겨지지 않을 것입니다. 그분은 이러한 차원에서 아버지의 뜻에 동의하신 셈입니다(요 6:39 참고).

또한 이러한 단수 표현은 아버지께서 정하신 때에 각자에게 특별한 사역이 임할 것임을 시사합니다. 이사야 선지자는 "너희 이스라엘 자손들아, 그날에 여호와께서 창일하는 하수에서부터 애굽 시내에까지 과실을 떠는 것같이 너희를 하나하나 모으시리라"(사 27:12)라고 말했습니다. 아버지께서 그렇게 모든 사람을 한 사람씩 모으실 것입니다.

아울러 이 표현은 어떤 사람이 아버지께서 그리스도에게 주신 자와 육신적으로 관계되어 있다 하더라도 그러한 관계를 통해서 전혀 보호하심을 입지 못할 것임을 보여 줍니다. 절대적 보호의 약속은 오직 그리스도에게 오는 자, 곧 아버지께서 주신 자에게만 제한적으로 적용됩니다. 성도의 자녀에 대해서 많은 논란이 있습니다. "과연 믿는 사람의 자녀는 어떻게 될 것인가?" 그러나 성도의 자녀라 할지라도 절대적 약속 안에 있지 않다면 부모가 할 수 있는 일은 아무것도 없습니다. 부모가 아무리 통곡할지라도 그들을 이 절대적 약속으로 이끌 수는 없습니다.

---

1) **역자주** – 본문에서 '자들'이라고 표현하지 않고 단수 표현을 사용하여 '자'라고 표현한 점을 유의하십시오.

아버지께서 주신 자들은 각계각층의 사람들로 이루어져 있습니다. 그들은 동일한 계층이나 같은 성품을 가진 사람이 아닙니다. 빈부귀천이나 학력의 구별 없이 '아버지께서 주신 자'가 될 수 있습니다. 또 그들 가운데는 세속적인 사람도 있고, 예수 그리스도와 그의 복음을 확신하는 사람도 있습니다. 이런 의미에서 아버지께서 그리스도에게 주신 자들은 매우 다양한 부류의 사람들로 이루어져 있다고 할 수 있습니다.

그런데 본문에서 그리스도는 "내게 오는 자는 내가 결코 내쫓지 아니하리라"라고 말씀하십니다. 우리는 자신에게 좋은 것을 택하고 나쁜 것을 버리지만, 그리스도는 이런 우리와는 달리 아버지께서 주셔서 자기에게로 나아온 모든 사람을 위하신다는 것입니다.

"사람이 서원하는 예물로 여호와께 드리는 것이 가축이면 여호와께 드릴 때는 다 거룩하니 그것을 변경하여 우열간 바꾸지 못할 것이요 혹 가축으로 가축을 바꾸면 둘 다 거룩할 것이며"(레 27:9,10).

그리스도는 그들을 있는 그대로 받아 주시고, 그들의 영혼을 구원하십니다.

아버지께서 그리스도에게 주신 자들 중에는 악한 자도 많습니다. 그러나 그분은 그들 가운데 어느 한 사람도 멸시하거나 무시하지 않으십니다. 아버지께서 그리스도에게 주신 사람들 중에는 이방인보다 못한 사람들도 있습니다. 그들 중에는 살인자나 도둑, 술주정뱅이나 깨끗하지 못한 사람도 있습니다. 그러나 그리스도께서는 그들을 모두 받아 주시고 그들의 죄를 용서하시며 구원하십니다. 에스겔 16장에 기록된 '피투성이'(6절)에 대한 말씀은 이 사실을 잘 보여 줍니다. 그는 태어날 때부터 모든 사람에게 천대받고 버림당했습니다. 아무도 그를 돌보거나 불쌍히 여기지 않았습니다. 오직 본문에서 말씀하고 계시는 그분만이 그를 돌아보았습니다.

'내게 오는 자'의 죄가 피와 같이 붉고 진홍같이 붉을 수 있습니다. 어떤 사람은 그리스도 앞에 오기 전에 헤어나올 수 없을 만큼 깊은 죄악에 빠져 있을 수도 있습니다. 여러분은 어떻습니까? 혹시 여러분은 그런 사람이 아닙니까? 여러분은 그런 상태에서 예수 그리스도의 공로로 은혜를 받아 그분의 피로 죄 씻음을 받고 그분의 의를 덧입지 않았습니까? 염려하지 마십시오. 여러분이 그리스도께로 나아온 것은 아버지께서 여러분을 그리스도에게 주셨다는 사실을 말해 줍니다. 그분은 결코 여러분을 내쫓지 않으실 것입니다. 성경은 "오라 우리가 서로 변론하자. 너희의 죄가 주홍 같을지라도 눈과 같이 희어질 것이요 진홍같이 붉을지라도 양털같이 희게 되리라"(사 1:18)라고 말씀하십니다.

'내게 오는 자' 가운데는 예수님이 이 땅에 계실 당시 그분을 찾아온 나그네들이 많았지만, 그분은 그들을 그냥 돌려보내지 않으시고 모두 받아 주셨습니다.

"예수께서 그들을 영접하사 하나님 나라의 일을 이야기하시며 병 고칠 자들은 고치시더라"(눅 9:11).

"해 질 무렵에 사람들이 온갖 병자들을 데리고 나아오매 예수께서 일일이 그 위에 손을 얹으사 고치시니"(눅 4:40).

2) 본문에 나타난 그리스도의 능력과 의지

'내게 오는 자'라는 말씀은 얼마나 놀라운 말씀인지요! 그들은 모두 하나님께서 그리스도에게 주신 자입니다. 그러므로 그들이 어떤 사람이며 어떻게 행했든지 결코 거절당하거나 버림받지 않고 반드시 구원의 은혜를 누리게 될 것입니다.

사람들은 '그 입으로 나오는 바 은혜로운 말을 놀랍게'(눅 4:22) 여겼습니다. 본문 역시 이 은혜로운 말씀들 가운데 하나입니다. 이것은 마치 '꿀송이'(잠 16:24)와도 같습니다. 이것은 실로 신실하고도 자비로운 대제사장의 입에서 나올 수 있는 가장 은혜로운 말씀입니다. 루터(Luther)는 "그리스도의 말씀은 하늘과 땅보다 넓다"라고 말했습니다. 그리스도의 말씀은 그분에게 오는 모든 죄인들에게 큰 위로가 됩니다.

또한 그분의 말씀은 확실합니다. 예수님 자신도 "천지는 없어질지언정 내 말은 없어지지 아니하리라"(마 24:35)라고 말씀하셨습니다. 이러한 사실은 그리스도가 자신에게로 오는 모든 종류의 죄인들, 곧 세리와 창기와 강도와 귀신 들린 자와 정신병자를 사랑으로 영접하신 내용이 상세하게 기록되어 있는 사복음서의 저자들의 증언을 통해서도 쉽게 확인할 수 있습니다(눅 15장, 19:1-10, 23:41-43; 막 5:1-15, 16:9 참고).

이것은 우리에게 그리스도의 위대하심과 자신에게 나아오는 모든 죄인들에게 생명을 주시려는 그리스도의 마음을 보여 줍니다.

첫째, 이 말씀은 그리스도의 위대하심을 보여 줍니다. 왜냐하면 그리스도의 말씀이 그리스도의 위대하심을 능가할 수는 없기 때문입니다. 그분에게는 자신의 말을 시행하실 수 있는 능력이 있습니다. 그분은 말씀하신 것을 능히 이루실 수 있습니다. 그분은 '우리가 구하거나 생각하는 모든 것에 더 넘치도록 능히 하실 이'(엡 3:20)이십니다. 그러므로 우리는 그분이 자신에게 오는 모든 자를 받아들이신다는 사실을 통해 그분이 자신에게 오는 모든 죄인을 구원하실 수 있다는 결론에 이르게 됩니다.

  예수님께서 아무런 생각 없이 말씀하시겠습니까? 그분의 말씀은 전적으로 의롭습니다. 그러므로 우리는 그분의 말씀을 통해 그분이 가지고 계신 구원의 능력이 얼마나 큰지를 판단할 수 있습니다(사 63:1 참고). 그분의 말씀은 참으로 의롭고 신실합니다. 그분이 이 복된 복음의 망대를 세우실 때 먼저 그 비용을 계산하지 않으셨겠습니까? 그분은 자신이 그 일을 성취하실 수 있음을 알고 계십니다. 참으로 그리스도는 자기에게 나아오는 자가 누구든지, 어떤 사람이든지 다 구원하실 수 있습니다. 이것이 바로 우리가 눈여겨보아야 할 그리스도의 위대함입니다.

  그러므로 우리는 하나님의 모든 말씀이 지니는 본질적인 능력에 모든 초점을 맞추어 부지런히 고찰해야 합니다. 또한 그리스도의 구원의 능력을 그분의 은혜에 대한 우리의 얕팍한 지식이나 우리의 죄로 판단해서는 안 되며, 은혜의 진정한 척도인 그분의 말씀으로 판단해야 합니다. 그렇게 하지 않으면 설령 우리가 예수 그리스도께로 나아올지라도 그분의 은혜를 저버리게 될 것이며, 말씀의 유익을 놓칠 뿐만 아니라 불필요한 두려움으로 낙심하고 좌절하게 될 것입니다. 그리스도께로 나아오는 사람은 누구든지 그리스도의 말씀을 통해 풍성한 구원의 소망을 누릴 수 있다는 사실을 명심하십시오.

그러므로 그리스도께 나아오는 죄인들이여, 그분의 말씀의 잣대로 그분의 구원하는 능력을 판단하십시오. 또 그분의 말씀을 통해 그분의 보혈의 효력과 그분의 온전하신 의와 중보의 능력을 판단하십시오. 그분은 "내게 오는 자는 내가 결코 내쫓지 아니하리라"라고 말씀하셨습니다. 이 말씀은 절대 여러분의 죄를 판단 기준으로 삼지 않습니다. 그리스도께 여러분을 구원하실 능력이 있다는 사실은 오직 그분의 말씀을 통해서 판단되어야 합니다. 하나님께서 이스라엘 백성들에게 하신 말씀은 반드시 이루어집니다.

"여호와께서 이스라엘 족속에게 말씀하신 선한 말씀이 하나도 남음이 없이 다 응하였더라"(수 21:45).

"너희의 하나님 여호와께서 너희에게 대하여 말씀하신 모든 선한 말씀이 하나도 틀리지 아니하고 다 너희에게 응하여 그중에 하나도 어김이 없음을 너희 모든 사람은 마음과 뜻으로 아는 바라"(수 23:14).

그리스도께 나아오는 죄인들이여, 그리스도의 말씀에서 무슨 약속을 발견했든지, 그 약속을 붙드십시오. 약속의 말씀을 멸시하지 않을 때 그분의 보혈과 공로가 여러분의 것이 될 것입니다. 말씀이 뭐라고 명하든, 그 결과가 어떠하든, 담대한 마음으로 모든 것을 의지하고 맡기십시오. 그리스도는 '내게 오는 자'에 대해서 어떤 조건이나 암시를 달지 않습니다. 그 어떤 죄인이든지 그리스도에게 오는 자는 결코 거절당하지 않을 것입니다. 따라서 여러분이 누구이며 어떤 사람이든지 그리스도께로 나아오고 있다면, 여러분은 당연히 본문의 말씀에 해당하는 사람입니다.

벤하닷의 신하들이 아합에게 했던 것처럼, 여러분이 그리스도의 말씀을 붙들고 늘어진다 해도 그분께 해를 끼치는 것이 아닙니다. 성경은 "그들이 그의 입에서 나오는 말을 부지런히 살펴보았다"(왕상 20:33 참고)[2]라고 말합니다. 혹시라도 자비를 베푸는 말이 없는지를 살폈다는 것입니다. 아합은 그들과 대화하면서 벤하닷을 자신의 형제라고 불렀습니다. 그러자 신하들이 그 즉시 그의 말을 받아 "맞습니다. 그는 왕의 형제입니다"라고 맞장구를 쳤습니다.

"그 사람들이 좋은 징조로 여기고 그 말을 얼른 받아 대답하여 이르되 벤하닷은 왕의 형제니이다"(왕상 20:33).

이와 같이 예수님도 자신에게 나아오는 죄인들을 결코 물리치시지 않습니다. 마태복음 15장을 보십시오. 예수님이 가나안 여자를 '개'(26절)라고 칭하자 여자는 얼른 말꼬리를 붙잡고서 "주여, 옳소이다마는 개들도 제 주인의 상에서 떨어지는 부스러기를 먹나이다"(27절)라고

---

2) **역자주** – 영어성경 흠정역을 직역하였습니다.

대답하였습니다. 그러자 예수님은 "여자여, 네 믿음이 크도다. 네 소원대로 되리라"(28절)라고 말씀하셨습니다. 그러므로 그리스도께 나아오는 죄인들이여, 그분의 말씀을 붙들고 늘어지십시오. 그분은 그런 행위를 좋게 보시고, 결코 상처받지 않으실 것입니다.

둘째, 이 말씀은 자신에게로 오는 죄인에게 기꺼이 긍휼을 베푸시려는 그리스도의 의지를 보여 줍니다.

"내게 오는 자는 내가 결코 내쫓지 아니하리라."

자신의 죄를 깨닫고 주님께 나아오는 죄인은 그리스도의 능력을 의심하기보다 그분이 자신을 구원하시고자 하는지를 문제 삼습니다. 한 나병환자는 예수님께 나아와 "원하시면(If thou wilt) 저를 깨끗하게 하실 수 있나이다"(막 1:40)라고 말했습니다. 그가 "만일(if)"이라는 조건을 단 것은 예수님의 능력을 의심해서가 아니라 그분의 의지에 대해 확신할 수 없었기 때문입니다. 그는 예수님이 병을 고치실 수 있다는 것은 알았지만 과연 그렇게 해 주실지를 확신할 수 없었던 것입니다. 그러나 우리는 그분이 하실 수 있다고 믿는 것과 동일한 이유로 그분이 기꺼이 그렇게 하시리라고 믿어야 합니다. 두 경우 모두 하나님의 말씀을 바탕으로 합니다.

그리스도께서 그렇게 하실 의향도 없이 그렇게 약속하실 리가 있습니까? 왜 그분이 자기에게 오는 죄인들을 받아 주겠다고 말씀하셨겠습니까? 이러한 사실을 안다면, 그분께 나아오는 죄인은 사람에게 약속을 이행하라고 촉구하듯이 하나님께도 그렇게 할 수 있지 않겠습니까?

저는 사람에게와 마찬가지로 하나님께도 동일한 근거에 의해 그렇게 할 수 있다고 생각합니다. 그러므로 신실하신 하나님의 약속에 호소하십시오. 야곱은 "주께서 말씀하시기를 내가 반드시 네게 은혜를 베풀어 네 씨로 바다의 셀 수 없는 모래와 같이 많게 하리라 하셨나이다"(창 32:12)라고 했습니다. 이러한 약속에 근거하여 그는 주께서 반드시 그렇게 하실 것이라고 믿었습니다.

또한 본문은 우리에게 동일한 결론에 이를 수 있는 근거를 제시합니다. "내게 오는 자는 내가 결코 내쫓지 아니하리라"라는 본문에는 그분의 의지가 분명하게 나타나 있을 뿐만 아니라 그분의 능력이 암시되어 있습니다. 우리는 아브라함의 신앙을 보면서 그가 하나님의 능력을 자신의 의지보다 앞세우고 있다는 사실에 주목해야 합니다. 그가 하나님께서 아들을 주실 것이라고 확신한 것은 그 약속을 이루실 능력이 하나님께 있다고 믿었기 때문입니다. 그런데 여기에는 자신에게 아들을 주고 싶어하시는 하나님의 의지에 대한 믿음이 전제되어 있습니다. 만일 그렇지 않았다면 아브라함은 약속된 아들을 얻을 수 없었을 것입니다. 성경은 이런 그에 대해 이렇게 말합니다.

"믿음이 없어 하나님의 약속을 의심하지 않고 믿음으로 견고하여져서 하나님께 영광을 돌리며 약속하신 그것을 또한 능히 이루실 줄을 확신하였으니"(롬 4:20,21).

그가 하나님의 의지에 대해서 믿지 않고 의심하였다고 생각합니까? 그렇지 않습니다. 그는 전혀 의심하지 않았습니다. 왜냐하면 하나님께서 그것을 이루겠다고 약속하셨기 때문입니다. 만일 하나님께서 약속하지 않으셨다면 당연히 의심할 수도 있었을 것입니다. 그러나 하나님께서 약속하셨기 때문에 그것을 의심할 이유가 전혀 없었습니다. 그분의 약속에 아들을 주시겠다는 하나님의 의지가 내포되어 있었기 때문입니다.

그러므로 본문은 그리스도에게 나아오는 모든 죄인들에게 큰 위로를 줍니다. 그분은 그들을 기꺼이 받아들이실 뿐만 아니라 자신이 원하는 바를 능히 이루실 수 있습니다. 그러하기에 우리가 조금도 의심할 필요 없이 그분께서 풍성하신 은혜와 자비로 받아 주실 것이라는 소망을 가지고 그분께 나아올 수 있는 것입니다.

3) '내게 온 자'와 '내게 오는 자'

그리스도는 '내게 온 자'라고 하지 않고 '내게 오는 자'라고 말씀하십니다. 여기에는 '나를 위해 모든 것을 버리고 나를 향해 마음을 움직이기 시작한 자, 나를 찾기 위해 나를 향한 여정을 떠나는 자'라는 의미가 담겨 있습니다. 그러므로 우리는 그리스도께 '나아오고 있는 자'와 '이미 나아온 자'를 구별해야 합니다. 그분께 온 자는 아직도 그분께 나아오고 있는 자에 비해 자신이 원하는 것을 그리스도로부터 더욱 확실하게 얻은 자입니다.

그리스도께 오고 있는 자와 비교할 때 이미 온 자에게는 다음과 같은 일곱 가지 유익이 있습니다.

첫째로, 그리스도에게 온 자는 그분에게 오고 있는 자보다 그리스도에게 더욱 가까이 다가섰다고 할 수 있습니다. 그분께 오고 있는 자는 어떤 면에서는 아직 그리스도에게서 멀리 떨어져 있다고 할 수 있습니다. 그는 누가복음 15장에 등장하는 탕자와 같습니다.

"아직도 거리가 먼데"(20절).

그리스도에게 가까이 다가간 자는 그분을 잘 볼 수 있기 때문에 그분의 은혜와 영광에 대해 더욱 잘 판단할 수 있습니다. 하나님께서는 "가까이 나아오라. 그리고 말하라"(사 41:1)라고 하셨습니다. 또한 사도 요한은 "아버지가 아들을 세상의 구주로 보내신 것을 우리가 보았고 또 증언하노니"(요일 4:14)라고 말했습니다. 반면 아직도 오고 있는 자는 이미 와서 그분을 본 자와는 달리 그리스도의 은혜의 가치와 영광에 대해 정확하게 판단할 수 없습니다. 그러므로 죄인들이여, 그리스도께 가까이 올 때까지 여러분의 판단을 유보하시기 바랍니다.

둘째로, 그리스도에게 온 자는 자신의 짐을 내려놓았다는 점에서 아직도 오고 있는 자와는 다릅니다. 오고 있는 자는 아직도 자신의 짐을 내려놓지 못한 것입니다. 그분께 온 자는 자신의 짐을 이미 예수님께 맡겼습니다. 그리고 믿음의 눈으로 자신이 해방되었다는 사실을 바라봅니다. 반면 아직도 오고 있는 자는 여전히 무거운 짐을 어깨에 짊어지고 있습니다.

"수고하고 무거운 짐 진 자들아, 다 내게로 오라"(마 11:28).

이 말씀은 짐이 아직도 그들의 어깨에 놓여 있으며, 그들이 참으로 그리스도에게 올 때까지 그대로 놓여 있을 것임을 보여 줍니다.

셋째로, 이미 그리스도께로 온 자는 영혼을 새롭게 하는 생명수를 마셨지만, 아직 오고 있는 자는 그렇지 못합니다. 예수님께서는 "누구든지 목마르거든 내게로 와서 마시라"(요 7:37)라고 말씀하십니다. 물을 마시려면 먼저 그분께 나아와야 합니다. 이사야 선지자도 "오호라 너희 모든 목마른 자들아, 물로 나아오라"(사 55:1)라고 말합니다. 물로 나아와야만 물을 마실 수 있습니다. 나아오는 중에는 물을 마실 수 없습니다.

넷째로, 그리스도께 온 자는 원수 갚는 자가 뒤쫓아 오는 소리에 떨거나 놀랄 필요가 없지만, 아직도 오고 있는 자는 그렇지 못합니다. 살인자가 도피성으로 가고 있는 동안에는 원수 갚는 자가 뒤쫓아 오는 소리에 겁을 낼 수밖에 없습니다. 그러나 일단 성 안으로 들어가면 뒤쫓는 소리가 그치게 됩니다. 예수 그리스도에게 나아오고 있는 자도 마찬가지입니다. 그의 귀에는 두려운 소리가 들립니다. 그러나 그리스도께 온 자의 귀에는 이미 그러한 사망과 저주의 소리가 그쳤습니다. 그러하기에 그분은 "내게로 오라. 내가 너희를 쉬게 하리라"라고 말씀하십니다. 또 바울도 "이미 믿는 우리들은 저 안식에 들어가는도다"(히 4:3)라고 말합니다.

다섯째로, 그리스도께 온 자는 비록 유혹을 받을지는 몰라도 악한 자의 광포한 공격에 굴복하여 낙담하거나 실망하지는 않습니다. 그러나 아직도 오고 있는 자는 그렇지 않습니다.

"올 때에 귀신이 그를 거꾸러뜨리고 심한 경련을 일으키게 하는지라"(눅 9:42).

그리스도께 온 자는 마귀가 우는 사자와 같이 부르짖을지라도 그리스도의 위로와 새롭게 하심으로 말미암아 유혹과 갈등을 헤쳐 나가지만, 아직도 오고 있는 자는 그렇지 못합니다.

여섯째로, 그리스도께 온 자는 예복을 입고 있지만, 아직도 오고 있는 자는 그렇지 못합니다. 누가복음 15장에 등장하는 탕자를 보십시오. 그는 굶주린 채 누더기만 걸치고 아버지께로 돌아왔습니다. 그러나 아버지께 돌아온 후에는 제일 좋은 옷을 입고 손에 가락지를 끼고 신발을 신고서 크게 기뻐했습니다(22절 참고). 뿐만 아니라 아버지는 그를 위해 살진 송아지를 잡고 풍악을 울렸으며, "이 내 아들은 죽었다가 다시 살아났으며 내가 잃었다가 다시 얻었노라"(24절)라고 말하면서 기뻐하였습니다.

마지막으로, 그리스도께 온 자는 한마디로 모든 한숨과 눈물, 의심과 두려움이 기쁨의 찬양으로 바뀌었다고 할 수 있습니다(롬 5:11 참고). 그는 죄 사함을 받고 그의 기업을 얻었습니다. 그러나 아직도 오고 있는 자에게는 그러한 구원의 기쁨이나 찬양이 없습니다. 그는 죄 사함도 받지 못했으며, 기업도 얻지 못했습니다. 그가 아직도 그리스도께 나아오지 않았기 때문에 성령의 인치심도 받지 못하였으며, 양심에 그리스도의 피 뿌림도 받지 못했습니다(엡 1:13; 히 12:22-24 참고).

4) '오다(cometh)'

'오다'라는 말에는 다음과 같은 특별한 의미가 내포되어 있습니다.

첫째, 예수 그리스도는 죄인의 마음이 자신을 향해 처음으로 움직이는 것을 주시하고 계십니다. 죄인은 자신의 마음이 그분을 향하고 있다는 것을 모를지라도 그분은 그러한 마음의 소원을 알고 계십니다. 다윗은 범죄한 후에 예수 그리스도께 나아오면서 이렇게 고백합니다.

"주여, 나의 모든 소원이 주 앞에 있사오며 나의 탄식이 주 앞에 감추이지 아니하나이다"(시 38:9).

탕자가 돌아올 때 그의 아버지는 아직도 거리가 먼데 그를 주시하고 있었으며, 온 마음이 그를 향해 있었습니다(눅 15:20 참고).

나다나엘이 예수 그리스도께 나아올 때, 주님은 곁에 선 자들에게 그를 가리키시면서 "보라, 이는 참으로 이스라엘 사람이라. 그 속에 간사한 것이 없도다"(요 1:47)라고 말씀하셨습니다. 나다나엘이 "어떻게 나를 아시나이까"라고 묻자, 예수님은 "빌립이 너를 부르기 전에 네가 무화과나무 아래에 있을 때에 보았노라"(요 1:48)라고 대답하셨습니다. 아마도 나다나엘은 하나님께 간절히 기도하고 있었거나 오실 메시아에 대해 묵상하고 있었을 것입니다. 예수님은 이러한 그의 마음을 모두 꿰뚫어 보고 계셨던 것입니다.

삭개오도 예수님께로 나아오기 전에 은밀한 마음의 움직임이 있었습니다. 그는 예수님을 보기 위해 나무 위로 올라갔습니다. 그리고 예수 그리스도의 눈도 계속해서 그를 응시하고 있었습니다. 그래서 그곳에 이르렀을 때 예수님은 삭개오를 쳐다보시면서 "삭개오야, 속히 내려오라. 내가 오늘 네 집에 유하여야 하겠다"(눅 19:5)라고 말씀하셨습니다. 예수님이 그의 영혼 속에 은혜의 사역을 마무리하시려 한 것입니다(눅 19:1-10 참고). 그리스도께 나아오고 있는 죄인들은 이 사실을 기억해야 할 것입니다.

둘째, 예수 그리스도는 자신에게로 오는 죄인들을 주목하실 뿐만 아니라 마음을 열고 그들을 맞이하실 준비를 하고 계십니다. 이러한 사실은 "내게 오는 자는 내가 결코 내쫓지 아니하리라"라는 말씀에 잘 나타납니다. 또한 그리스도는 자기에게 오는 죄인의 길을 평탄하게 만들기 위해 준비하고 계십니다. "내가 결코 내쫓지 아니하리라"라는 복된 말씀은 예수님께서 우리의 길을 평탄하게 만드실 것임을 잘 보여 줍니다.

"이에 일어나서 아버지께로 돌아가니라. 아직도 거리가 먼데 아버지가 그를 보고 측은히 여겨 달려가 목을 안고 입을 맞추니"(눅 15:20).

그리스도의 마음이 자기에게로 오는 죄인들을 향해 활짝 열려 있는 것입니다.

셋째, 예수 그리스도는 죄인들을 바라보시면서 마음을 열고 기다리실 뿐만 아니라 이러한 마음을 절대 바꾸시지 않기로 굳게 결심하셨습니다. 어떤 죄도, 얼마나 오랫동안 죄 가운데 있었는지도, 그분께로 나아가는 사람을 막을 수 없습니다. 그리스도께 나아오는 죄인들이여, 여러분은 이처럼 풍성한 사랑의 주님께로 오고 있는 것입니다.

넷째, 본문은 그분에게로 오는 죄인이 참으로 예수 그리스도께 이르기까지 여정을 계속할 수 있도록 격려하기 위해 그분의 복된 입으로부터 나온 말씀입니다. 이 말씀은 소경 바디매오에게 큰 위로가 되었습니다. 그는 예수님이 지나가실 때 "다윗의 자손 예수여, 나를 불쌍히 여기소서"(막 10:47)라고 부르짖었습니다. 그리고 예수 그리스도는 머물러 서서 바디매오를 부르셨습니다. 그러자 그는 겉옷을 내버리고 뛰어 일어나 예수님께로 갔습니다.

'오라'는 말씀이 그에게 이처럼 격려가 되었다면, 그를 받아 주시겠다는 약속은 얼마나 큰 위로와 격려가 되겠습니까? 생각해 보십시오. 바디매오는 오라는 말씀만 들었을 뿐 약속을 받지는 못했습니다. 그분이 자신을 불렀다는 사실 하나만으로 그의 믿음이 움직였던 것입니다. 그는 예수님이 자신을 불렀기 때문에 자신의 소원을 이루어 주실 것이라고 믿었습니다.

아직도 그리스도에게 나아오고 있는 죄인들이여, 적어도 이 문제에 대해서만은 전혀 걱정할 필요가 없습니다. 여러분에게는 "내게 오는 자는 내가 결코 내쫓지 아니하리라"라는 약속이 있습니다. 이것은 우리에게 가장 큰 격려와 위로가 되는 완전하고도 분명한 약속입니다. 여러분에게 약속의 내용을 위임하고 그리스도께서 자기에게 오는 죄인에 대해 그 약속을 반드시 지키겠다고 공언하셨다면, 본문보다 더 확실한 약속을 생각해 낼 수 있겠습니까? 어떤 약속이 이보다 더 온전하고도 자유로우며 포괄적일 수 있겠습니까?

예수 그리스도는 그분을 향해 마음이 움직이는 처음 순간을 보고 계시겠노라고 약속하셨습니다. 그분은 자기에게 오는 죄인을 따뜻하게 맞아 주시겠노라고 선언하셨습니다. 더구나 그분은 그 어떤 방해가 있더라도 기꺼이 여러분을 받아 주시고 결코 내쫓지 않을 것이라고 굳게 결심하셨습니다. 우리에게 주신 약속에는 이 모든 내용들이 담겨 있습니다.

본문에서 위로를 찾아내려고 굳이 억지 결론을 끌어오거나 기지를 발휘하기 위해 애쓸 필요가 없습니다. 그리스도에게 나아오는 죄인들을 향해 본문이 전하는 메시지는 지극히 간단합니다.

"내게 오는 자는 내가 결코 내쫓지 아니하리라."

2. 그리스도께로 오는 두 부류의 죄인

'예수 그리스도께 오는 자(him that cometh)' 가운데는 두 부류의 죄인이 있습니다. 한 부류는 그리스도께 처음으로 나아오는 자이며, 또 한 부류는 이전에 그분께 나아오다가 돌아선 후에 다시 나아오는 자입니다. 두 부류 모두 본문에 언급된 '자(him)'에 포함됩니다. 이것은 분명한 사실입니다. 두 부류 모두 그리스도께 나아오고 있는 죄인이기 때문입니다.

1) 처음으로 나아오는 자

먼저 첫 번째 부류의 죄인에 대해서 살펴보겠습니다. 그는 이전에 한 번도 그리스도에게로 나아온 적이 없는 사람으로, 두 번째 부류에 비해 쉽게 그분께 나아갈 수 있습니다. 그분께 나아가기가 쉽다는 말은 그 일이 간단하거나 아무나 올 수 있다는 뜻이 아닙니다. 단지 '배교'라는 행위에 대한 부담이나 양심의 가책이 없다는 점에서 비교적 쉽다는 말입니다.

물론 복음이 그리스도께 나아오는 죄인들에게 제시하는 모든 위로와 격려는 두 부류의 죄인 모두에게 적용됩니다. 처음으로 나아오는 죄인이든 타락한 후에 다시 나아오는 죄인이든 동일한 부르심을 받고 동일한 약속에 참여할 수 있습니다.

"모든 것을 갖추었으니(즉, 두 부류의 죄인을 위한 모든 것들이 갖추어져 있으니) 혼인 잔치에 오소서"(마 22:4).

"목마른 자도 올 것이요"(계 22:17).

첫 번째 부류에 대해서는 앞에서 이미 살펴보았으므로 여기서는 두 번째 부류로 배교 후에 다시 나아오는 자에 대해 살펴보고자 합니다.

2) 배교 후에 다시 나아오는 자

그리스도께 나아오다가 타락한 사람들이여, 여러분은 두 번 죽은 사람입니다. 그러나 여러분이 다시 돌아올 생각만 하고 있다면, 여러분에게도 예수 그리스도께 나아가는 길이 활짝 열려 있습니다. 그분께 나아가는 길은 처음 나아갈 때와 동일합니다.

본문은 여러분을 예외로 다루지 않습니다. "배교자를 제외하고 내게 오는 자"라고 말하지 않습니다. 본문은 그런 식으로 여러분을 거부하지 않습니다. 그 어떤 예외도 없이 다만 그분께 나아오기만 하면 기꺼이 받아 주시겠다고 말씀합니다. 그러므로 여러분도 나아올 수 있습니다. 이러한 하나님의 은혜에 대해 여러분의 불신으로 마음의 문을 닫지 마십시오.

예수님은 배교하여 타락한 자를 절대 본문과 상관없는 자로 여기시지 않습니다. 그렇지 않다면 왜 굳이 "결코 내쫓지 아니하리라"라는 말씀을 덧붙이셨겠습니까? 그분은 마치 이전에 배교한 사람에 대해 말씀하시는 것 같습니다. 음행하거나 탐욕을 부리거나 모욕하거나 술 취하거나 그 밖의 악을 행하는 자는 물론 배교한 자도 결코 내쫓지 않으시겠다는 것입니다.

또한 예수님께서는 배교자의 이름도 부르셨습니다. 그도 확실히 본문에 해당하는 자인 것입니다.

"가서 그의 제자들과 베드로에게 이르기를"(막 16:7).

여러분은 "그러나 베드로는 예수님의 수제자로서 경건한 사람이 아닙니까"라고 반문할 것입니다. 맞는 말입니다. 그러나 베드로도 배교자였습니다. 그것은 치명적인 배교 행위였습니다. 그는 주님을 세 번이나 부인하고 저주했으며, 그분을 모른다고 맹세까지 했습니다. 그러한 행위가 배교가 아니라면, 적어도 여러분이 행한 그 어떤 배교 행위보다 치명적인 배교가 아니라면, 제가 잘못 생각한 것이 될 것입니다.

다윗 역시 배교자였습니다. 그는 배교하여 간음과 살인을 저질렀으나 성경은 이 배교자의 이름도 부릅니다.

"여호와께서 나단을 다윗에게 보내시니"(삼하 12:1).

뿐만 아니라 성경은 하나님께서 그의 죄를 용서하셨다고 말합니다.

"여호와께서도 당신의 죄를 사하셨나니"(삼하 12:13).

그는 매우 사악한 죄를 저질렀습니다. 그는 다른 사람의 아내를 취하였을 뿐만 아니라 그 여인의 남편을 죽이고 그것을 교묘한 방법으로 덮으려 했습니다. 더욱이 하나님께서 그를 높이시고 큰 은혜를 베푸신 후에 말입니다. 그러하기에 다윗을 찾아간 선지자는 이처럼 중한 죄를 범한 그를 크게 책망하였습니다. 그런데 그가 그리스도를 향해 돌아서자 즉시, 그리고 기꺼이 용납하심을 받았습니다. 이 배교자가 돌아서는 첫걸음은 지극히 명백하고 솔직했습니다.

"내가 여호와께 죄를 범하였노라"(삼하 12:13).

그가 이렇게 고백하자마자 용서가 선언되었습니다.

"나단이 다윗에게 말하되 여호와께서도 당신의 죄를 사하셨나니."

배교자의 이름이 드러난 것처럼 그들의 죄도 드러났습니다. 그리스도께로 돌아가지 못하도록 가로막는 장애물을 제거하기 위하여 우리의 범죄 사실이 자비와 은총의 말씀과 함께 구체적으로 언급되는 것입니다.

"내가 그들의 반역을 고치고 기쁘게 그들을 사랑하리니"(호 14:4).

그렇다면 배교자들이여, 어떻게 하겠습니까? 하나님은 자신에게로 나아오는 배교자의 이름과 죄를 거명하실 뿐만 아니라 그들을 자신의 이스라엘로 부르십니다.

"여호와께서 이르시되 배역한 이스라엘아 돌아오라. 나의 노한 얼굴을 너희에게로 향하지 아니하리라. 나는 긍휼이 있는 자라 노를 한없이 품지 아니하느니라. 여호와의 말씀이니라"(렘 3:12).

여러분은 하나님의 자녀이자 하나님을 남편으로 둔 사람들입니다.

"배역한 자식들아 돌아오라. 나는 너희 남편임이라"(렘 3:14).

하나님은 여러분을 긍휼히 여기는 마음을 주체하지 못하십니다.

"배역한 자식들아 돌아오라. 내가 너희의 배역함을 고치리라"(렘 3:22).

뿐만 아니라 여호와는 죄의 수치로 말미암아 여러분의 입술의 기도가 그쳤음을 아십니다. 그래서 성경은 "이스라엘아, 네 하나님 여호와께로 돌아오라. 네가 불의함으로 말미암아 엎드러졌느니라. 너는 말씀을 가지고 여호와께로 돌아와서 아뢰기를 모든 불의를 제거하시고 선한 바를 받으소서. 우리가 수송아지를 대신하여 입술의 열매를 주께 드리리이다"(호 14:1,2)라고 말합니다.

배교자의 마음을 위로와 격려의 말씀으로 채워 주시는 그분의 긍휼하심을 깨달아야 합니다(호 14:3 참고). 그분은 "내가 에브라임에게 걸음을 가르치고 내 팔로 안았음에도"(호 11:3)라고 말씀하십니다. 배교자에게 하나님의 품에 안기는 방법을 가르치시겠다는 것입니다.

지금까지 살펴본 바를 통해 우리는 다음과 같은 결론을 얻을 수 있습니다. 본문에서 말하는 '오는 자'란 처음으로 깨달은 사람과 다시 돌아온 사람 모두를 가리키며, 따라서 두 부류의 사람 모두 기꺼이 나아와야 한다는 것입니다.

3) 의문과 답변

의문 1 "그러나 신약성경 가운데 예수 그리스도께서 돌아온 배교자에게 은혜를 베푸시겠다고 분명하게 말씀하신 곳이 있습니까? 어떻게 오늘의 본문 하나만 가지고 그렇게 주장할 수 있겠습니까? 본문은 그리스도에게로 오는 모든 죄인에게 해당하는 말씀이지만, 배교자에게는 그다지 큰 위로가 되지 않는 것 같습니다."

"내가 결코 내쫓지 아니하리라"라고 말씀하셨는데도 위로가 안 된다는 말입니까? 무슨 말씀이 더 필요합니까? 약속을 더욱 확실히 하기 위해 덧붙여야 할 내용이 있습니까? 그렇지 않습니다. 성경의 모든 약속 가운데 이보다 더 확실한 표현을 찾을 수는 없습니다. "내가 결코 내쫓지 아니하리라"라는 말씀은, 무슨 죄를 지었든 얼마나 배교적인 삶을 살았든 얼마나 노엽게 하였든, 그 어떤 이유로도 자기에게로 나아오는 죄인을 결코 내쫓지 않으시겠다는 그리스도의 말씀입니다.

의문 2 "그렇다면 신약성경 가운데 예수 그리스도가 다시 돌아오는 배교자를 구체적으로 거명하면서 은혜의 말씀을 하신 경우가 있습니까?"

성경에는 배교자를 받아들인 사례가 많이 있습니다만, 그런 언급이 반드시 필요한 것은 아닙니다. 본문에서 보는 것처럼 한 가지 약속이 모든 약속을 대신한다고 할 수 있습니다. 뿐만 아니라 죄인을 받아들이는 행위 역시 단순한 약속 못지않은 위로가 됩니다. 그것은 일종의 약속에 대한 성취이기 때문입니다. 구약성경의 약속이 신약에서 성취된 사례는 많습니다.

베드로의 경우를 봅시다. 베드로는 주님을 세 번이나 부인하였으며, 그것도 공개적으로 맹세까지 하면서 부인하였습니다. 그러나 그리스도는 조금도 주저하지 않고서 그를 받아들이셨습니다. 그는 철저한 위선과 거짓으로 주님을 버렸지만, 그리스도께서는 그의 어떤 행위도 문제 삼지 않으셨습니다. 그 무엇도 결코 그가 구원받는 데 걸림돌이 되지 않았습니다. 그리스도는 마치 아무 일도 없었던 것처럼 그를 받아들이셨습니다.

다른 제자들도 예외 없이 예수님께서 곤경에 처하시자 "너희가 다 각각 제 곳으로 흩어지고 나를 혼자 둘 때가 오나니"(요 16:32)라는 주님의 말씀대로 그분을 버리고 달아났습니다.

"이에 제자들이 다 예수를 버리고 도망하니라"(마 26:56).

그러나 그들은 다시 돌아왔습니다. 이러한 배교 행위 역시 아무렇지도 않게 넘어가고 말았습니다. 그러한 행위 자체에 아무런 문제가 없었기 때문이 아니라 그리스도께서 풍성한 은혜로 그것을 덮으셨기 때문입니다. 부활하신 후에 처음으로 그들에게 나타나신 그리스도는 그들의 배은망덕한 행위에 대해서 전혀 책망하지 않으시고는 오히려 안

부를 물으셨습니다.

"예수께서 그들을 만나 이르시되 평안하냐 하시거늘 여자들이 나아가 그 발을 붙잡고 경배하니, 이에 예수께서 이르시되 무서워하지 말라"(마 28:9,10).

"너희에게 평강이 있을지어다"(눅 24:36).

예수님께서는 그들의 불신앙만을 책망하셨습니다(우리 역시 이러한 책망을 받아 마땅한 자들입니다). 그리스도를 혼자 내버려 둔 것 자체가 불신앙이기 때문입니다.

"그들의 믿음 없는 것과 마음이 완악한 것을 꾸짖으시니"(막 16:14).

신앙을 고백하고 나서 아버지의 아내를 취한 사람이 있었습니다. 이것은 당시의 통념으로도 허용되지 않는 일이었을 뿐만 아니라 이방인에게서도 유례를 찾아볼 수 없는 중한 죄였습니다(고전 5:1,2 참고). 그러나 이처럼 절망적인 죄를 범한 사람도 돌아오면 긍휼함을 입을 수 있었습니다(고후 2:6-8 참고). 또한 도둑질하는 자는 다시 도둑질하지 말고 돌이키라는 명령을 받았습니다(엡 4:28 참고). 이것 역시 그리스도께서 이러한 배교 행위를 용서해 주시고자 준비하고 계심을 보여 주는 것이 분명합니다.

이 모든 구체적인 사례는 그리스도께서 배교자에게도 긍휼을 베푸신다는 사실을 보여 줍니다. 불신앙적인 우리에게는 이러한 사례와 증거들이 그렇게 하시겠다는 단순한 약속보다 더욱 큰 위로와 격려가 됩니다.

이 외에도 예수님은 자신에게로 돌아오는 배교자들에게 많은 위로와 격려를 주십니다. 그분은 "내게로 오라"라고 초청하십니다. 그리고 자기에게로 오는 사람들을 받아 주십니다(계 2:1-5,14-16,20-22, 3:1-3, 15-22 참고). 이처럼 신약성경의 배교자들은 주께로 오라는 권면을 받았습니다. 본문을 비롯하여 성경 여러 곳에는 주께로 오는 자를 받아 주실 것이라는 내용이 기록되어 있습니다.

"처녀 이스라엘아, 너의 이정표를 세우며 너의 푯말을 만들고 큰 길 곧 네가 전에 가던(배교하기 전의) 길을 마음에 두라. 돌아오라. 네 성읍들로 돌아오라"(렘 31:21).

3. '그리스도'에게 '참으로' 나아오는 자

본문과 관련하여 몇 가지 사실들을 좀 더 살펴보겠습니다.

본문에서 그리스도는 '내게 오는 자'라고 말씀하십니다. 말로만 신앙을 고백하거나 요란하게 허세 부리는 사람이 아니라 '실제로 그리스도께로 오는 자'입니다. 이처럼 그리스도는 큰소리치는 사람들 가운데서 정말로 나아오는 사람을 구별하실 것입니다. 스스로 가겠다고 말하는 사람이나 자신이 그리스도께로 나아온 것을 다른 사람의 입을 통해 확인받은 사람이 아니라, 본문에서 보는 것처럼 그리스도께서 내게 오고 있다고 인정하시는 사람 말입니다.

혈루증을 앓는 여자가 예수님께 나아왔을 당시 주변에는 많은 사람들이 몰려들어 그분의 몸에 손을 대고자 했습니다. 그러나 그리스도는 무리 가운데서 이 여자를 주목하셨습니다.

"예수께서 이 일 행한 여자를 보려고 둘러보시니"(막 5:32).

그분은 자신을 에워싼 많은 사람들을 제쳐 두고 생각하지도 못한 사람에게 관심을 보이셨습니다. 그리스도께서는 참으로 자기에게 나아오는 자가 누구인지를 알고 계시는 것입니다.

"사람의 행위가 자기 보기에는 모두 정직하여도 여호와는 마음을 감찰하시느니라"(잠 21:2).

그러므로 모든 사람은 자신이 진정 그리스도께로 나아가고 있는지를 확인해야 합니다. 그분께 나아가는 것이 곧 구원이기 때문입니다. 여러분이 참으로 그분께 나아온다면, 여러분의 구원도 참될 것입니다. 그러나 겉으로만 나아오는 척한 것이라면, 여러분의 구원도 거짓될 것입니다.

또한 그분은 '내게 오는 자'라고 말씀하십니다. 여기서 '내게(to me)'라는 표현은 중요합니다. 이것은 그리스도께서 자기에게로 오는 사람들을 지키실 것이라는 보장과 함께 그리스도가 아닌 다른 곳을 향하여 나아가는 사람들이 그리스도와 무관하다는 것을 보여 줍니다. 나아오는 사람이 모두 예수 그리스도께로 나아오는 것은 아닙니다. 영생을 위해 모세나 율법으로 나아오는 사람들도 있습니다. 그들은 그리스도와 상관이 없습니다. 그들에게는 그분의 약속이 아무런 효력도 없습니다.

"율법 안에서 의롭다함을 얻으려 하는 너희는 그리스도에게서 끊어지고 은혜에서 떨어진 자로다"(갈 5:4).

어떤 사람은 성찬식과 같은 복음적 의식에만 머무르기도 합니다. 그러한 것들을 통해 그리스도께로 나아와야 하는데도 그렇게 하지 못한다면, 그들도 그리스도와는 무관합니다. 그들이 입버릇처럼 "주여, 주여"라고 부른다 하여도 그것이 큰 재앙의 날에 그들에게 아무것도 해주지 못할 것입니다. 또한 예배와 의식에 동참하는 사람들 가운데도 그리스도께서 모른다고 하실 사람들이 있습니다. 솔로몬은 "그런 후에 내가 본즉 악인들은 장사지낸 바 되어 거룩한 곳을 떠나 그들이 그렇게 행한 성읍 안에서 잊어버린 바 되었으니 이것도 헛되도다"(전 8:10)라고 말합니다.

그러므로 본문에서 '내게'라는 말씀은 우리에게 경고와 격려를 주기 위해 예수 그리스도께서 조심스럽게 하신 말씀입니다. 그리스도가 아닌 다른 대상을 향해서는 안 된다고 경고하면서 모든 것을 넘어 오직 그리스도만을 향하라고 격려하는 것입니다. 자신의 영혼을 사랑한다면 이러한 그리스도의 경고를 마음 깊이 새기십시오. 여러분은 자신의 병과 상처를 깨닫고, 구원의 필요성을 인식하고 있습니다. 그렇다면 야렙 왕에게로 가서는 안 됩니다.

"에브라임이 자기의 병을 깨달으며 유다가 자기의 상처를 깨달았고 에브라임은 앗수르로 가서 야렙 왕에게 사람을 보내었으나 그가 능히 너희를 고치지 못하겠고 너희 상처를 낫게 하지 못하리라"(호 5:13).

그리스도께서 여러분의 구주가 아닌 여러분을 삼키는 젊은 사자가 되지 않도록 주의하십시오.

지극히 높으신 분(Most High)에게로 돌아오지 않는 사람이 있습니다. 또한 진심으로 돌아오는 것이 아니라 거짓으로 오는 사람들도 있습니다(렘 3:10; 호 7:16 참고). 그러므로 그리스도의 경고에 귀를 기울이십시오.

우리는 오직 유일한 구세주이신 그리스도에게로 돌아가야 합니다. 그분만이 우리에게 구원을 주십니다. 그분은 이 자리에 모세나 세례 요한이 함께하는 것을 원하지 않습니다. 그들은 사라지고 그리스도만 홀로 남으셔야 합니다. 그래서 그리스도와 함께했던 자들이 떠나고 하늘로부터 소리가 나서 제자들에게 '오직 사랑하는 아들의 말만 들으라'고 전한 것입니다(막 9:2-8 참고). 그것이 성부 하나님의 뜻이었습니다.

그리스도는 죄인을 구원하시는 일에 그 어떤 법이나 의식이나 규례나 판단이 개입하는 것도 허용하시지 않습니다. 그분은 '말씀으로 오는 자'라고 하시지 않고 '내게 오는 자'라고 하셨습니다. 그리스도의 말씀이나 본문과 같은 복된 약속조차도 세상의 구주가 될 수는 없습니다. 오직 그리스도만이 구주이십니다. 이러한 약속은 예수 그리스도께로 나아오는 죄인들을 위한 격려일 뿐입니다. 약속 자체가 그리스도 안에 있는 구원을 대신할 수는 없습니다.

'내게 오는 자'는 모든 것을 버리고 다른 어떤 곳에도 소망을 두지 않은 채 오직 하나님의 아들만을 바라보고, 그분을 향해 곧장 나아와야 합니다. 다윗은 "나의 영혼아, 잠잠히 하나님만 바라라. 무릇 나의 소망이 그로부터 나오는도다. 오직 그만이 나의 반석이시요 나의 구원이시요 나의 요새이시니 내가 흔들리지 아니하리로다"(시 62:5,6)라고 고백합니다. 그의 눈과 마음과 소망이 오직 그리스도께로만 향하는 것입니다.

또 그리스도께 나아오는 사람은 자신의 죄를 깊이 인식하고 자신의 의를 버리며, 오직 그리스도의 보혈과 의를 의지합니다. 그는 자신을 정죄하는 모든 죄보다 자신을 구원하는 그리스도의 보혈이 더욱 큰 능력을 가지고 있다는 사실을 압니다. 그러하기에 그는 오직 그리스도만을 바라봅니다. 그는 천지간에 자신의 영혼을 하나님의 진노로부터 구원하실 이는 오직 그리스도, 그분의 의와 속죄의 피뿐이라는 사실을 압니다.

5장

그리스도에게
오는 자를 향한 약속

"내가 결코 내쫓지 아니하리라"
I will in no wise cast out

1. '결코'

'결코'라는 표현에는 겉으로 드러나 보이는 의미도 있고, 함축된 의미도 있습니다.

1) 그리스도의 절대적 결심

'결코'라는 표현에서 우리는 자기에게로 오는 죄인을 구원하시겠다는 예수 그리스도의 변함없는 결심을 분명히 볼 수 있습니다. 그것은 곧 "나는 그 사람을 부인하거나 거절하지 않고 반드시 그에게 나의 죽음과 의의 유익을 주겠다"라는 결심입니다. 그러므로 이 표현은 죄인에게 임할 영원한 지옥 형벌의 저주에 관해 언급하는 것과 같습니다.

"결코 거기서 나오지 못하리라"(마 5:26).

"그들은 영벌에, 의인들은 영생에 들어가리라"(마 25:46).

지옥 형벌을 받을 자에게는 그곳에서 나올 수 있으리라고 소망할 만한 근거가 없습니다. 반면 그리스도께로 나아온 자는 지옥에 던져질 것이라는 두려움을 가질 이유가 없습니다. 하나님은 이렇게 말씀하십니다.

"여호와께서 이와 같이 말씀하시니라. 위에 있는 하늘을 측량할 수 있으며 밑에 있는 땅의 기초를 탐지할 수 있다면 내가 이스라엘 자손이 행한 모든 일로 말미암아 그들을 다 버리리라. 여호와의 말씀이니라"(렘 31:37).

"여호와께서 이와 같이 말씀하시니라. 내가 주야와 맺은 언약이 없다든지 천지의 법칙을 내가 정하지 아니하였다면 야곱과 내 종 다윗의 자손을 버리고"(렘 33:25,26).

그러나 하늘은 측량할 수 없고 땅의 기초도 탐지할 수 없습니다. 그리고 하나님은 주야와 언약을 맺으셨으며, 천지의 법칙을 정하셨습니다. 즉, 하나님은 자기에게로 나아오는 야곱의 자손을 버리시지 않으며, 그들을 다가올 진노로부터 반드시 구원하신다는 것입니다.

그러므로 그리스도께로 나아오는 죄인이 얼마나 큰 죄를 범했고 얼마나 오랫동안 죄에 빠져 있었느냐 하는 것은 그의 구원을 막을 수 없습니다. 또 배교적 행위나 타락한 본성도 그것을 막을 수 없습니다. 만일 이러한 것들이 죄인이 그리스도께로 나아오지 못하도록 방해할 수 있다면, 이 엄숙하고도 절대적인 예수님의 결심은 무용지물이 되고 아무런 효력도 발휘하지 못할 것입니다. 하나님은 이렇게 말씀하십니다. "나의 뜻이 설 것이니 내가 나의 모든 기뻐하는 것을 이루리라"(사 46:10). 그분은 죄인을 구원하기를 기뻐하십니다. 바로 이러한 기쁨에서 그리스도의 확고한 결심이 나오는 것입니다. 그분이 그것을 기뻐하시므로 그것을 반드시 이루실 것입니다. 어떤 사람이 얼마나 많은 죄를 범했든지, 다른 사람보다 훨씬 더 크고 많은 죄를 범했을지라도, 그분께로 나아오기만 하면 "내가 결코 내쫓지 아니하리라"라는 말씀이 동일하게 적용될 것입니다.

구원받기 위해 예수 그리스도께로 나아오는데도 방탕한 삶으로 인해 영원한 지옥 형벌을 받을 수밖에 없다면, 왜 이와 같은 소망의 문을 열어 두었겠습니까? 즉, 결코 내쫓지 않겠다는 것은 죄를 범하지 않는 사람을 위한 말씀이 아니라는 것입니다. 평생 죄 가운데 살다가 구원받기 위해 그리스도께로 나아오는 사람이 있다고 생각해 봅시다. 그런 사람도 예수 그리스도께로 나아와야 합니다. 예수님은 그를 따뜻하게 맞아 주시고, 결코 내쫓지 않으실 것입니다. 이것이야말로 참으로 지식을 초월하는 사랑이요 천사도 놀랄 만한 사랑이 아닙니까? 그분에게로 나아오는 모든 죄인은 이러한 사랑을 가슴 깊이 새겨야 할 것입니다(눅 7:41-43 참고).

2) 그리스도께로 오는 자의 두려움과 그리스도의 보장

'결코'라는 말에는 다음과 같은 의미가 함축되어 있습니다. 첫째, 그리스도에게로 오는 영혼에게는 그들을 내쫓으라고 예수 그리스도에게 끊임없이 요구하는 대적이 있습니다. 둘째, 그리스도에게로 오는 영혼은 그들을 내쫓으라고 요구하는 대적들이 그리스도를 설득할까 봐 두려워합니다. 그런데 "내가 결코 내쫓지 아니하리라"라는 말씀이 대적과 그들에 대한 두려움, 이 두 가지에 맞서 싸우도록 격려합니다.

(1) 대적과 고발에 대한 두려움

그리스도에게로 오는 자를 내쫓으라고 예수 그리스도에게 요구하는 세 가지 요소가 있습니다.

첫째, 형제를 참소하는 사탄입니다. 사탄은 '우리 형제들을 참소하던 자 곧 우리 하나님 앞에서 밤낮 참소하던 자'(계 12:10)입니다. 이 어둠의 권세 잡은 자는 절대 지치지 않습니다. 그는 밤낮 참소하는 일을 쉬지 않습니다. 그는 끊임없이 여러분을 고발합니다.

사탄이 의인 욥을 멸망시키기 위해 어떤 방법으로 참소하였습니까? 사탄은 욥이 까닭 없이 하나님을 경외할 리가 없으며, 만일 하나님이 그를 치신다면 그가 틀림없이 주를 향해 욕할 것이라고 주장했습니다. 그러나 하나님께서 증언하신 대로 욥은 실로 '까닭 없이' 하나님을 경외하였습니다(욥 1:9-11, 2:4,5 참고).

사탄이 그리스도에게 대제사장 여호수아를 어떻게 참소하였습니까? 스가랴 선지자는 "대제사장 여호수아는 여호와의 천사 앞에 섰고 사탄은 그의 오른쪽에 서서 그를 대적하는 것을 여호와께서 내게 보이시니라"(슥 3:1)라고 말합니다. 사탄이 그리스도에게 여호수아를 거절하라고 참소한 것입니다. 여호수아의 자손이 이방인과 결혼하는 불법을 행한 것은 사실입니다(스 10:18 참고). 제가 아는 한, 여호수아에게도 그 일에 대한 책임이 있었습니다.

뿐만 아니라 여호수아는 그에 못지않은 죄로 더러워져 있었습니다. 그는 더러운 옷을 입고 여호와의 천사 앞에 서 있었습니다(슥 3:3 참고). 그래서 그는 사탄이 자신을 공격할 때에 한 마디도 변명할 수 없었습니다. 그런데도 그는 용납하심을 받았습니다. 그는 그 일로 예수님께 감사하지 않을 수 없었을 것입니다. 그리스도는 여호수아를 거절하지 않고, 오히려 마귀를 책망하셨습니다(슥 3:2 참고). 그리고는 여호수아의 더러운 옷을 벗기고 죄악을 제거하였으며, 아름다운 의의 옷을 입혀 주셨습니다(슥 3:4 참고).

사탄은 베드로를 밀 까부르듯 하려 할 때 그를 어떻게 참소하였습니까? 사탄은 모든 은혜를 차단하고 베드로를 육체의 정욕 가운데 내버려 둠으로써 주님을 싫어하고 부인하며 피하게 만들고자 했습니다.

"시몬아, 시몬아, 보라 사탄이 너희를 밀 까부르듯 하려고 요구하였으나"(눅 22:31).

이러한 사탄의 요구가 효과가 있었습니까? 그렇지 않습니다.

"그러나 내가 너를 위하여 네 믿음이 떨어지지 않기를 기도하였노니"(눅 22:32).

마치 그리스도께서 "시몬아, 사탄이 나에게 너를 비롯한 모든 형제('너희를'이라고 했으므로)를 자기에게 넘기라고 요구하지만, 나는 너를 결코 그의 수중에 넘기지 않을 것이다. 나는 너를 위해 기도하였다. 그러므로 너의 믿음이 떨어지지 않을 것이다. 나는 네가 하늘의 처소에 이르기까지 너를 보호할 것이다"라고 말씀하시는 것 같습니다.

둘째, 죄입니다. 사탄과 마찬가지로 그리스도에게 나아오는 죄인의 죄도 그를 대적합니다. 죄는 그리스도에게 그들을 내쫓으라고 요구합니다. 이스라엘 백성들이 애굽에서 가나안으로 가는 동안 죄로 말미암아 하나님의 긍휼에서 내쫓길 뻔한 적이 얼마나 많았는지 모릅니다. 그때마다 그리스도를 예표하는 모세의 중보를 통해 하나님의 진노에서 벗어날 수 있었습니다(시 106:23 참고). 만일 우리에게 아버지 앞에서 우리의 대언자가 되시는 의로우신 예수 그리스도가 없다면, 죄는 우리가 정죄 받고 쫓겨나야 마땅하다는 사실을 입증하고도 남았을 것입니다(요일 2:1 참고).

옛 조상들의 죄는 사망을 불러왔습니다. 소돔의 죄는 하늘에서 불을 내려 그들을 삼키게 하였습니다. 애굽의 죄 역시 그들에게 사망을 불러왔습니다. 왜냐하면 그들이 생명을 위해 예수 그리스도께로 오지 않았기 때문입니다. 그리스도에게 나아오는 사람이 그들보다 죄가 적은 것은 아닙니다. 어쩌면 그들보다 더욱 많은 죄를 범했을지도 모릅니다. 그런데 왜 그들은 멸망하고 여러분은 살았습니까? 어떻게 그들은 약속을 받지 못하였는데 여러분은 용서의 약속을 받았습니까? 오직 여러분이 예수 그리스도께 나아왔기 때문입니다. 그래서 죄로 인해 멸망하지 않는 것입니다.

셋째, 모세의 율법 역시 사탄이나 죄와 마찬가지로 여러분을 정죄합니다. 완전하고도 거룩한 율법은 하나님 앞에서 여러분을 고발합니다. "너희를 고발하는 이가 있으니 곧 너희가 바라는 자 모세니라"(요 5:45).

율법은 죄를 지은 모든 사람들을 고발합니다. 죄가 존재하는 한 율법은 언제나 그것을 고발할 것입니다. 그러나 그리스도에게로 나아오는 자에게는 이러한 고발이 아무런 효력을 발휘하지 못합니다. 죽으실 뿐 아니라 다시 살아나신 그리스도 예수께서 우리가 그리스도를 힘입어 하나님께 나아갈 수 있도록 간구하시기 때문입니다(롬 8:34; 히 7:25 참고).

이와 같이 사탄과 죄와 율법이 그리스도 예수 앞에서 우리를 참소하고 정죄하며 고발합니다. 그리고 우리를 직접 대적하고 공격합니다. 그러나 "내가 결코 내쫓지 아니하리라"라는 말씀이 이 모든 것들로부터 우리를 지킬 것입니다. 그리스도에게 오는 죄인은 대적이 공격할 거리가 없어서가 아니라 예수님께서 그들의 고발을 듣지 않고 우리를 내쫓지 않으시기 때문에 구원을 받는 것입니다.

사무엘하 19장을 보면, 시므이가 다윗 왕에게 나아와 자신의 잘못을 용서해 달라고 했을 때(16-20절 참고) 아비새가 여호와의 기름 부으신 자를 저주한 일에 대해 "그로 말미암아 죽어야 마땅하지 아니하니이까"(21절)라고 말하는 것을 볼 수 있습니다. 아비새의 말과 같이 그리스도에게 나아오는 사람들도 모두 그리스도를 대적한 자들입니다. 그들은 반역으로 말미암아 죽어 마땅합니다. 그러나 다윗의 대답을 들어 보십시오.

"스루야의 아들들아, 내가 너희와 무슨 상관이 있기에 너희가 오늘 나의 원수가 되느냐? 오늘 어찌하여 이스라엘 가운데에서 사람을 죽이겠느냐? 내가 오늘 이스라엘의 왕이 된 것을 내가 알지 못하리요"(22절).

오늘날 그리스도께서도 자기에게 나아오는 모든 시므이를 고소하는 자에게 이렇게 대답하십니다. "네가 나와 무슨 상관이 있기에 내게 나아오는 자들을 고소하느냐? 그들에게 자비를 베푸는 것을 반대하는 것은 곧 나를 대적하는 것이다. 너는 오늘날 내가 의의 왕이요 평화의 왕이 된 것을 모르느냐? 나는 그들을 결코 내쫓지 않을 것이다."

또한 본문에는 그리스도에게 오는 죄인들이 이러한 고발을 두려워한다는 사실도 내포되어 있습니다.

(2) 그리스도의 보장

이것은 명백한 사실입니다. 그래서 본문이 그들에 대한 구원을 보장하고 있는 것입니다. 그리스도에게 나아오는 자들이 대적들의 고발을 두려워하지 않는다면 굳이 그렇게 보장할 필요는 없을 것입니다. 그러나 그분께 나아오는 죄인이 범죄하면 그의 양심은 이러한 저주로부터 자유함을 누릴 수 없습니다. 더구나 그는 언제나 하나님과 그리스도 앞에서 자신이 얼마나 악한 죄인인지를 인식하고 있습니다. 그는 사탄에게 매여 죄의 정욕에 사로잡혔던 비참한 과거의 경험이 있습니다. 비록 그가 지금은 하나님의 거룩과 의에 관한 새로운 사고를 가지고 있으며 더 이상 하나님을 배반하거나 범죄하는 것을 참을 수 없다 하더라도 죄의 정욕은 여전합니다.

"율법으로 말미암는 죄의 정욕이 우리 지체 중에 역사하여 우리로 사망을 위하여 열매를 맺게 하였더니"(롬 7:5).

그러나 낙담할 필요는 없습니다. 우리에게는 선하고도 자비로우며 신실하신 예수님이 계시기 때문입니다. 그분은 "내게 오는 자는 내가 결코 내쫓지 아니하리라"라고 말씀하십니다. 천지가 변할지라도 이 말씀은 결코 변함이 없을 것입니다(마 5:18 참고).

2. '내쫓다'

본문에 직접 나타나지 않은 내용 가운데 조금 더 살펴보아야 할 부분이 있습니다. 하나는 '내쫓다'라는 말의 의미에 관한 것이고, 또 하나는 '자기에게로 나아오지 않는 자들을 내쫓으시고 나아오는 자들을 구원하시는 그리스도의 능력'에 관한 것입니다. 먼저 '내쫓다'라는 말의 의미에 대해 살펴보겠습니다.

1) 오지 않는 자의 불행

일반적으로 '내쫓다'라는 말에는 '무시하다, 멸시하다, 경멸하다'라는 뜻이 담겨 있습니다. 사무엘하 1장 21절에는 사울의 방패가 비참하게(viley) '버린 바' 되었다고 기록되어 있습니다. 즉, 그가 무시되고 멸시를 받은 것입니다. 예수 그리스도께로 오지 않는 죄인도 마찬가지입니다. 예수님은 그들을 무시하고 멸시하며 경멸하실 것입니다. 즉, 그들을 내쫓으시는 것입니다. 또 내쫓긴 자들은 불결한 물건(사 30:22), 부정한 옷, 거리의 진흙(시 18:42)이라고 불릴 것입니다. 예수 그리스도에게로 나아오지 않는 사람도 이와 같습니다. 그들은 불결하고 더러운 것이 되어 버림받을 것입니다(마 5:13, 15:17 참고). 또 내쫓긴다는 것은 긍휼히 여김을 받지 못하고 영원한 수치를 당하게 된다는 뜻이기도 합니다(시 44:9, 89:38; 암 1:11 참고).

그러나 오늘 본문에서 사용된 '내쫓다'라는 표현은 이처럼 좁은 의미로 국한되지 않습니다. 이 말은 가장 비참한 상태를 가리킵니다. 즉, 그리스도께로 오는 자는 이 땅에서 영적 행복을 누릴 수 있는 모든 것을 부여받지만, 그분께로 나아오지 않는 자는 영원한 영적 비극으로 달려갈 수밖에 없다는 것입니다. 그리스도께로 나아오지 않는 사람은 참으로 비참한 비극을 당합니다. 곧 하나님의 임재와 은총으로부터 쫓겨나는 것입니다. 가인이 그랬습니다. 그는 "주께서 오늘 이 지면에서 나를 쫓아내시온즉 내가 주의 낯을 뵈옵지 못하리니"(창 4:14)라고 한탄했습니다. 이 얼마나 무서운 고백입니까? 그러나 그 결과는 더욱 끔찍합니다.

"가인이 여호와께 아뢰되 내 죄벌이 지기가 너무 무거우니이다"(창 4:13).

"내가 너희를 온전히 잊어버리며 내가 너희와 너희 조상들에게 준 이 성읍을 내 앞에서 내버려"(렘 23:39).

"내 아들 솔로몬아, 너는 네 아버지의 하나님을 알고 온전한 마음과 기쁜 뜻으로 섬길지어다. 여호와께서는 모든 마음을 감찰하사 모든 의도를 아시나니 네가 만일 그를 찾으면 만날 것이요 만일 네가 그를 버리면 그가 너를 영원히 버리시리라"(대상 28:9).

내쫓긴다는 것은 결국 그분의 보호와 감독에서 벗어난다는 것입니다. 하나님께서 더 이상 그들의 유익을 위해 감시하거나 돌보지 않으시는 것입니다(왕하 17:20; 렘 7:15 참고). 이제 그들은 맹인과 같이 흑암 가운데 남아 방황하게 될 것입니다. 그보다 더 비극적인 결과는 없을 것입니다. 그러나 그리스도에게로 나아오는 사람에게는 긍휼이 있습니다. 그들은 결코 불확실한 어둠 속에서 방황하지 않을 것입니다. 예수 그리스도께서 목자가 양을 돌보듯이 그들을 지키실 것입니다(시 23편 참고).

"내게 오는 자는 내가 결코 내쫓지 아니하리라."

또한 내쫓긴다는 것은 하나님의 집에서 쫓겨난다는 의미입니다. 그는 이 험한 세상에서 도망자가 되어 잠시 방랑하다가 영원한 죽음으로 내려가게 될 것입니다(갈 4:30; 창 4:13,14, 21:10 참고). 여기에 그리스도에게 오는 사람에게 주어지는 복이 있습니다. 그들은 결코 그분의 집에서 쫓겨나지 않을 것입니다. 그들은 결코 정처 없이 이 땅을 떠돌아다니는 방랑자가 되지 않을 것입니다. 그들은 절대 내쫓기지 않을 것입니다(잠 14:26; 사 56:3-5; 엡 2:19-22; 고후 1:3,21,22 참고).

내쫓긴다는 것은 한마디로 타락한 천사와 같이 버림받는다는 것입니다. 타락한 천사들이 하늘에서 지옥으로 쫓겨날 때 그들에 대한 영원한 저주가 시작되었습니다. 반면 쫓겨나지 않는다는 것은 하늘에 거할 처소가 있으며, 택한 천사로서 특권을 누린다는 것입니다. 언젠가는 "내쫓지 아니하리라"라는 말씀이 예수 그리스도께 나아오는 자들에게 성취될 것입니다(벧후 2:4; 눅 20:35,36 참고).

그렇다면 이제 '내쫓다'라는 말의 의미를 좀 더 깊이 생각해 봅시다.

첫째, 그리스도께서 자기에게 나아오는 자들을 내쫓지 않으시겠다고 말씀하신 것은, 그분께 그들에게 줄 영생이 있으므로 그분께 오는 자가 결코 멸망하지 않는다는 사실을 보여 줍니다.

"내 양은 내 음성을 들으며 나는 그들을 알며 그들은 나를 따르느니라. 내가 그들에게 영생을 주노니 영원히 멸망하지 아니할 것이요 또 그들을 내 손에서 빼앗을 자가 없느니라"(요 10:27,28).

반면 그분께 오지 않는 자는 영원한 저주와 버림을 받을 것입니다.

둘째, 그리스도에게는 그분께 나아오는 자들에게 주실 영원한 의의 옷이 예비되어 있습니다. 그러므로 그날에는 모두 예복을 입은 자로 나아올 것입니다. 반면 그분께 나아오지 않는 자들은 여전히 죄로 얼룩진 더러운 옷을 입고 있으며, 따라서 그날에 영원히 벌거벗은 수치와 부끄러움을 당할 것입니다(단 12:2; 사 57:20; 계 3:4,18, 16:15 참고).

셋째, 그리스도에게는 영원한 샘물과 같은 보혈이 있습니다. 그러므로 영생을 위해 나아오는 자들을 깨끗이 씻길 것입니다. 반면 그분께 오지 않는 자는 이 보혈의 은혜를 누리지 못하고 영원한 진노의 죗값을 받을 것입니다(슥 13:1; 벧전 1:18,19; 요 13:8, 3:36 참고).

넷째, 그리스도에게는 언약이 있습니다. 그러므로 영생을 위해 그분께 나아오는 사람은 이 언약의 복을 누릴 것입니다. 반면 그분께 오지 않는 자는 이 언약에서 제외될 것입니다. 왜냐하면 하나님의 약속은 오직 그리스도 안에서 '예'와 '아멘'이 되기 때문입니다(고후 1:20 참고). 그러므로 그분께 오지 않는 자는 이 언약과 아무런 관계가 없습니다(시 50:16 참고).

다섯째, 그리스도에게는 풍성한 은혜가 있습니다. 그러므로 그분께 나아오는 사람은 풍성한 은혜를 받을 것입니다. 반면 그분께 나아오지 않는 자는 이러한 은혜를 누릴 수 없습니다. 그리스도가 없는 그들에게는 오직 사망과 지옥과 심판만이 기다리고 있을 뿐입니다.

"대저 나를 얻는 자는 생명을 얻고 여호와께 은총을 얻을 것임이니라. 그러나 나를 잃는 자는 자기의 영혼을 해하는 자라. 나를 미워하는 자는 사망을 사랑하느니라"(잠 8:35,36).

여섯째, 그리스도는 중보자이십니다. 그러므로 그분은 자기를 통해 하나님께 나아가는 자들을 영원히 중보하십니다(히 7:25 참고). 반면 '다른 신에게 예물을 드리는 자는 괴로움이 더할 것'(시 16:4)입니다. 다윗은 "나는 그들이 드리는 피의 전제를 드리지 아니하며 내 입술로 그 이름도 부르지 아니하리로다"(시 16:4)라고 고백했습니다.

일곱째, 그리스도에게는 놀라운 사랑과 자비가 있습니다. 그러하기에 그분은 "내게 오는 자는 내가 결코 내쫓지 아니하리라"라고 말씀하신 것입니다. 반면 그분은 자기에게 오지 않는 자에게는 무서운 사자가 되어 그들을 찢으실 것입니다.

"하나님을 잊어버린 너희여, 이제 이를 생각하라. 그렇지 아니하면 내가 너희를 찢으리니 건질 자 없으리라"(시 50:22).

여덟째, 하나님은 그리스도에게 나아오는 자들과 그들의 행위를 용납하셨습니다. 반면 그분께 나아오지 않는 자는 굴과 산으로 도망하여 바위 틈에 숨을지라도 그분의 얼굴과 진노를 피할 수 없을 것입니다(계 6:15-17 참고).

2) 심판의 날

'내쫓다'라는 말은 지금부터 일어날 일, 그리고 마지막 날에 있을 일과 관련해서도 특별한 의미를 가집니다. 왜냐하면 그날에, 그리고 그날이 오기까지 엄청난 저주와 쫓겨남이 임할 것이기 때문입니다. 다음의 두 가지 주제에 초점을 맞추어 이 내용을 살펴봅시다. 하나는 쫓겨남 자체이고, 또 하나는 그들이 쫓겨날 장소입니다.

(1) 쫓겨남이란 무엇입니까?

먼저, 쫓겨남에는 예비적 단계가 있습니다. 예비적 단계란 그날에 있을 분리를 말합니다. 그날이 오면 그리스도에게 오지 않은 자들은 그분에게 온 자들과 구별될 것입니다. 왜냐하면 그분에게 온 자들은 쫓겨나지 않기 때문입니다.

"인자가 자기 영광으로 모든 천사와 함께 올 때에 자기 영광의 보좌에 앉으리니 모든 민족을 그 앞에 모으고 각각 구분하기를 목자가 양과 염소를 구분하는 것같이 하여"(마 25:31,32).

그날에는 그리스도에게 나아온 자와 오지 않은 자 사이에 운명을 가를 역사적 구별이 시행될 것입니다. 이 땅에서 우리와 함께 그분께 나아오지 않은 자들이 어떻게 심판 날에 우리와 함께 설 수 있겠습니까? 그날 모든 사람은 그리스도 앞에서 양편으로 나뉠 것입니다. 그리스도에게 온 자는 그분의 오른 편에 서서 큰 영광을 누릴 것이며, 결코 내쫓기지 않을 것입니다. 반면 그분께 오지 않은 자는 그분의 왼편에 서서 수치를 당할 것입니다. 그들이 영생을 얻기 위해 그리스도에게 나아오지 않았기 때문입니다.

이러한 구별에 염소와 양이라는 유사한 동물이 사용되어 그분께 온 자는 양으로, 오지 않은 자는 염소로 불릴 것입니다.

"모든 민족을 그 앞에 모으고 각각 구분하기를 목자가 양과 염소를 구분하는 것같이 하여 양은 그 오른편에, 염소는 왼편에 두리라"(마 25:32,33).

양은 하늘문으로 향하기 위해 오른편에 설 것이며, 염소는 그분의 양이 아니므로 지옥으로 가기 위해 왼편에 설 것입니다. 또한 그리스도는 자기에게 오지 않은 자들을 향해 자신이 나그네 되었을 때에 영접하지 않았다고 선언하실 것입니다(마 25:43 참고). 이는 곧 그들이 그리스도에게 나아오지 않았다는 말입니다. 그리고는 그들의 변명을 묵살하고 최후 심판을 집행하실 것입니다. 이와 같이 그리스도를 버린 죄인들이 죄에 대해 선고와 판결을 받는 예비적 단계가 있습니다.

다음으로, 이러한 예비적 단계 후에는 형을 집행하는 단계가 이어집니다. 그리스도에게 나아온 자들과 거룩한 천사들 앞에서 그 형이 집행될 때, 그리스도에게 오지 않은 자들에게는 "저주를 받은 자들아, 나를 떠나 마귀와 그 사자들을 위하여 예비된 영원한 불에 들어가라"(마 25:41)라는 명령이 떨어질 것입니다. 그들의 죄상은 분명합니다.

"내가 주릴 때에 너희가 먹을 것을 주지 아니하였고 목마를 때에 마시게 하지 아니하였고 나그네 되었을 때에 영접하지 아니하였고 헐벗었을 때에 옷 입히지 아니하였고 병들었을 때와 옥에 갇혔을 때에 돌보지 아니하였느니라"(마 25:42,43).

(2) 그들은 어디로 쫓겨납니까?

그들이 쫓겨나는 장소는 일반적으로 '마귀와 그 사자들을 위하여 예비된 영원한 불'(마 25:41)로 불립니다. 성경은 이곳에 대해 다양하게 묘사합니다.

① 도벳(Tophet)

"대저 도벳은 이미 세워졌고 또 왕(Lucifer)을 위하여 예비된 것이라 깊고 넓게 하였고 거기에 불과 많은 나무가 있은즉 여호와의 호흡이 유황 개천 같아서 이를 사르시리라"(사 30:33).

② 지옥(hell)

"만일 네 발이 너를 범죄하게 하거든 찍어버리라. 다리 저는 자로 영생에 들어가는 것이 두 발을 가지고 지옥에 던져지는 것보다 나으니라"(막 9:45).

③ 하나님의 진노의 큰 포도주 틀(great winepress of the wrath of God)

"천사가 낫을 땅에 휘둘러 땅의 포도(그리스도에게 나아오지 않은 자)를 거두어 하나님의 진노의 큰 포도주 틀에 던지매"(계 14:19).

④ 불못(lake of fire)

"누구든지 생명책에 기록되지 못한 자는 불못에 던져지더라"(계 20:15).

⑤ 구덩이(pit)

"네가 네 마음에 이르기를 내가 하늘에 올라 하나님의 뭇 별 위에 내 자리를 높이리라. 내가 북극 집회의 산 위에 앉으리라. 가장 높은 구름에 올라가 지극히 높은 이와 같아지리라 하는도다. 그러나 이제 네가 스올 곧 구덩이 맨 밑에 떨어짐을 당하리로다"(사 14:13-15).

⑥ 무저갱(bottomless pit)

무저갱은 그 구멍에서 큰 화덕의 연기 같은 연기가 올라오는 곳으로 용이 감금되어 있는 곳입니다. 끝이 없는 곳이라는 무저갱은 예수 그리스도께 오지 않은 자들에게 임할 멸망이 영원하다는 사실을 보여 줍니다.

"다섯째 천사가 나팔을 불매 내가 보니 하늘에서 땅에 떨어진 별 하나가 있는데 그가 무저갱의 열쇠를 받았더라. 그가 무저갱을 여니 그 구멍에서 큰 화덕의 연기 같은 연기가 올라오매 해와 공기가 그 구멍의 연기로 말미암아 어두워지며"(계 9:1,2).

"무저갱에 던져 넣어 잠그고 그 위에 인봉하여 천 년이 차도록 다시는 만국을 미혹하지 못하게 하였는데 그 후에는 반드시 잠깐 놓이리라"(계 20:3).

⑦ 바깥 어두운 데(into outer darkness)

"그 손발을 묶어 바깥 어두운 데에 내던지라. 거기서 슬피 울며 이를 갈게 되리라 하니라"(마 22:13).

"이 무익한 종을 바깥 어두운 데로 내쫓으라. 거기서 슬피 울며 이를 갈리라"(마 25:30).

⑧ 풀무 불(furnace of fire)

"그런즉 가라지를 거두어 불에 사르는 것같이 세상 끝에도 그러하리라. 인자가 그 천사들을 보내리니 그들이 그 나라에서 모든 넘어지게 하는 것과 또 불법을 행하는 자들을 거두어 내어 풀무 불에 던져 넣으리니 거기서 울며 이를 갈게 되리라"(마 13:40-42).

"세상 끝에도 이러하리라. 천사들이 와서 의인 중에서 악인을 갈라 내어 풀무 불에 던져 넣으리니 거기서 울며 이를 갈리라"(마 13:49,50).

(3) 그들에게 고통을 가하는 실체는 무엇입니까?

그 실체들 가운데 일부는 앞에서 언급되었습니다.

① 불타는 나무

② 불과 유황

"어린양 앞에서 불과 유황으로 고난을 받으리니"(계 14:10).

③ 죽지 않는 벌레와 구더기 등에 비유되는 불행

"거기에서는 구더기도 죽지 않고 불도 꺼지지 아니하느니라"(막 9:48).

④ 꺼지지 않는 불

"손에 키를 들고 자기의 타작 마당을 정하게 하사 알곡은 모아 곳간에 들이고 쭉정이는 꺼지지 않는 불에 태우시리라"(마 3:12; 눅 3:17).

⑤ 영원한 멸망의 형벌

"주 예수께서 자기의 능력의 천사들과 함께 하늘로부터 불꽃 가운데에 나타나실 때에 하나님을 모르는 자들과 우리 주 예수의 복음에 복종하지 않는 자들에게 형벌을 내리시리니 이런 자들은 주의 얼굴과 그의 힘의 영광을 떠나 영원한 멸망의 형벌을 받으리로다"(살후 1:7-9).

⑥ 섞이지 않은 진노의 포도주

"만일 누구든지 짐승과 그의 우상에게 경배하고 이마에나 손에 표를 받으면 그도 하나님의 진노의 포도주를 마시리니 그 진노의 잔에 섞인 것이 없이 부은 포도주라. 거룩한 천사들 앞과 어린양 앞에서 불과 유황으로 고난을 받으리니"(계 14:9,10).

⑦ 둘째 사망

"이 첫째 부활에 참여하는 자들은 복이 있고 거룩하도다. 둘째 사망이 그들을 다스리는 권세가 없고"(계 20:6).

"사망과 음부도 불못에 던져지니 이것은 둘째 사망 곧 불못이라"(계 20:14).

⑧ 영원한 죄

"누구든지 성령을 모독하는 자는 영원히 사하심을 얻지 못하고 영원한 죄가 되느니라"(막 3:29).

특히, '영원한 형벌'과 '영원한 죄'와 '세세토록'이라는 단어만큼 버림받은 죄인들의 소망을 무참히 꺾어 버리는 말도 없을 것입니다.

"그 고난의 연기가 세세토록 올라가리로다. 짐승과 그의 우상에게 경배하고 그의 이름표를 받는 자는 누구든지 밤낮 쉼을 얻지 못하리라"(계 14:11).

잘 알고 있는 바대로 그곳에서 그들은 헛되게 구원을 부르짖으며, 슬퍼하고 울며 이를 갈 것입니다.

3. 그리스도의 능력

다음으로 자기에게 오지 않는 자들을 내쫓으시고 나아오는 자들을 구원하시는 그리스도의 능력에 관해 살펴봅시다.

1) 구원하시는 능력

(1) 구원자 되시는 그리스도에 대한 증언

그리스도의 구원의 능력은 어디서 옵니까?

오직 그리스도만이 우리의 중보자이십니다. 그분은 창세전에 성부로부터 이 복된 사역에 대한 권세를 받았습니다. 그래서 사도 바울은 "곧 창세전에 그리스도 안에서 우리를 택하사"(엡 1:4)라고 말했습니다. 그분에게는 우리를 구원하기 위해 필요한 모든 것이 구비되어 있습니다. 에베소서 1장과 디모데후서 1장 9절을 읽어 보십시오.

"하나님이 우리를 구원하사 거룩하신 소명으로 부르심은 우리의 행위대로 하심이 아니요 오직 자기의 뜻과 영원 전부터 그리스도 예수 안에서 우리에게 주신 은혜대로 하심이라"(딤후 1:9).

인류의 조상은 '때가 되면 그리스도가 뱀의 머리를 짓밟으실 것'이라는 약속을 받았습니다(창 3:15 참고). 그리고 바울이 전한 대로 그분은 율법 아래 있는 자들을 속량하실 것입니다(갈 4:4,5 참고). 그러므로 그분은 그때부터 사실상 우리의 죄를 위해 죽은 자로 간주되었으며, 그로 말미암아 첫 번째 언약 아래 있던 모든 자들도 다가올 진노로부터 구원받게 된 것입니다. 그러하기에 그리스도는 '(창세전에) 죽임을 당한 어린양'(계 13:8)으로 불립니다.

모세는 하나님께서 명하신 모형과 그림자와 피의 제사를 통해 그리스도를 증언했습니다. 이러한 것들은 하나님께서 자기 백성들의 신앙을 위해 개혁할 때까지, 즉 그리스도가 죽으실 때까지 맡겨 두신 것입니다(히 9-10장 참고).

또 그리스도는 태어나실 때 천사로부터 '자기 백성을 그들의 죄에서 구원할 자'(마 1:21)라는 증거를 받았습니다. 그리고 육체로 계실 때에 '땅에서 죄를 사하는 권세'(막 2:10)가 있다는 증거를 받았습니다(막 2:5-12 참고). 뿐만 아니라 베드로는 "예수를 우리 조상의 하나님이 살리시고 이스라엘에게 회개함과 죄 사함을 주시려고 그를 오른손으로 높이사 임금과 구주를 삼으셨느니라"(행 5:30,31)라고 증언했습니다. 이 외에도 신구약성경 곳곳에 이러한 증거가 얼마나 많이 있는지 모릅니다. 아울러 성경은 그리스도가 구주로서 인정과 신뢰를 받았다고 증언합니다.

(2) 구원자로서 사역을 감당하신 그리스도

① 그분은 구주가 되시기 위해서 하늘에서 내려오셨습니다.

"내가 하늘에서 내려온 것은 내 뜻을 행하려 함이 아니요 나를 보내신

이의 뜻을 행하려 함이니라. 나를 보내신 이의 뜻은 내게 주신 자 중에 내가 하나도 잃어버리지 아니하고 마지막 날에 다시 살리는 이것이니라. 내 아버지의 뜻은 아들을 보고 믿는 자마다 영생을 얻는 이것이니 마지막 날에 내가 이를 다시 살리리라 하시니라"(요 6:38-40).

② 그분은 이 땅에서 구주로 세우심을 받았습니다.

"성령이 비둘기 같은 형체로 그의 위에 강림하시더니 하늘로부터 소리가 나기를 너는 내 사랑하는 아들이라. 내가 너를 기뻐하노라 하시니라"(눅 3:22).

③ 그분은 구주로서 사역하셨습니다. 그분은 율법을 성취하셨으며, '모든 믿는 자에게 의를 이루기 위하여 율법의 마침이'(롬 10:4) 되셨습니다. 또 구주의 삶을 사셨으며, 자기 목숨을 많은 사람의 대속물로 주셨습니다(마 20:28; 막 10:45; 딤전 2:6 참고). 그리고 사망을 폐하시고, 마귀를 없이 하시며, 죄를 제거하셨습니다(딤후 1:10; 히 2:14,15, 10:12,13 참고). 또 사망과 음부의 열쇠를 가지고 하늘에 오르시어 하나님 우편에 앉으셨으며, 하나님께서는 이 속죄 제물을 기쁘게 받으셨습니다(엡 4:7,8; 요 16:10,11; 행 5:30,31 참고).

④ 하나님은 그리스도를 구주로 선포하시고 이 땅에 보내셨습니다. 그리고 그로 말미암아 세상이 구원을 얻을 것이요 그 피를 믿는 사람을 의롭다 하시겠다고 말씀하셨습니다. 참으로 하나님은 우리가 그 아들로 말미암아 자기와 화목하게 되기를 원하십니다. 결국 이 모든 것은 하나님께서 그리스도를 화목 제물로 세우시고, 그 구원 사역을 인

정하셨기 때문에 가능한 것입니다(롬 3:24,25; 고후 5:18-21 참고).

⑤ 하나님은 이미 수많은 영혼을 자신의 나라로 받아들이셨습니다. 그들은 모두 예수님을 구주로 영접한 사람들입니다. 반면 그분을 구주로 영접하지 않은 자들은 모두 쫓겨나 영원히 멸망하게 될 것입니다(히 12:22-26 참고).

2) 내쫓으시는 권세

그리스도는 무슨 권세로 자기에게 오지 않는 자들을 영원히 내쫓으시는 것입니까?

성부 하나님은 중보자의 사역을 수행하신 그리스도를 모든 산 자와 죽은 자의 주로 삼으셨습니다.

"이를 위하여 그리스도께서 죽었다가 다시 살아나셨으니 곧 죽은 자와 산 자의 주가 되려 하심이라"(롬 14:9).

성부 하나님은 자신이 원하는 자를 살리고 원하지 않는 자(반역하는 자)를 내쫓으시는 일을 그리스도에게 맡기셨습니다.

"아버지께서 죽은 자들을 일으켜 살리심같이 아들도 자기가 원하는 자들을 살리느니라"(요 5:21).

또한 성부 하나님은 아들을 심판 주로 세우셔서 산 자와 죽은 자에 대한 심판을 다 아들에게 맡기셨으며, 아버지를 공경하는 것같이 아들을 공경하라고 명하셨습니다(요 5:22,23 참고). 하나님은 아들로 말미암아 세상을 심판하실 것입니다. 하나님은 심판할 날을 작정하시고, 그 일을 위해 아들을 정하신 자로 세우신 것입니다.

"이는 정하신 사람으로 하여금 천하를 공의로 심판할 날을 작정하시고"(행 17:31).

그러므로 우리는 다 심판대 앞에 서게 될 것입니다.

"우리가 다 반드시 그리스도의 심판대 앞에 나타나게 되어 각각 선악 간에 그 몸으로 행한 것을 따라 받으려 함이라"(고후 5:10).

그리스도에게 나아간 자에게는 하늘나라와 구원이, 그리스도에게 나아가지 않은 자에게는 지옥과 저주가 선고될 것입니다.

그리스도께서 심판 주가 되실 수밖에 없는 이유는 다음과 같습니다.

첫째, 그분의 낮아지심 때문입니다. 그분은 성부 하나님의 말씀 앞에 자신을 낮추어 십자가에 죽기까지 순종하셨습니다. 그분이 모든 천사와 인간의 심판 주가 되신 것은 바로 이러한 낮아지심 때문입니다.

"이러므로 하나님이 그를 지극히 높여 모든 이름 위에 뛰어난 이름을 주사 하늘에 있는 자들과 땅에 있는 자들과 땅 아래에 있는 자들로 모든 무릎을 예수의 이름에 꿇게 하시고 모든 입으로 예수 그리스도를 주라 시인하여 하나님 아버지께 영광을 돌리게 하셨느니라"(빌 2:9-11).

둘째, 그분의 위엄 때문입니다. 모든 사람은 아버지를 공경하는 것같이 아들을 공경할 것입니다.

"아버지께서 아무도 심판하지 아니하시고 심판을 다 아들에게 맡기셨으니 이는 모든 사람으로 아버지를 공경하는 것같이 아들을 공경하게 하려 하심이라. 아들을 공경하지 아니하는 자는 그를 보내신 아버지도 공경하지 아니하느니라"(요 5:22,23).

셋째, 그분의 인성 때문입니다.

"또 인자 됨으로 말미암아 심판하는 권한을 주셨느니라"(요 5:27).

넷째, 그분의 의로운 심판 때문입니다. 이 사역은 다른 어떤 피조물도 감당할 수 없습니다. 오직 '각 사람의 행위대로 갚아'(계 2:23) 주시는 하나님의 아들만이 심판하실 수 있습니다.

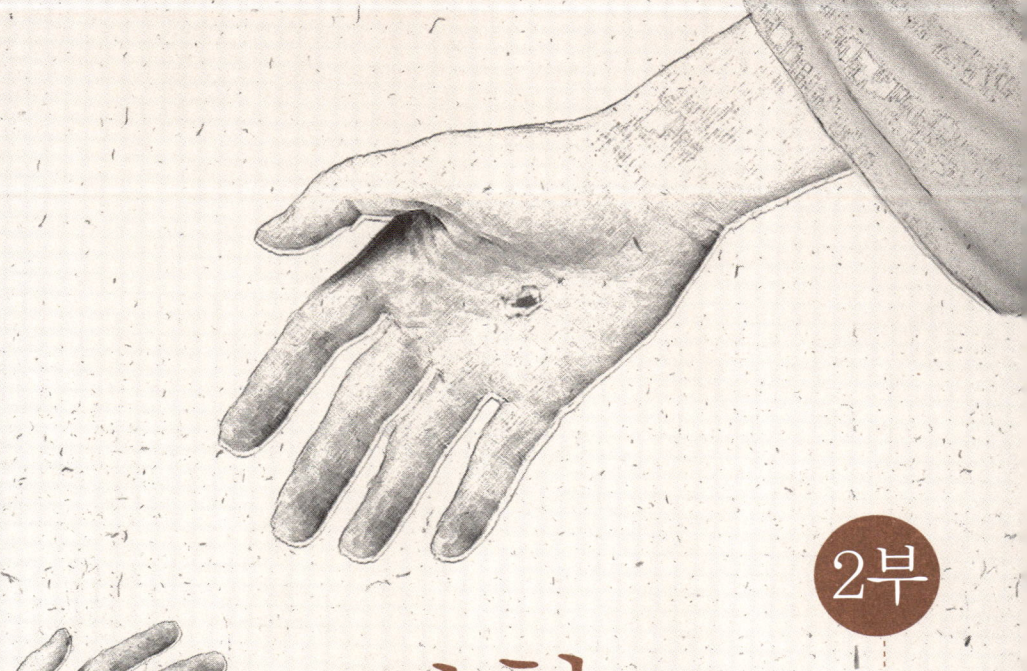

2부

관찰을 통한 고찰

6장 하나님의 선물
7장 그리스도에게 나아오는 자들이 느끼는 두려움
8장 두려움을 내쫓으시는 그리스도
9장 적용

Come and Welcome to Jesus Christ

6장
하나님의 선물

지금까지 본문을 간략하게 설명하면서 살펴보았습니다. 이제 몇 가지 관찰을 통해 본문을 살펴보고자 합니다.

"아버지께서 내게 주시는 자는 다 내게로 올 것이요 내게 오는 자는 내가 결코 내쫓지 아니하리라"(요 6:37).

우리는 본문을 통해 다음과 같은 사실을 관찰할 수 있습니다.

① 성부 하나님과 아들이신 그리스도는 삼위 안에서 구별된 두 위격이십니다.
② 이 두 위격(성령을 배제하는 것은 아닙니다)을 통해 타락한 인간에 대한 구원이 결정되었습니다.
③ 이러한 결정은 두 위격(성부와 성자) 사이의 약속으로 이어졌습니다. 곧 아버지는 주실 것이며 아들은 받으실 것이라는 약속입니다.

④ 성부께서 그리스도에게 주신 자는 다 그리스도에게로 올 것입니다.
⑤ 예수 그리스도에게 오는 것은 인간의 의지나 지혜나 능력에 의한 것이 아니라 아버지의 은혜와 약속과 인도하심에 의한 것입니다.
"아버지께서 내게 주시는 자는 다 내게로 올 것이요."
⑥ 예수 그리스도는 자기에게 나아온 자나 오고 있는 자들을 결코 거절하지 않고 다 받아 주실 것입니다.
"내게 오는 자는 내가 결코 내쫓지 아니하리라."
⑦ 예수 그리스도에게 나아오고 있는 사람들은 그리스도께서 받아 주시지 않을까 봐 두려워하기도 합니다.
⑧ 예수 그리스도는 자기에게 오는 자가 자신이 쫓겨날 수도 있다고 생각하는 것을 원하지 않으십니다.

본문을 통해 관찰할 수 있는 이러한 내용들은 성경 전체에서도 얼마든지 확인할 수 있습니다. 여기서 이러한 내용을 전부 살펴볼 수는 없으므로 앞에서 보았던 ①-④와 ⑥에 대해서는 생략하고, 나머지 부분만 간략하게 살펴봅시다.

먼저 이 장에서는 '예수 그리스도에게 오는 것은 인간의 의지나 지혜나 능력에 의한 것이 아니라 아버지의 은혜와 약속과 인도하심에 의한 것'(⑤)이라는 점에 대해서 살펴보겠습니다.

1부의 설명을 떠올린다면 본문에 이러한 내용이 담겨 있다는 사실을 쉽게 확인할 수 있습니다. 그러므로 여기서도 앞에서 제시한 방법을 따르고자 합니다.

1. 인간의 의지나 지혜나 능력으로는 그리스도에게 올 수 없습니다

성경은 이 사실을 강력하게 주장합니다.

1) 인간의 의지로는 그리스도에게 올 수 없습니다

"이는 혈통으로나 육정으로나 사람의 뜻으로 나지 아니하고 오직 하나님께로부터 난 자들이니라"(요 1:13).

"그런즉 원하는 자로 말미암음도 아니요 달음박질하는 자로 말미암음도 아니요 오직 긍휼히 여기시는 하나님으로 말미암음이니라"(롬 9:16).

2) 인간의 지혜로는 그리스도에게 올 수 없습니다

첫째, 이 세상의 지혜로는 하나님을 알 수 없습니다.

"하나님의 지혜에 있어서는 이 세상이 자기 지혜로 하나님을 알지 못하므로 하나님께서 전도의 미련한 것으로 믿는 자들을 구원하시기를 기뻐하셨도다"(고전 1:21).

인간의 지혜로는 그분을 알 수도 없고, 그분에게 나아올 수도 없습니다. 그분에게 나아오기 위해서는 그분에 대한 지식이 있어야만 합니다. 그 지식을 얻기 전에는 그분에게 올 수 없습니다(행 13:27; 시 9:10 참고).

둘째, 하나님은 인간의 지혜를 어리석은 것으로 여기십니다.

"하나님께서 이 세상의 지혜를 미련하게 하신 것이 아니냐"(고전 1:20).

"이 세상 지혜는 하나님께 어리석은 것이니"(고전 3:19).

하나님께서 세상의 지혜를 미련하게 하셨다면, 그리고 이 세상 지혜가 그분께 어리석은 것이라면, 그처럼 미련한 세상의 지혜로 죄인이 예수 그리스도께 나아온다는 것은 불가능한 일입니다.

셋째, 세상의 지혜는 십자가에 못 박히신 그리스도에 관한 교리나 그로 말미암은 구원에 관한 교리를 어리석은 것으로 여깁니다.

"육에 속한 사람은 하나님의 성령의 일들을 받지 아니하나니 이는 그것들이 그에게는 어리석게 보임이요, 또 그는 그것들을 알 수도 없나니 그러한 일은 영적으로 분별되기 때문이라"(고전 2:14).

그리스도의 십자가에 관한 교리를 어리석은 것으로 여기는 그러한 지혜로는 결코 그리스도께 나아올 수 없습니다(고전 1:18,20,23, 3:19 참고).

넷째, 하나님은 이 세상의 지혜를 대적 가운데 하나로 여기십니다. 그러므로 이 세상의 지혜로는 그 누구도 예수 그리스도께 나아올 수 없습니다. 하나님의 대적이 사람으로 하여금 그리스도께 나아가게 하여 하나님을 가장 기쁘시게 한다는 것은 상상할 수도 없는 일이기 때문입니다. 하나님께서 이 세상의 지혜를 대적으로 여기신다는 것은 분명한 사실입니다. 이 세상의 지혜가 가장 놀라운 하나님의 지혜인 십자가의 도를 어리석은 것으로 여김으로써 그리스도의 사역을 경멸하였기 때문입니다.

하나님께서는 세상의 지혜를 멸하고 폐하겠다고 말씀하셨습니다.

"그러므로 내가 이 백성 중에 기이한 일 곧 기이하고 가장 기이한 일을 다시 행하리니 그들 중에서 지혜자의 지혜가 없어지고 명철자의 총명이 가려지리라"(사 29:14).

"기록된 바 내가 지혜 있는 자들의 지혜를 멸하고 총명한 자들의 총명을 폐하리라 하였으니"(고전 1:19).

만일 세상의 지혜가 하나님을 대적하지 않고 사람으로 하여금 예수 그리스도께로 나아가게 만든다면, 하나님도 결코 그렇게 하시지 않을 것입니다. 그러나 하나님께서는 장차 사라지게 될 무익한 세상의 지혜가 결코 하나님의 말씀 사역을 도울 수 없다고 분명히 밝히셨습니다.

"내 말과 내 전도함이 설득력 있는 지혜의 말로 하지 아니하고 다만 성령의 나타나심과 능력으로 하여"(고전 2:4).

"그러나 우리가 온전한 자들 중에서는 지혜를 말하노니 이는 이 세상의 지혜가 아니요 또 이 세상에서 없어질 통치자들의 지혜도 아니요"(고전 2:6).

"우리가 세상의 영을 받지 아니하고 오직 하나님으로부터 온 영을 받았으니 이는 우리로 하여금 하나님께서 우리에게 은혜로 주신 것들을 알게 하려 하심이라. 우리가 이것을 말하거니와 사람의 지혜가 가르친 말로 아니하고 오직 성령께서 가르치신 것으로 하니 영적인 일은 영적인 것으로 분별하느니라"(고전 2:12,13).

세상의 지혜를 추구하는 사람들은 멸망을 당할 것입니다(고전 1:18,19 참고). 하나님은 이 세상에서 지혜가 있다고 생각하는 사람들에게 세상 지혜에 어리석은 자가 되라고 말씀하셨습니다. 그것이 곧 하나님이 보시기에 지혜로운 사람이 될 수 있는 길이기 때문입니다.

"너희 중에 누구든지 이 세상에서 지혜 있는 줄로 생각하거든 어리석은 자가 되라. 그리하여야 지혜로운 자가 되리라. 이 세상 지혜는 하나님께 어리석은 것이니"(고전 3:18,19).

3) 인간의 능력으로는 그리스도에게 올 수 없습니다

그리스도께 나아오는 것은 인간의 능력(힘)으로 할 수 있는 일이 아닙니다. 그 이유는 다음과 같습니다.

첫째, 이것은 능력 이전의 문제입니다. 이 문제에 관한 한 인간의 능력은 사랑이나 필요성에 대한 인식에서 출발한다고 할 수 있습니다. 그러나 이 세상 지혜는 예수 그리스도를 사랑하게 하거나 그에 대한 필요성을 인식하게 할 수 없습니다. 그러므로 인간의 능력은 원초적으로 발휘될 수가 없는 것입니다.

둘째, 무덤 속에 있는 자가 세상을 알 수 없듯이, 하나님의 복음에 대하여 죽은 자(모든 사람은 '허물과 죄로' 인해 영적으로 죽은 자입니다)가 무슨 능력을 가질 수 있겠습니까? 영적으로 죽은 자들이 어떻게 예수 그리스도에게로 나아갈 수 있겠습니까?(요 5:25; 엡 2:1; 골 2:13 참고)

셋째, 하나님은 용사가 용맹을 자랑하는 것을 금하시고(렘 9:23,24; 고전 3:21 참고) "힘으로는 이길 사람이 없음이로다"(삼상 2:9)라고 선언하십니다. 또한 그분은 "만군의 여호와께서 말씀하시되 이는 힘으로 되지 아니하며 능력으로 되지 아니하고 오직 나의 영으로 되느니라"(슥 4:6)라고 말씀하십니다.

넷째, 바울은 회개하지 않은 자연인은 절대 스스로 선한 생각을 할 수 없다고 말합니다.

"우리가 무슨 일이든지 우리에게서 난 것같이 스스로 만족할 것이 아니니 우리의 만족은 오직 하나님으로부터 나느니라"(고후 3:5).

이와 같이 선한 생각조차 할 수 없는 인간이 스스로 예수 그리스도께로 나아오기란 도저히 불가능한 일입니다.

다섯째, 성경은 우리가 하나님의 능력으로 주께 나아가고 죄에서 벗어나 은혜의 자리로 들어서며, 그분의 전능하신 능력으로 그리스도를 믿는다고 말합니다(시 110:3; 골 2:12; 엡 1:18-20 참고). 또한 욥기 40장 14절 말씀에 귀를 기울이십시오.

"그리하면 네 오른손이 너를 구원할 수 있다고 내가 인정하리라."

만일 사람이 스스로 그리스도에게 나아오거나 나아오리라 생각할 수 있는 존재라면 이런 말씀이 왜 필요하겠습니까?

2. 우리는 하나님의 은혜와 약속과 인도하심에 의해 예수 그리스도에게 올 수 있습니다

이 점에 대해서는 1부에서 설명한 바 있으므로 여기서는 이와 관련된 말씀을 조금 더 살펴보면서 몇 가지 적용점을 찾아보겠습니다.

그리스도는 "나를 보내신 아버지께서 이끌지 아니하시면 아무도 내게 올 수 없으니"(요 6:44)라고 말씀하셨습니다. 이 말씀은 사람에게는 예수 그리스도에게 나아올 수 있는 능력도 없고 그렇게 하려는 의지도 없다는 사실을 암시합니다. 그러하기에 아버지께서 이끄셔야만 그리스도에게 나아올 수 있으며, 그렇지 않으면 아무도 올 수 없습니다. 죄인 한 사람을 예수 그리스도께로 인도하는 것은 사람이나 하늘의 천사가 아닙니다.

이 사실은 다음에 이어지는 구절에서 한 번 더 강조됩니다.

"내 아버지께서 오게 하여 주지 아니하시면 누구든지 내게 올 수 없다 하였노라"(요 6:65).

"선지자의 글에 그들이 다 하나님의 가르치심을 받으리라 기록되었은즉 아버지께 듣고 배운 사람마다 내게로 오느니라"(요 6:45).

즉, 우리를 예수 그리스도께로 나아가게 하는 것은 하나님의 선물인 것입니다.

그렇다면 이제 몇 가지 적용점을 찾아보겠습니다.

적용 1 예수 그리스도께 나아오는 것은 인간의 의지나 지혜나 능력에 의한 것이 아니라 아버지의 은혜와 약속과 인도하심에 의한다는 것이 사실입니까? 그렇다면 인간의 의지나 지혜나 능력이 그리스도께로 인도할 것이라 믿고 그것을 위해 부르짖는 사람은 비난받아 마땅합니다.[1]

---

1) **역자주** – 이렇게 말하면 누군가는 "그렇다면 성경이 가르치는 대로 그리스도께 오지 않은(그를 믿지 않은) 책임을 인간이 져야 할 이유가 있느냐"라고 반문할 것입니다. 그러나 모든 사람의 양심은 이러한 의구심에 대한 진정한 답을 알고 있을 것입니다. 왜냐하면 인간은 본성적으로 악한 것을 추구하기 때문입니다.

그리스도의 나라에 속한 것들과 관련하여 인간의 의지나 지혜나 능력을 구하는 것은 절대 모순이 아니라고 생각하는 사람들도 있습니다. 그런 사람들은 성경의 인간관에 대해 제대로 이해하지 못할 뿐만 아니라 성부 하나님의 약속과 은혜와 인도하심에 의해 그리스도에게 나아온다는 말의 의미도 아직 모르는 사람들입니다. 그래서 그들은 하나님을 대적하는 것들을 추구하고, 그러한 도전을 계속합니다. 성경에는 이와 같이 거듭나지 못한 사람들의 종말에 관한 교훈이 많지만, 여기서는 생략하겠습니다.

적용 2 여러분이 예수 그리스도께 나아온 것은 하나님 아버지의 은혜와 약속과 인도하심에 의한 것이 분명합니까? 그렇다면 이 땅의 모든 성도들은 자신이 그리스도께 나아온 것에 대한 모든 공로를 하나님의 은혜와 약속과 인도하심에 돌려야 합니다. 모든 그리스도인은 자신을 그리스도에게 선물로 주시고 그분에게로 인도하신 하나님께 영광을 돌려야 합니다. 왜 여러분입니까? 왜 다른 사람이 아니고 하필 여러분입니까? 이 놀라운 선택적 사랑과 여러분의 마음을 감화시켜 예수 그리스도에게로 이끄신 하나님의 풍성한 은혜를 절대 잊어서는 안 됩니다.

적용 3 우리가 하나님 아버지에 의해 예수 그리스도께 나아온다는 것이 정말입니까? 그렇다면 우리는 동일하게 예수 그리스도께 나아온 사람들을 마땅히 존중하고 사랑해야 할 것입니다. 우리에게 예수 그리스도께 나아오는 은혜를 베풀어 주신 하나님을 위해 그들을 존귀하게 여겨야 합니다.

세상에서도 자신의 능력으로 사물에 대한 지식을 깨닫거나 세상이 놀랄 만한 일을 이루어 내면 그 사람을 칭송하고 높입니다. 그의 지혜와 능력과 노력과 끈기에 찬사를 보냅니다. 그러나 그는 한낱 인간일 뿐이며, 그가 거둔 성과는 타고난 재능의 결과물일 뿐입니다. 그러한 업적은 결국 바람을 잡으려는 것과 같이 헛됩니다. 더구나 그것을 성취해 가면서 하나님께 범죄할 수도 있고, 어쩌면 더 나은 것을 무시함으로써 세월만 허비하고 결국 자신의 영혼마저 잃어버리게 될지도 모릅니다. 그런데도 칭송을 받습니다.

이처럼 우리가 이러한 사람의 능력이나 노력도 귀하게 여겨 칭송한다면, 하물며 하나님의 은혜와 약속과 능력으로 예수 그리스도에게 나아온 사람들을 얼마나 존귀하게 여겨야 하겠습니까? 예수 그리스도에게 나아온 사람은 하나님이 함께하시는 사람입니다. 하나님께서는 그와 함께하시며 그 안에서 일하시고 행하십니다. 그는 하나님의 능력의 장중에 붙들려 삽니다. 하나님의 전능하신 손이 그의 모든 삶과 행동을 주관하십니다. 그런 사람이 그리스도께 나아오는 사람입니다.

그는 자기 안에서 역사하시는 하나님의 전능하신 능력을 통해 세상을 등지고 세상에 속한 모든 정욕과 쾌락을 내버리며, 마귀와 세상에 속한 자들의 대적과 시련을 헤쳐 나갑니다. 그런 사람이 그리스도께 나아오는 사람입니다.

그는 '시온산과 살아 계신 하나님의 도성인 하늘의 예루살렘과 천만 천사와 하늘에 기록된 장자들의 모임과 교회와 만민의 심판자이신 하나님과 및 온전하게 된 의인의 영들'(히 12:22,23)에게로 향한 여정 가운데 있는 사람입니다. 그런 사람이 그리스도께 나아오는 사람입니다.

그는 죽음을 두려워하지 않고 평안히 죽음을 맞으며, 마지막 나팔 소리와 함께 주께서 심판 주로 임하실 그날을 고대합니다. 그런 사람이 그리스도께 나아오는 사람입니다.

그러므로 그리스도인은 서로 존귀하게 여겨야 합니다. 이것은 아무리 강조해도 지나치지 않습니다. 성경은 이에 관해 뭐라고 말씀합니까? 예수님께서도 그들을 존귀하게 여기셨습니다(마 12:50, 15:22-28; 눅 7:9 참고). 천사들도 그들을 섬겼습니다(단 9:21, 10:11; 히 1:14 참고). 이방인들도 그들이 누구인지 안 후에는 존귀하게 여겼습니다(행 5:15; 고전 14:24,25 참고).

그러므로 여러분 모두가 '각각 자기보다 남을 낫게'(빌 2:3) 여겨야 합니다.

적용 4 아버지의 은혜와 약속과 인도하심이 아니고서는 아무도 예수 그리스도께 나아올 수 없다는 것이 사실입니까? 그렇다면 그리스도에게 오는 사람을 경멸하고 그들에 대해 분노하는 자들은 이러한 사실을 얼마나 멸시하는 자들입니까? 그들이야말로 그리스도를 믿지 않는

'부당하고 악한 사람들'(살후 3:2)이 아닙니까?

죄인들이여, 예수 그리스도께 나아오는 것이 얼마나 복된 일인지 알고 있지 않습니까? 또 하나님의 도우심과 인도하심이 아니면 그분에게로 올 수도 없다는 사실도 알고 있지 않습니까? 그런데 왜 여러분은 하나님께서 그리스도에게로 인도하신 사람들을 멸시함으로써 감히 그들을 인도하신 하나님을 대적하고자 합니까? 그런 사람을 기다리고 있는 지옥에 대해 생각해 보았습니까?

믿음이 없는 죄인들이여, 이 문제에 대해 한 번 더 깊이 생각해 보십시오. 예수 그리스도께 나아오는 사람이 여러분에게 어떤 악을 행하였습니까? 왜 여러분은 그를 경멸합니까? 그가 예수 그리스도께 나아오는 것이 여러분에게 어떤 피해를 주었습니까? 그가 구원을 추구하는 것이 여러분에게 상처가 되었습니까? 그가 자신의 죄와 세상 낙을 버린 것이 여러분을 언짢게 하였습니까?

그리스도에게 나아오는 사람들은 마치 애굽 사람들의 목전에서 그들이 그토록 싫어하는 제사를 드리는 것과 같습니다. 그래서 애굽 사람들이 그것을 미워하여 그들을 돌로 치려 할 수도 있습니다(출 8:26 참고). 그러나 죄인들이여, 왜 그러한 일에 상처받고 분노합니까? 그들이 예수 그리스도께 나아오는 것 때문에, 또는 그분을 사랑하고 섬기는 것 때문에 여러분의 상황이 더욱 나빠졌습니까? 아니면 그들이 지옥으로 끌고 가는 죄로부터 벗어나 영생을 얻은 것이 여러분을 더욱 어리석은 자로 만들었습니까? 더구나 이 모든 것은 그들이 스스로 한 것이 아니라 오직 하나님의 인도하심으로 된 일입니다. 이 사실을 깊이 명심하십시오.

여러분은 자신도 그분에게로 오지 않을 뿐만 아니라 그분에게로 오는 사람들까지 방해하고 있습니다. 여러분은 불쌍한 죄인들이 바라보는 예수 그리스도를 미워하고 해롭게 하며 멸시한 일로 인하여 심판을 받게 될 것입니다. 여러분은 죄인을 그리스도에게로 이끄시는 하나님을 경멸한 일로 인하여 심판을 받게 될 것입니다. 또 여러분은 예수 그리스도께로 나아가도록 도우시는 은혜의 영을 멸시한 일로 인하여 심판을 받게 될 것입니다(요 15:18-27; 유 1:15; 살전 4:8 참고).

이제 어떻게 하겠습니까? 이러한 여러분의 행위를 방관하고만 있겠습니까? 살아 계신 하나님을 계속 멸시하고 비난하겠습니까? 여러분이 과연 심판 날을 견딜 수 있으리라 생각합니까?

"내가 네게 보응하는 날에 네 마음이 견디겠느냐? 네 손이 힘이 있겠느냐? 나 여호와가 말하였으니 내가 이루리라"(겔 22:14).

적용 5 아버지의 은혜와 약속과 인도하심에 의해서만 예수 그리스도께 나아올 수 있으며, 인간의 의지나 지혜나 능력으로는 그 누구도 그리스도께 올 수 없다는 것이 사실입니까? 그렇다면 아무리 연약한 수단이라도 우리가 죄에서 벗어나 예수 그리스도를 진심으로 따르는 일에 강력한 능력을 발휘할 것입니다.

하나님은 모세에게 백성들에게로 가서 고하라고 명하시면서 "내가 네 입과 함께 있어서 할 말을 가르치리라"(출 4:12)라고 말씀하셨습니다. 하나님의 말씀과 하나님께서 하시는 일을 어느 누가 막을 수 있겠습니까? 아무도 그럴 수 없습니다. 하나님이 하시는 일은 반드시 성취됩니다. 엘리야가 엘리사에게 자신의 겉옷을 던지자 어떤 기적이 일어났습니까?(왕상 19:19 참고) 닭이 울기 전 예수님께서 베드로를 바라보신 순간 무슨 일이 일어났습니까?(마 26:74,75; 막 14:71,72; 눅 22:61,62 참고) 하나님께서 함께하시면 그 어떤 수단도, 그것이 아무리 약하고 보잘것없을지라도 놀라운 기적을 일으킵니다.

세상 사람들은 여리고 성이 양각 나팔 소리에 무너졌다는 사실을 믿지도 않고 이해하지도 못합니다. 그러나 하나님이 일하시면 아무리 하찮은 수단도 큰 능력을 발휘합니다. 환난과 시험, 경멸과 멸시 가운데 전해지는 연약한 말일지라도, 그것이 여호와 하나님의 말씀이라면 놀라운 기적을 일으킵니다.

적용 6 아버지의 은혜와 약속과 인도하심에 의해서만 예수 그리스도께 나아올 수 있으며, 인간의 의지나 지혜나 능력으로는 아무도 그분께 올 수 없다는 것이 사실입니까? 그렇다면 그리스도인들은 그들을 예수 그리스도에게로 인도하시는 수단으로 사용하실 하나님의 놀라운 섭리적 사역을 기대할 수 있을 것입니다.

우리를 그리스도에게 나아가게 만드는 하나님의 능력은 여러 가지 수단들을 통해 나타납니다. 하나님께서는 때로는 이 모양으로, 또 때로는 저 모양으로 여러 가지 수단들을 사용하십니다. 하나님은 자신의 사역에 자유하시기 때문에 필요한 때에 필요한 수단을 필요한 방식으로 사용하십니다. 때로는 약하고 보잘것없는 것이 이러한 수단으로 사용되기도 합니다. "어두운 데에 빛이 비치라"(고후 4:6)라고 명하신 하나님, 약한 데서 강한 것을 만들어 내시는 하나님께서 이러한 수단을 통해 자기 백성의 회심과 구원을 이루어 가십니다. 그러므로 그리스도에게 오는 사람은 이처럼 연약한 수단을 통해 기적적으로 역사하시는 전능하신 능력에 놀랄 수밖에 없습니다.

하나님께서 여러분을 예수 그리스도께로 인도하기 위해 사용하신 섭리는 무엇입니까? 거주지를 이동하게 하셨습니까? 환경을 변화시키셨습니까? 가족이나 재산 등을 잃어버리게 하셨습니까? 아니면 좋은 책을 읽게 하거나 이웃이 하늘나라에 관해 이야기하는 것을 듣게 하셨습니까? 혹은 다른 사람에게 내려지는 심판을 목도하게 하거나 그러한 상황에서 여러분을 살려 주시거나 예기치 못한 경건한 사역을 맡기셨습니까? 여러분은 진정 그러한 섭리나 공급하심을 깨닫습니까? 이러한 것들은 여러분의 유익을 위해서 전능하신 능력으로 제공해 주시는 것들입니다. 즉, 하나님께서 친히 운행하시는 수레를 통해 제공하시는 것입니다. 그러므로 이러한 수단이 반드시 그 목적을 성취하도록 하나님께서 복을 주십니다.

하나님께서 모든 사람에게 이와 같은 방식으로 섭리하시는 것은 아닙니다. 세상에는 날마다 동일한 일상(섭리) 속에서 살아가는 사람이 얼마나 많은지 모릅니다. 그런데 그들에게는 여러분의 불쌍한 영혼을 위해서 행하신 것과 같은 특별한 섭리가 나타나지 않을 수도 있습니다. 그러므로 이러한 섭리 가운데 예수 그리스도를 만나는 것은 얼마나 큰 복인지 모릅니다. 그것은 기적적인 하나님의 경륜이며, 참으로 크신 그분의 은혜입니다. 그러므로 이러한 섭리를 깨닫고 하나님께 영광을 돌리십시오.

그렇다면 하나님께서 자기 백성을 구하기 위해 베푸신 몇 가지 특별한 섭리에 대해 살펴봅시다.

먼저, 사마리아 여자에 대한 섭리입니다. 그녀는 물을 길어 오기 위해 동네 밖으로 나와야만 했습니다. 그 시간은 정확히(조금도 빠르거나 늦지 않고) 자신의 구주이신 예수 그리스도께서 먼 길을 오시느라 피곤하여 우물가에서 잠깐 쉬실 때였습니다. 이 얼마나 복된 섭리입니까? 이 불쌍한 죄인의 회심과 구원을 위해 전능하신 지혜와 능력이 동원된 놀라운 섭리입니다. 사마리아 여자는 이러한 섭리를 통해 구주를 만나게 되었으며, 성부 하나님께서 작정하신 뜻에 따라 복된 사역이 성취되었습니다(요 4:1-42 참고).

또 삭개오 앞에 뽕나무가 있었다는 것도 얼마나 놀라운 섭리입니까? 그가 그 나무에 올라감으로써 예수 그리스도께서 세리장인 삭개오의 집을 방문하시는 기적이 일어난 것입니다(눅 19:1-10 참고).

복음서에는 예수님과 함께 십자가에 달린 한 강도가 등장합니다. 그가 예수님과 동일한 법정에서 사형을 언도받았다는 사실이 놀랍지 않습니까? 이보다 더 놀라운 사실은, 그가 예수님과 함께 십자가에 달렸기 때문에 예수님의 마지막 말씀을 들을 수 있었으며, 그로 말미암아 죽기 직전에 회심할 수 있었다는 것입니다(눅 23:39-43 참고).

오네시모가 주인에게서 도망한 후에 잡혀서 갇히게 된 그 감옥에 복음을 전파하다 투옥된 바울이 있었다는 것은 또 얼마나 놀라운 기적이요 섭리입니까? 그는 그곳에서 바울을 통해 회심하고 자신의 주인인 빌레몬에게로 다시 돌아가게 되었습니다(몬 1:10-22 참고).

성경은 이렇게 말합니다.

"우리가 알거니와 하나님을 사랑하는 자 곧 그의 뜻대로 부르심을 입은 자들에게는 모든 것이 합력하여 선을 이루느니라"(롬 8:28).

저는 자신의 의지와는 상관없이 어쩔 수 없이 설교를 들어야 했던 사람들을 알고 있습니다. 또 설교를 들으러 간 것이 아니라 구경하거나 보이기 위해서 간 사람도 있고, 다른 사람을 비난하거나 경멸하고 그들이 하는 일에 흠집을 내며 트집을 잡으려 했던 사람도 있으며, 심지어 불순한 마음으로 주변을 두리번거린 사람도 있다는 것을 압니다. 그러나 하나님께서는 그 모든 상황을 선용하시어 그들의 영혼을 구원하는 은혜로 인도하는 계기로 삼으십니다.

적용 7 참으로 아버지께서 인도해 주시지 않으면 아무도 예수 그리스도께로 나아올 수 없습니까? 그렇다면 죄인들이여, 하나님께서 그리스도에게 나아오고 있는 사람 안에 일으키시는 변화 사역을 방관하면서 그에게서 일어나는 이 모든 일들의 원인을 다른 데서 찾으려 하지 마십시오.

많은 세상 사람들이 예수 그리스도께 나아오는 이웃이나 주변 사람들에게서 이러한 변화의 역사가 일어나는 것을 확실하게 보곤 합니다. 그런데 이러한 역사가 어디서 와서 어디로 가는지 모르기 때문에(요 3:8 참고), 그들은 이러한 변화의 원인을 엉뚱한 곳에서 찾으려고 합니다. 그들은 고독과 혼자 있음, 많은 독서와 설교들, 들은 것에 대한 묵상과 많은 연구 등을 그 원인으로 생각합니다. 그리고 이러한 그들의 진단은 전혀 다른 결론에 이릅니다. 즉, 이러한 변화가 친한 친구가 없거나 다른 대안이 없기 때문에 일어난다는 것입니다. 그래서 그들은 성경을 읽고 설교를 듣는 대신, 또 사람들과의 교제를 중단하고 진지하게 혼자서 사색에 잠기는 대신, 즐겁게 지내면서 수다를 떨거나 세속적인 일에 몰두하라고 충고합니다.

그러나 무지한 죄인들이여, 결코 그렇지 않습니다. 사탄을 위한 조언자에게로 돌아서지 마십시오. 여러분은 자신이 무엇을 하고 있는지 모릅니다. 이런 식으로 판단하지 않도록 조심하십시오. 그것은 어리석은 생각이며, 지나가는 모든 사람들에게 "나는 바보입니다"라고 말하는 것이나 다름없습니다. 죄에 대한 자각과 애통함과 회개를 외롭기 때문에 나타나는 현상으로 여기다니요? 이러한 자들은 "그들이 새 술에 취하였다"(행 2:13)라고 조롱한 자들이나 바울에게 "네가 미쳤도다"(행 26:24)라고 말한 자와 같습니다.

가련한 죄인들이여, 좀 더 현명하게 판단할 수는 없습니까? 홀로 앉아 하나님을 생각하거나 성경을 읽거나 설교를 들었기 때문이라는 것보다 더 나은 원인을 찾을 수는 없습니까? 하나님께서 여러분의 눈을 열어 무엇이 잘못되었는지 깨닫게 해 주시기를 바랍니다. 여러분은 하나님을 대적하고 그분의 역사를 외면하며, 영혼을 죽이려고 합니다. 여러분은 하나님께서 그 마음을 상하게 하신 사람들에게 죄악된 세상으로 가서 해결책을 찾으라고 조언합니다.

여러분은 그들에게 즐거움과 쾌락을 누리라고 말합니다. 그러나 성경은 "지혜자의 마음은 초상집에 있으되 우매한 자의 마음은 혼인집에 있느니라"(전 7:4)라고 말합니다. 여러분은 그들에게 설교자의 외침을 듣지 말라고 말합니다. 그러나 성경은 "지혜로운 사람의 책망을 듣는 것이 우매한 자들의 노래를 듣는 것보다 나으니라"(전 7:5)라고 말합니다. 여러분은 그들에게 세상일로 분주해지라고 가르칩니다. 그러나 여호와께서는 그들에게 "너희는 먼저 그의 나라와 그의 의를 구하라"(마 6:33)라고 명령하십니다. 여러분은 이것을 모릅니까?

가련하고 무지한 죄인들이여, 하나님의 말씀을 듣고 지혜로워지십시오.

"너희 중에 고난당하는 자가 있느냐 그는 기도할 것이요 즐거워하는 자가 있느냐 그는 찬송할지니라"(약 5:13).

"누구든지 내게 들으며 날마다 내 문 곁에서 기다리며 문설주 옆에서 기다리는 자는 복이 있나니"(잠 8:34).

"또 여러 말로 확증하며 권하여 이르되 너희가 이 패역한 세대에서 구원을 받으라 하니"(행 2:40).

"너희가 성경에서 영생을 얻는 줄 생각하고 성경을 연구하거니와 이 성경이 곧 내게 대하여 증언하는 것이니라"(요 5:39).

"내가 이를 때까지 읽는 것과 권하는 것과 가르치는 것에 전념하라"(딤전 4:13).

"초상집에 가는 것이 잔칫집에 가는 것보다 나으니"(전 7:2).

그런데도 계속해서 잘못된 판단을 따르겠습니까? 그렇다면 믿는 자들로 하여금 믿음에서 돌아서게 만든 마술사 엘루마와 여러분이 다를 바가 무엇입니까? 정말로 주님의 바른 길을 굽게 하려 합니까? 그들이 얼마나 중한 심판을 받았는지 모릅니까?(행 13:8-11 참고) 죄의식을 묵살해 버리라니요? 죄에 대한 진지한 인식과 자각을 중단하고 장차 올 세상에 대한 두려움에서 벗어나라고 가르치는 것이 말이 됩니까? 그런 식으로 그것을 피할 수 있으리라 생각합니까? 어떻게 세상으로 달려가서 즐거운 친구를 찾아 수다를 떨고 즐김으로써 하나님과 그분의 말씀을 머릿속에서 말끔히 지워 버리라고 가르칠 수 있습니까?

그것은 마치 하나님께 "당신의 도를 알기 싫으니 우리를 떠나십시오. 왜 우리가 전능자를 섬겨야 합니까? 그의 도를 따르면 무슨 유익이 있습니까"라고 말하라고 시키는 것과 같습니다. 그것은 참으로 사탄의 역사입니다. 그것은 세상 풍조를 따르고 공중의 권세 잡은 자, 곧 지금 불순종의 아들들 가운데서 역사하는 영을 따라 행하라고 가르치는 것입니다(엡 2:2 참고).

그러나 어떤 사람은 이렇게 질문합니다. "우리는 그들이 예수 그리스도께 나아오고 있는지 그렇지 않은지 알 수 없습니다. 우리는 그들을 믿을 수 없습니다. 그들이 어리석은 것 같습니다."

여러분, 그들이 예수 그리스도에게 나아오고 있는지 그렇지 않은지 잘 모르겠습니까? 그 말에는 그들이 그분에게 나아오고 있는 사람일 수도 있다는 뜻이 담겨 있습니다. 그렇다면 여러분은 왜 알지도 못하는 것을 비방하여 이성 없는 짐승보다 더 악한 자가 되려고 합니까? 여러분은 정녕 그들처럼 사로잡혀 완전히 멸망당하기를 원합니까?(벧후 2:12 참고)

그들을 모릅니까? 그렇다면 그들에 대해 상관하지 말고 내버려 두십시오. 그들에 관하여 좋은 말을 할 수 없다면 악한 말도 하지 마십시오.

"이제 내가 너희에게 말하노니 이 사람들을 상관하지 말고 버려두라. 이 사상과 이 소행이 사람으로부터 났으면 무너질 것이요, 만일 하나님께로부터 났으면 너희가 그들을 무너뜨릴 수 없겠고 도리어 하나님을 대적하는 자가 될까 하노라"(행 5:38,39).

왜 죄의식과 회개의 역사를 이상하게 여깁니까? 여러분에게 임할 하나님의 심판을 생각해 보았습니까?

"보라 멸시하는 사람들아, 너희는 놀라고 멸망하라"(행 13:41).

왜 그들을 이상하게 여기면서 어리석다고 생각합니까? 바르게 행하는 사람이 밉습니까? 만약 그렇다면 "불의한 자는 의인에게 미움을 받고 바르게 행하는 자는 악인에게 미움을 받느니라"(잠 29:27)라는 말씀을 읽고 부끄러워하십시오. 그들을 이상하게 여기는 것은 여러분이 예수 그리스도께 나아온다는 것이 무엇인지도 모를 뿐만 아니라 자기 자신에 대해서도 모르며, 죄에 대한 자각이나 구원의 필요성에 대한 인식도 없다는 것을 보여 줍니다.

또 어떤 사람은 이렇게 말합니다. "그들이 예수 그리스도에게 나아오고 있다는 사실을 어떻게 알 수 있습니까?"

그러나 여러분, 그리스도께서 보지 못하게 하신 자를 누가 보게 할 수 있겠습니까?(요 9:39 참고) 다만 여러분이 회개하고 구원되기를 간절히 바라는 마음으로 말씀드립니다. 다음의 사항들을 생각하면서 그들을 살펴보십시오.

① 그들이 죄짐에 눌려 고통 가운데 신음하면서 부르짖고 있습니까?(롬 7:24; 시편 38:3-8 참고)

② 그들이 끔찍한 뱀을 피하는 것같이 자신의 죄로부터 벗어나려고 합니까?

③ 그들이 하나님 앞에서 자신의 의가 없음을 한탄하며 부르짖습니까?(사 64:6 참고)

④ 그들이 구원을 얻기 위하여 예수님께 부르짖습니까?(시 54:1, 109:26; 행 16:30 참고)

⑤ 그들이 자신을 정죄하는 세상의 모든 죄보다 그리스도의 보혈이 더욱 귀하며 가치 있다고 생각합니까?(벧전 1:18,19; 고후 5:2 참고)

⑥ 그들이 예수 그리스도를 대적하지 않으려고 애씁니까?(약 2:7 참고)

⑦ 그들이 예수 그리스도의 이름과 인격과 사역을 세상의 모든 영광보다 더 귀하게 여깁니까?(행 5:41; 빌 3:7,8 참고)

⑧ 그들이 예수님의 말씀을 참으로 귀하게 여깁니까?(시 19:10,11; 렘 15:16 참고)

⑨ 그들이 믿음이 없이는 그리스도에게 나아갈 수 없음을 알고, 그리스도에 대한 믿음을 가장 귀하게 여깁니까?(히 11:6 참고)

⑩ 그들이 이 땅에서 그리스도를 사랑하며 그분을 위해 세상의 모든 것을 버립니까? 또 하나님의 도우심 가운데 이러한 사랑으로 어떠한 위험도 무릅쓸 수 있습니까?(히 11:24-27; 행 20:22-24, 21:13 참고)

⑪ 그들이 다른 성도들을 귀하게 여깁니까?(딛 3:15; 요이 1:1; 엡 4:16; 요 13:35; 몬 1:7; 고전 16:24; 요일 3:14, 4:7 참고)

그렇다면 여러분이 그들을 어떻게 보든지 관계없이 그들은 예수 그리스도께 나아오고 있는 사람입니다.

7장
그리스도에게 나아오는 자들이 느끼는 두려움

이제 두 번째 관찰에 대해 살펴보고자 합니다. 즉, 예수 그리스도에게 나아오고 있는 사람들은 그리스도께서 받아 주시지 않을까 봐 두려워하기도 합니다(⑦).

본문에 이러한 내용이 함축되어 있다는 점에 대해서는 앞에서 이미 살펴보았습니다. 이제 이러한 두려움과 관련하여 "내가 결코 내쫓지 아니하리라"라는 말씀에 대해 자세하게 생각해 보겠습니다.

우리에게 이러한 두려움이 없다면 그리스도께서 굳이 '결코'라는 단어를 사용하실 필요가 없었을 것입니다. 만일 그분께 나아오는 사람들이 조금도 의구심을 가지지 않는다면, 이처럼 그들을 낙심하게 만드는 모든 의문을 한번에 해소하는 표현을 사용하면서까지 약속할 필요는 없을 것입니다.

'결코'라는 말은 그 어떤 의구심도 묵살해 버릴 수 있는 표현입니다. 예수님은 의도적으로 이 단어를 사용하셔서 아직도 의심하고 있는 그들의 불완전한 신앙에 도움을 주고자 하셨습니다. 모든 약속의 결론에 해당하는 이 말씀은 여러분이 가지고 있는 여러분의 부족함과 무가치함에 대한 어떠한 의구심도 남기지 않을 것입니다.

여러분은 "나는 너무나 큰 죄인입니다"라고 말합니다. 그러나 그리스도는 "내가 결코 내쫓지 아니하리라"라고 말씀하십니다.

여러분은 "나는 너무나 오랫동안 죄를 지었습니다"라고 말합니다. 그러나 그리스도는 "내가 결코 내쫓지 아니하리라"라고 말씀하십니다.

여러분은 "나는 마음이 완고한 죄인입니다"라고 말합니다. 그러나 그리스도는 "내가 결코 내쫓지 아니하리라"라고 말씀하십니다.

여러분은 "나는 배교한 죄인입니다"라고 말합니다. 그러나 그리스도는 "내가 결코 내쫓지 아니하리라"라고 말씀하십니다.

여러분은 "나는 평생 사탄을 섬겼습니다"라고 말합니다. 그러나 그리스도는 "내가 결코 내쫓지 아니하리라"라고 말씀하십니다.

여러분은 "나는 빛을 대적한 자입니다"라고 말합니다. 그러나 그리스도는 "내가 결코 내쫓지 아니하리라"라고 말씀하십니다.

여러분은 "나는 긍휼을 대적하였습니다"라고 말합니다. 그러나 그리스도는 "내가 결코 내쫓지 아니하리라"라고 말씀하십니다.

여러분은 "나는 선한 일을 한 적이 없습니다"라고 말합니다. 그러나 그리스도는 "내가 결코 내쫓지 아니하리라"라고 말씀하십니다.

이러한 염려는 얼마든지 있을 수 있지만, 그 어떤 의심과 염려에도 동일한 대답이 주어질 것입니다.

그러면 예수 그리스도께 나아오는 사람이 때때로 그리스도가 자신을 내쫓을지도 모른다는 심각한 두려움에 빠지지 않는다면 어떻게 되겠습니까? 이러한 관찰에 담겨 있는 진실을 잘 보여 주는 두 가지 사례를 살펴봅시다.

먼저, 마태복음 9장 2-8절에 나오는 중풍병자에 대해 생각해 보겠습니다. 그는 침상에 누운 채로 다른 사람들의 도움을 받아 예수님께로 나아왔습니다. 그는 자신을 메고 온 사람들도 알지 못하는 다른 이유, 즉 죄 사함과 영혼의 구원을 위해 그리스도께 나아온 것입니다. 그리스도는 그를 보자마자 "안심하라"(2절)라고 말씀하셨습니다. 이것은 그가 마음속으로 불안해하고 있었음을 보여 줍니다.

그러면 그가 확신을 가지지 못하고 주저했던 이유는 무엇일까요? 그가 신체적인 장애 때문에 주저한 것은 아닙니다. 그 병을 치유하기 위해서 사람들이 그를 그리스도에게로 데리고 왔기 때문입니다. 그가 불안해한 이유는 바로 자신의 죄 때문이었습니다. 그는 죄 사함을 받기 위해 그리스도에게 나아온 것입니다. 그래서 그리스도께서 그에게 "작은 자야, 안심하라. 네 죄 사함을 받았느니라"(2절)라고 말씀하신 것입니다. 그리스도는 그가 가장 중요한 죄 문제로 고민하며 낙심하고 있다는 것을 아셨습니다. 그래서 먼저 그 문제를 다루신 것입니다. 그를 데리고 온 사람들에게는 그의 병을 고칠 만한 믿음이 있었지만, 자신의 영혼을 고침받고자 했던 그에게는 자신이 없었습니다. 그러하기에 그리스도는 그를 영적 환자로 다루어, "작은 자야, 안심하라. 네 죄 사함을 받았느니라"라고 말씀하셨습니다.

탕자의 경우도 좋은 사례입니다.

"이에 스스로 돌이켜 이르되 내 아버지에게는 양식이 풍족한 품꾼이 얼마나 많은가? 나는 여기서 주려 죽는구나. 내가 일어나 아버지께 가서 이르기를 아버지 내가 하늘과 아버지께 죄를 지었사오니 지금부터는 아버지의 아들이라 일컬음을 감당하지 못하겠나이다. 나를 품꾼의 하나로 보소서 하리라 하고"(눅 15:17-19).

이것은 그의 진심이었습니다. 그러나 그는 자신의 결심을 얼마나 지켰습니까? 저는 그가 결심한 대로 이행하지 않았다고 생각합니다. 왜냐하면 그를 본 아버지가 즉시 달려가 아들의 목을 안고 입을 맞추었기 때문입니다. 탕자가 그 순간까지 낙심하고 있었기 때문에 아버지가 그에게 가장 확실하고도 친숙한 화해의 표현을 한 것입니다. 고대사회에서 입맞춤은 의심과 두려움을 제거하는 역할을 하였습니다. 라반과 에서가 야곱과 입을 맞춘 데에는 이러한 의미가 함축되어 있습니다(창 31:55, 33:4 참고). 또 요셉과 그 형제들의 입맞춤이나(창 45:15 참고) 다윗과 압살롬의 입맞춤 역시 동일한 맥락에서 이해할 수 있습니다(삼하 14:33 참고).

탕자가 처음 집으로 돌아갈 때 한 말은 진심이었습니다. 죄인이 그리스도께로 처음 나아올 때의 심정도 이러합니다. 그러나 집으로 오는 동안 이런저런 생각 때문에 그는 처음 마음을 유지할 수 없었습니다.

"아버지께서 과연 나를 받아 주실 것인가? 아버지께 돌아가겠다고 말은 했지만, 만일 아버지가 그동안 어디서 무엇을 하며 지냈느냐고 물으시면 뭐라고 대답할 것인가? 내 몫으로 주신 재산을 다 어떻게 하였느냐고 물으시면 뭐라고 말할 것인가? 누구와 어떻게 지냈느냐고 물으시면 뭐라고 대답할 것인가? 사회적 지위는 어디까지 올라갔느냐고 물으시면 뭐라고 대답할 것인가? 왜 좀 더 일찍 오지 않았느냐고 물으시면 어떻게 할 것인가?"

이러한 질문들에 그는 하나같이 나쁜 대답밖에 할 수 없음을 스스로 인식하고서 멀리 서서 아버지가 먼저 입을 맞추어 주기만을 바라고 있었을 것입니다. 만일 실제로 아버지가 이렇게 물으셨다면, 그는 "술집을 전전하면서 모든 재산을 탕진하고 방탕한 삶을 살았으며, 매춘부와 함께 지냈습니다. 그동안 돼지 치는 자로 지내다가 이제나마 아버지의 자비를 구하러 온 것도 사실은 그곳에서 더 버틸 수가 없었기 때문입니다"라고 대답할 수밖에 없었을 것입니다.

이처럼 아무리 진심으로 각성한 죄인이라 하더라도 불안과 의심을 떨쳐 버리기란 어렵습니다. 그래서 처음 돌아설 때의 마음을 지키지 못하고 낙심한다 해도 조금도 이상하지 않습니다. 더구나 예수 그리스도께 나아온 모든 성도가 이 땅에서 이러한 낙심과 두려움에 빠질 때가 종종 있다는 폭넓은 공감대는 이 사실을 더욱 확실하게 보여 줍니다.

1. 두려움의 근원

이러한 두려움은 어디에서부터 비롯된 것일까요? 하나님의 뜻이 덜 계시되어서 이러한 두려움이 일어나는 것이 아닙니다. 오히려 하나님의 뜻은 충분히 계시되었습니다. 본문에서도 예수 그리스도께 나아오는 사람에 대한 충분한 위로와 격려가 제시되어 있습니다.

"내게 오는 자는 내가 결코 내쫓지 아니하리라."

또 '오라'는 초청이 부족해서도 아닙니다. 초청은 분명하고도 풍성합니다.

"수고하고 무거운 짐 진 자들아, 다 내게로 오라. 내가 너희를 쉬게 하리라"(마 11:28).

그리스도의 의지에 대한 표현이 부족해서도 아닙니다.

"누구든지 목마르거든 내게로 와서 마시라"(요 7:37).

그리스도에게 오는 사람들을 받아 주시겠다는 위대한 약속이 부족해서도 아닙니다.

"그러므로 너희는 그들 중에서 나와서 따로 있고 부정한 것을 만지지 말라. 내가 너희를 영접하여 너희에게 아버지가 되고 너희는 내게 자녀가 되리라. 전능하신 주의 말씀이니라"(고후 6:17,18).

그리스도께 나아오는 사람을 구원하시겠다는 엄숙한 맹세와 언약이 부족해서도 아닙니다.

"하나님이 아브라함에게 약속하실 때에 가리켜 맹세할 자가 자기보다 더 큰 이가 없으므로 자기를 가리켜 맹세하여……이는 하나님이 거짓말을 하실 수 없는 이 두 가지 변하지 못할 사실로 말미암아 앞에 있는 소망을 얻으려고 피난처를 찾은 우리에게 큰 안위를 받게 하려 하심이라"(히 6:13,18).

예수 그리스도에게 나아오는 사람에게 베푸시는 하나님의 긍휼이 부족해서도 아닙니다. 성경에는 이러한 말씀이 얼마나 풍성한지 모릅니다.

이러한 두려움은 다음과 같은 요소가 부족한 데서 비롯됩니다.

1) 그리스도에 관한 지식의 부족

여러분은 그리스도의 마음에 있는 은혜와 긍휼에 대해 거의 알지 못합니다. 여러분은 그분의 보혈의 가치와 공로에 대해 잘 모릅니다. 여러분은 여러분을 구원하시려는 그리스도의 의지가 얼마나 강한지도 알지 못합니다. 그래서 여러분의 마음에 두려움이 일어납니다. 그리고 이러한 두려움이 그리스도께서 여러분을 받아 주시지 않을지도 모른다는 의심을 일으킵니다.

불신은 '무지의 소산'이라고 할 수 있습니다. 그래서 그리스도께서는 "미련하고 선지자들이 말한 모든 것을 마음에 더디 믿는 자들이여"(눅 24:25)라고 책망하셨습니다. 곧 더디 믿는 것은 그리스도에 관한 미련함 때문입니다. 이것은 자기 자신을 아는 사람과 예수 그리스도를 따르는 사람들에게서 분명하게 나타납니다. 무지할수록 믿지 못합니다. 반면 그리스도에 대해 알면 알수록 믿음이 더욱 커집니다.

"여호와여, 주의 이름을 아는 자는 주를 의지하오리니"(시 9:10).

그러하기에 얼마 전부터 그리스도에게 나아오기 시작했지만 그분에 관한 지식이 아직 없는 사람은 그리스도가 자신을 버리실지도 모른다고 두려워합니다. 반면 오랫동안 그리스도를 알아 온 사람은 강하고도 흉악한 자를 이긴 사람들입니다(요일 2:14 참고).

요셉의 형들이 애굽에 곡식을 사러 왔을 때 요셉은 그의 형들을 알아보았으나 형들은 요셉을 알아보지 못하였습니다(창 42:1-8 참고). 그 결과 어떻게 되었습니까? 이러한 무지와 불신이 아니었더라면 그들은 더욱 빨리 가까워질 수 있었을 것입니다. 특히 요셉이 일부러 엄한 말로 그들을 정탐꾼으로 몰면서 취조하지만 않았더라도 결과가 달라지지 않았겠습니까? 그들을 취조하는 사람이 요셉이라는 사실을 알 수 없었던 그들로서는 요셉이 하는 모든 행동을 악의로 받아들일 수밖에 없었습니다. 예를 들어, 요셉이 형들과 함께 식사하기 위하여 청지기를 보내 집으로 오게 하였을 때(창 43:16,17 참고), 형들은 이 초청을 어떻게 받아들였습니까? 그들은 두려워하면서 의심하였습니다.

"그 사람들이 요셉의 집으로 인도되매 두려워하여 이르되 전번에 우리 자루에 들어 있던 돈의 일로 우리가 끌려드는도다. 이는 우리를 억류하고 달려들어 우리를 잡아 노예로 삼고 우리의 나귀를 빼앗으려 함이로다"(창 43:18).

그들은 요셉의 집에 가는 것을 두려워했습니다. 그들의 동생 요셉은 계속해서 형들을 즐겁게 해 주려고 하였지만, 그들은 요셉이 자기들의 동생인 줄을 몰랐습니다. 요셉에 대한 무지가 계속되는 한 그들의 두려움도 끝나지 않습니다.

예수 그리스도께 처음 나오는 죄인들도 이와 같습니다. 그들은 그리스도께서 죄인들을 향해 가지고 계신 사랑과 자비를 알지 못합니다. 그래서 그들은 의심하고 두려워하며 오해합니다. 그리스도에게 나아오는 죄인들이여, 그리스도는 여러분과 함께 먹고 마시기 위해 여러분을 초대하십니다. 그분은 여러분을 사랑한다는 현수막을 내걸고는 여러분을 자신의 연회장으로 초대하십니다.

"볼지어다, 내가 문 밖에 서서 두드리노니 누구든지 내 음성을 듣고 문을 열면 내가 그에게로 들어가 그와 더불어 먹고 그는 나와 더불어 먹으리라"(계 3:20).

"그가 나를 인도하여 잔칫집에 들어갔으니 그 사랑은 내 위에 깃발이로구나"(아 2:4).

여러분은 "믿을 수 없다"라고 말하지만 그것은 사실입니다. 그분은 포도주와 과일과 각종 음식을 차려 놓고, 여러분을 자신의 연회장으로 초대하셨습니다. 그런데도 여러분은 그분의 그러한 참뜻을 오해하여 두려워하고 의심하며 믿지 못합니다. 비겁하고도 무지한 여러분이여, 자리를 박차고 일어나십시오. 두려워하지 말고 믿으십시오. 그리스도께서는 자기에게 오는 자를 결코 내쫓지 않으십니다.

그러므로 그리스도에게 나아오는 죄인은 예수 그리스도에 대해 더욱 많이 알아야 합니다. 은을 캐내듯이 그리스도에 대한 지식을 추구하고, 숨겨진 보화를 찾듯이 열심히 땅을 파야 합니다. 그렇게 할 때 여러분이 담대해질 것입니다. 그렇게 할 때 여러분이 점점 더 강해질 것입니다.

바울은 자신이 믿는 자를 안다고 말합니다.

"내가 믿는 자를 내가 알고 또한 내가 의탁한 것을 그날까지 그가 능히 지키실 줄을 확신함이라"(딤후 1:12).

바울은 예수 그리스도에게 무엇을 의탁하였습니까? 그는 그리스도에게 자신의 영혼을 의탁하였습니다. 그가 왜 자신의 영혼을 그분께 의탁하였습니까? 그가 그리스도를 알았기 때문입니다. 바울은 그리스도가 신실하고 자비하신 분임을 알았습니다. 그분이 결코 기대에 어긋나지 않으며, 자신을 버리지도 않으시리라는 사실을 알았습니다. 그래서 그는 자신의 영혼을 그리스도 앞에 내어 놓고, 그날까지 지켜 주시도록 의탁한 것입니다.

2) 자신의 구원에 대한 강한 열망

강한 열망에는 그 열망의 대상을 잃을지도 모른다는 강력한 두려움이 뒤따릅니다. 사람은 종종 자신이 가장 간절히 원하고 추구하는 대상에 대해 그것을 가지지 못할 수도 있다는 두려움을 느끼곤 합니다.

예를 들면, 회당장 야이로는 자신의 딸을 살리고자 하는 간절한 소원을 가지고 있었습니다. 그의 이러한 소원은 딸을 잃을지도 모른다는 두려움을 불러 일으켰습니다. 그러하기에 그리스도께서 그에게 "두려워하지 말고 믿기만 하라"(막 5:36)라고 말씀하신 것입니다.

어떤 청년이 한 여인을 사랑하여 너무나 간절히 그녀를 자신의 아내로 맞이하고 싶어한다고 생각해 봅시다. 그러면 그녀에 대한 사랑과 함께 그녀를 얻지 못할지도 모른다는 두려움이 시작됩니다. 그는 점점 온갖 생각에 빠져듭니다. '누군가 나와 그녀 사이에 끼어들 수도 있고 어쩌면 사람들이 나의 인격이나 재산이나 조건을 문제로 삼을지도 모르며, 그녀가 나를 사랑하지 않을지도 모른다.'

예수 그리스도에게 처음 나아오는 사람도 마찬가지입니다. 여러분은 그리스도를 사랑합니다. 이러한 사랑에는 질투가 따르며, 질투는 두려움으로 변하기도 합니다. 여러분은 젊은 시절에 범한 죄로 두려워합니다. 또 나이 들어 범한 죄로 두려워합니다. 여러분은 자신의 소명과 그리스도인으로서의 의무를 다하지 못한 죄와 마음으로 범한 죄로 두려워합니다. 그러다가 예수 그리스도의 마음과 사랑이 여러분에게서 떠날지도 모른다고 생각하기에 이릅니다. 그리스도가 여러분 안에서 무언가를 찾아내어 여러분의 영혼을 거절할 수도 있다고 생각합니다.

그러나 안심하십시오. 그리스도에 대해서 조금만 더 알아도 여러분의 마음은 편안해질 것입니다. 여러분의 간절한 소원 때문에 두려워하지 않아도 될 것입니다. 그분을 알게 된다면 여러분은 "이는 나의 잘못이라"(시 77:10)라고 말할 것입니다.

여러분은 '상사병'이라는 매우 달콤한 병을 앓고 있습니다. 그리고 모든 병에는 취약점이 있습니다. 그러나 저는 이 병에 강하게 걸리기를 원합니다. 이 병으로 죽을 수 있다면 저는 기꺼이 그렇게 할 것입니다. 비록 두려움이 따를지라도 저는 그것을 위해 목숨을 바칠 것입니다. 그러나 여러분은 "나는 얻을 수 없다"라고 소리칩니다. 괜찮습니다. 다만 성급하게 결론 내리지는 마십시오. 예수 그리스도께서 문틈으로 손을 들이밀지 않으실지라도(아 5:4 참고) 그로 인해 마음 상해하지 마십시오.

선지자 호세아의 말에 귀를 기울여 보십시오.

"그들은 사자처럼 소리를 내시는 여호와를 따를 것이라. 여호와께서 소리를 내시면 자손들이 서쪽에서부터 떨며 오되 그들은 애굽에서부터 새같이, 앗수르에서부터 비둘기같이 떨며 오리니 내가 그들을 그들의 집에 머물게 하리라"(호 11:10,11).

하나님께서 소리를 내시면 그리스도에게 오는 사람이(그는 종종 이 음성을 듣게 됩니다) 어떻게 떨지 않을 수 있겠습니까?(암 3:8 참고) 그는 빌립보 감옥의 간수처럼 무서워 떨 수밖에 없습니다.

"간수가 등불을 달라고 하며 뛰어 들어가 무서워 떨며 바울과 실라 앞에 엎드리고"(행 16:29).

이제 앞서 언급한 청년에게 사랑하는 그녀를 잃을지도 모른다는 두려움이 언제부터 시작되었는지 물어봅시다. 그는 "내가 그녀를 사랑하기 시작했을 때부터입니다"라고 대답할 것입니다. 그 전에는 두렵지 않았느냐고 물으면, 그는 "물론입니다. 내가 만일 그녀를 진심으로 사랑하지 않았다면 두려워하지도 않았을 것입니다"라고 대답할 것입니다.

죄인들이여, 이 원리를 자신에게 적용해 보십시오. 여러분이 예수 그리스도께서 받아 주시지 않을지도 모른다는 두려움을 가지기 시작한 것이 언제부터입니까? 여러분은 이렇게 대답할 것입니다. "내가 그리스도께서 나의 영혼을 구원하실 것이라는 소망을 가지기 시작했을 때부터입니다. 내가 그분께 나아오면서부터 두려워하기 시작하였습니다. 그리스도를 사모하는 나의 마음이 간절해질수록 나의 영혼이 구원받지 못할 수도 있다는 생각 때문에 점점 더 두려워하게 되었습니다."

이처럼 여러분의 두려움은 간절한 열망의 결과입니다. 그러므로 이제 두려워하지 마십시오. 그리스도에게 나아오는 수많은 사람들이 여러분과 같은 상황에 놓여 있지만, 결국 그리스도의 품 안으로 안전하게 들어올 것입니다. 그러므로 다음과 같이 외치십시오.

"겁내는 자들에게 이르기를 굳세어라, 두려워하지 말라. 보라 너희 하나님이 오사 보복하시며 갚아 주실 것이라. 하나님이 오사 너희를 구하시리라 하라"(사 35:4).

"에돔에서 오는 이 누구며 붉은 옷을 입고 보스라에서 오는 이 누구냐? 그의 화려한 의복 큰 능력으로 걷는 이가 누구냐? 그는 나이니 공의를 말하는 이요 구원하는 능력을 가진 이니라"(사 63:1).

3) 자신의 무가치함에 대한 인식

여러분은 자신이 얼마나 연약하고 악하며 무가치한 존재인지를 깨닫습니다. 그리고는 그리스도께서 이러한 자신을 용납하여 주실 것인지 두려워하면서 다음과 같이 고백합니다.

"오! 나처럼 악한 죄인도 없다. 나는 온갖 죄를 범했다. 나는 나에게만 죄를 범했을 뿐만 아니라 다른 사람들을 훨씬 더 악한 지옥의 자식으로 만들었다. 더구나 구원에 대한 인식과 자각이 생기기 시작한 지금도 나의 마음은 여전히 반역적이고 악하며 완고하고 배교적이며 지극히 불신앙적이다. 나는 하나님의 말씀을 잊고 방황하며 악을 향해 세상 끝까지 가고 있다. 세상에 나처럼 철저히 악한 사람도 없을 것이다. 나의 영혼은 선을 행하는 것은 싫어하면서도 악한 일을 행하는 데에는 누구에게도 뒤지지 않는다.

나 같은 사람이 영광 가운데 살 수 있는가? 참으로 거룩하고도 의로우신 하나님께서 자신의 이름을 걸고 나 같은 죄인을 구원하실 것인가? 나는 두렵다. 그분이 죽은 개 같은 나에게 기적을 베푸실 것인가? 나는 믿을 수 없다. 나는 참으로 비참한 존재가 되었다. 이런 나 자신이 싫다. 나에게서는 온갖 악취가 진동한다. 그런데도 어떻게 거룩하고도 죄 없으신 하나님께서 나를 받아 주시겠는가?(시 38:5-7; 겔 20:42-44 참고) 나 같은 사람이 구원을 받는다면, 세상에 구원받지 못할 사람이 누가 있겠는가?

나는 사람들이 천연덕스럽게 지옥문으로 들어서는 것을 보면 그들의 어리석음에 놀라지 않을 수 없다. 겁 없는 죄인아, 너는 어찌 그분의 거룩한 법을 어기고 비웃으면서 감히 하나님을 시험하려 하는가? 그러나 오, 실상 그들이 나보다 훨씬 낫다. 차라리 내가 다른 사람이었으면 좋겠다. 그러나 사실 나는 내가 무엇을 원하는지도 모른다. 나는 다른 사람들이 예수 그리스도께 나아오는 것을 보면서 축복한다. 그리고 나 자신을 돌아보면서 그들과 전혀 닮지 않았다는 생각에 깊은 실망과 좌절을 느끼지 않을 수 없다. 나같이 악한 죄인에 비하면, 그들은 말씀을 더 잘 읽고 들으며, 더 열심히 기도하고 묵상하며, 진실하게 회개하고 겸손하다. 아무런 쓸모도 없고 지옥 불에나 합당한 나보다는 그들이 모든 면에서 더 낫다."

이와 같이 자신의 무가치함에 대한 인식은 예수 그리스도에게 나아오는 사람들의 마음에 두려움을 심어 주고, 그것을 점차 고조시킵니다. 그러나 그렇게 해서는 안 됩니다. 병든 사람에게 의사가 필요한 법입니다(막 2:17 참고). 그리스도께서 이 땅에 오신 것은 누구를 구원하시기 위해서입니까? '죄인 중에 괴수'(딤전 1:15 참고) 때문이 아닙니까? 그러므로 자신의 죄를 깨달을수록 더욱 빨리 예수 그리스도에게로 나아오십시오. 자신의 무가치함에 대한 인식이 여러분의 발걸음을 더욱 재촉해야 합니다.

팔을 다친 사람이 부러진 팔에 대해서 생각만 하고 있으면 고통과 아픔이 가중될 뿐입니다. 그는 신속히 붕대로 팔을 감고 의사를 찾아가야 합니다. 예수 그리스도께 나아오는 사람도 이와 같습니다. 나아오는 도중에 사탄이 여러분에게 어디 가느냐고 묻는다면, 다쳐서 예수 그리스도께로 간다고 대답하십시오. 사탄이 여러분의 무가치함을 비웃는다면, 환자이기 때문에 의사를 찾아가노라고 대답하십시오. 팔을 다친 사람이 뼈를 바로잡을 수 있는 의사를 찾아가듯이, 여러분은 죄로 인해 상처 입은 영혼을 치유하기 위해 예수 그리스도께로 나아가는 중인 것입니다.

그런데도 때로는 영생을 위해 그리스도에게 나아가는 사람들이 피신하기를 포기하고 추적자의 손에 잡히고 마는 것을 봅니다. 그러나 일어나야 합니다. 안심하십시오. 그리스도는 무가치한 사람들을 구원하기 위해 오셨습니다. 의심하지 말고 믿으십시오. 예수 그리스도께로 나아오십시오. 그분은 여러분을 부르고 계십니다. 그분은 "내게 오는 자는 내가 결코 내쫓지 아니하리라"라고 말씀하십니다.

4) 넘치는 은혜에 대한 과분한 인식

때때로 구원받기를 원하는 사람에게 구원은 너무나 위대하고도 놀라운 것으로 다가옵니다. 그래서 과연 그처럼 놀라운 구원이 주어지겠는가 하는 회의가 일어나기도 합니다. 다윗은 "왕의 사위 되는 것을 너희는 작은 일로 보느냐"(삼상 18:23)라고 말했습니다. 너무나 위대하고도 영광스러운 것들이 우리에게 제시됩니다. 천국과 영생과 영원한 영광, 그리고 우리가 하나님과 그리스도와 천사들과 함께한다는 사실은 실로 엄청난 것입니다. 아무것도 아닌 인간의 눈에는 이러한 것들이 너무나도 좋은 것으로 비칠 수밖에 없습니다. 그래서 마음이 가난한 사람은 이러한 은혜에 대해 "나에게는 지나치게 과분한 것입니다"라고 고백합니다.

더구나 성령께서 죄인으로 하여금 하늘에 속한 것들의 놀라운 영광을 맛보게 하시는 동시에 그의 죄와 무가치함을 더욱 깊이 인식하게 만드십니다. 그리하여 죄인은 압도적인 경이감에 사로잡혀 "이 영원한 복과 기쁨과 복락 가운데 살기 위해서는 그리스도나 천사와 같이 되어야 한다. 이러한 삶은 천사나 적어도 그들처럼 사는 사람들에게 해당된다"라고 외치게 됩니다.

가령 왕이나 귀족이 하인을 시켜 가난하고도 불쌍한 한 여인에게 자신의 아내가 되어 달라는 부탁을 한다고 합시다. 하인이 "나의 주인이 당신을 아내로 맞이하고자 나를 보냈습니다. 그는 부자요 잘생겼으며, 성품도 매우 훌륭합니다. 또 그는 사랑스럽고 온유하며 겸손하고 매우 세련된 분입니다"라고 말한다면, 그 여인이 어떻게 생각하겠습니까? 그녀가 뭐라고 대답하겠습니까? 다윗 왕이 아비가일에게 사람을 보내 아내가 되어 달라고 했을 때(삼상 25:40 참고), 그녀는 부자였는데도 "내 주의 여종은 내 주의 전령들의 발 씻길 종이니이다"(삼상 25:41)라고 말했던 것을 떠올려 보십시오. 아마도 그녀는 매우 당황할 것입니다. 너무나 크고 상상을 초월하는 제안에 뭐라고 대답해야 할지 모를 것입니다.

그런데 이 위대한 사람이 한 번 더 사람을 보내 간청한다고 합시다. 그러면 그녀가 뭐라고 대답하겠습니까? "나를 조롱합니까"라고 하지 않겠습니까? 그런데도 하인이 매우 진지하게 자신의 주인이 그녀를 반드시 아내로 맞이하고 싶어한다는 사실을 확신시키고자 한다면 어떻게 되겠습니까? 그가 자신이 전하는 말이 진실이라고 설득하면서 함께 가자고 간청한다면 어떻게 되겠습니까? 그녀는 자신의 혈통과 관련된 온갖 고민으로 망설일 것이며, 외모가 뛰어나지 못하다는 사실로 부끄러워할 것입니다. 그리고 실제로 그와 함께 지낼 생각을 하면서 온갖 의심과 두려움에 떨지 않을 수 없을 것입니다. 결국 그녀는 잠시나마 하인의 말을 믿은 자신이 어리석었다며 가지 않으리라고 마음먹고 맙니다. 담대한 마음을 가졌다가도 이내 얼굴이 붉어질 것입니다. 더구나 그에게 갔다가 거절당할지도 모른다는 생각이 스칠 때에는 사색이 되고 말 것입니다.

그러나 그리스도에게 나아오는 죄인들이여, 한번 곰곰이 생각해 보십시오. 여러분은 그분의 은혜가 참으로 크고도 위대하다고 말합니다. 그런데 만약 그렇지 않다면, 여러분의 영혼이 만족하겠습니까? 진정 천국이나 영광이나 영생보다 못한 것들이 여러분이 바라는 대상이 될 수 있겠습니까? 여러분은 "그렇지 않습니다. 그러나 그것은 나의 것이 되기에는 여전히 너무 위대하고 선합니다"라고 대답할 것입니다.

물론 하나님이 주신 것들은 여러분이 감당할 수 없을 만큼 위대하고도 선한 것들입니다. 그러나 하나님께는 그렇지 않습니다. 나발은 '왕의 잔치와 같은 잔치'(삼상 25:36)를 자신의 집에서 열었으며, 아라우나는 "왕이여, 아라우나가 이것을 다 왕께 드리나이다"(삼하 24:23)라고 했습니다. 하나님은 위대한 왕이십니다. 하나님으로 하여금 왕이 베푸는 것처럼 베푸시게 해야 합니다. 하나님은 하나님답게 베푸시고, 여러분은 여러분답게 받으면 됩니다. 그분은 모든 것을 가지고 계시며,

여러분은 아무것도 가진 것이 없습니다.

하나님은 옛 성도들에게 진리와 의로 그들을 구원할 것이요 그들이 자신들의 죄로 인해 쫓겨났던 그 땅으로 다시 돌아와 거하게 될 것이라고 말씀하셨습니다. 그러면서 그들이 이 은혜를 너무나 놀랍고도 위대하게 생각할 것을 아시고는 "이 일이 그날에 남은 백성의 눈에는 기이하려니와 내 눈에야 어찌 기이하겠느냐 만군의 여호와의 말이니라"(슥 8:6)라고 덧붙이셨습니다. 그분은 마치 "너희들은 지금 포로로 잡혀 있으며 아무런 희망도 없다. 그래서 가나안으로 돌아간다는 것이 상상을 초월하는 기적적인 은혜라고 생각할 것이다. 그러나 비록 너희들의 눈에는 그렇게 보일지라도 내게는 그렇지 않다"라고 말씀하시는 것과 같습니다.

그리스도에게 나아오는 죄인들이여, 하나님은 하늘의 가나안과 그 모든 영광을 여러분에게 주실 수 있습니다. 하나님은 이 모든 것을 값없이 선물로 주셨으며, 우리에게 독생자를 주셨습니다.

"자기 아들을 아끼지 아니하시고 우리 모든 사람을 위하여 내주신 이가 어찌 그 아들과 함께 모든 것을 우리에게 주시지 아니하겠느냐"(롬 8:32).

아브라함이나 모세나 다윗이나 베드로나 바울이 천국 백성이 된 것은 그들의 공로나 가치 때문이 아닙니다. 그러므로 받아들여야 합니다. 하나님께서 여러분을 귀하게 여기신다면 여러분은 결코 무가치한 사람이 아닙니다. 그러므로 감사하는 마음으로 받아들여야만 합니다. 하나님께서 여러분의 마음을 이끌어 내셨다면, 그것은 여러분에게 주시는 좋은 징조입니다.

"여호와여, 주는 겸손한 자의 소원을 들으셨사오니 그들의 마음을 준비하시며 귀를 기울여 들으시고"(시 10:17).

하나님이 귀를 기울이시겠다는 말씀에는 여러분이 원하는 자비를 베푸시겠다는 뜻이 함축되어 있습니다. 자신의 무가치함을 공격하는 것이 아니라 그것을 받아들이는 것이 지혜로운 일입니다.

"가난한 자를 진토에서 일으키시며 빈궁한 자를 거름 더미에서 올리사 귀족들과 함께 앉게 하시며 영광의 자리를 차지하게 하시는도다"(삼상 2:8).

"가난한 자를 먼지 더미에서 일으키시며 궁핍한 자를 거름 더미에서 들어 세워 지도자들 곧 그의 백성의 지도자들과 함께 세우시며"(시 113:7,8).

하나님께서 아들의 혼인 잔치에 유력한 자나 부자나 높은 자들을 부르시는 것이 아니라 가난한 자들과 몸이 불편한 자들과 맹인들과 저는 자들을 부르신다는 사실을 기억하십시오(마 22:2-10; 눅 14:16-21 참고).

5) 사탄의 공격

그리스도가 여러분을 받아 주시지 않을지도 모른다는 두려움은, '우는 사자같이'(벧전 5:8) 여러분을 따라다니는 무서운 사탄 때문에 비롯되기도 합니다. 사탄이 부르짖는 소리를 들으면서도 두려워하지 않는다면, 그는 신실한 그리스도인이 틀림없습니다. 사탄은 우는 사자로 불립니다. 이사야서에도 이와 유사한 암시가 나옵니다. 이사야는 사자가 우는 그곳에 흑암과 고난이 있고 빛이 구름에 가려서 어두울 것이라고 말합니다(사 5:29,30 참고).

사탄이 예수 그리스도께 나아오는 사람들을 따라다니면서 부르짖는 공격 가운데 두 가지에 대하여 간략하게 살펴봅시다. 먼저 사탄은 그들이 택자가 아니라고 말합니다. 또 그들이 성령을 모독하는 죄를 범하였다고 부르짖습니다.

(1) 사탄은 택함과 관련하여 여러분이 택자가 아닐지도 모른다는 두려움을 가지게 만듭니다.

이러한 두려움에 대해서는 본문을 비롯한 많은 말씀이 도움이 될 것입니다.

우리는 하나님의 은혜와 약속과 인도하심에 의해 그리스도에게 나아오게 됩니다. 여러분이 그리스도에게 나아오고 있다면 하나님께서 여러분을 그리스도에게 선물로 주셨으며, 약속과 함께 그리스도에게로 인도하고 계시는 것입니다. 그분에게 나아오는 죄인은 이 사실을 명심해야 합니다. 만일 사탄이 여러분을 공격한다면, "내 마음이 예수 그리스도를 향하고 있으며, 이것은 하나님의 능력의 인도하심과 약속이 아니고서는 불가능하다"라고 대답하십시오.

또한 예수 그리스도는 자기에게 오는 자를 결코 내쫓지 않겠다고 약속하셨습니다. 그분이 말씀하셨다면 반드시 그렇게 하실 것입니다. 우리의 구원은 그만큼 확실합니다. 내쫓지 않겠다는 것은 받아들이고 구원의 은혜를 베푸시겠다는 말입니다. 그러므로 여러분이 그리스도에게 오고 있다는 것은 하나님이 여러분을 그리스도에게 주셨다는 분명한 증거입니다. 그러하기에 그리스도께서 여러분을 결코 내쫓지 않고 받아 주시겠다고 약속하셨다는 확신을 가지십시오. 빛이 태양에서 나오듯이, 물이 샘의 근원에서 흘러나오듯이, 이러한 결론이 본문에서부터 흘러나와 여러분에게 확실히 임할 것입니다.

그러므로 만일 사탄이 "너는 택함 받지 못하였다"라고 공격한다면 이렇게 대답하십시오. "나는 그리스도에게 나아가고 있다. 그것은 아버지께서 나를 인도하시지 않으면 결코 있을 수 없는 일이다. 또한 예수님은 나를 결코 내쫓지 않으신다. 내가 택함 받지 못했다면 아버지께서 나를 인도해 주시지도 않았을 것이며, 아들도 나를 은혜로 품어 주시지 않았을 것이다."

택함 받지 못한 사람 중에서 심판 날에 "나는 진심으로 예수 그리스도께 나아왔습니다"라고 말할 수 있는 사람은 아무도 없습니다. 가룟 유다나 마술사 시몬과 같이 거짓으로 나아오는 척할 수는 있을 것입니다. 그러나 그것은 우리와는 무관한 일입니다. 그러므로 진심으로 그리스도께 나아오는 죄인들이여, 두려워하지 말고 나아오십시오.

(2) 사탄은 여러분이 성령을 모독하는 죄를 범하였다고 공격합니다.

이러한 공격에 대해서도 동일한 논리로 맞설 수 있습니다.

첫째, 그리스도에게 나아오는 것은 하나님의 특별한 은혜입니다. 그러나 하나님은 성령을 모독하는 죄를 범한 자에게는 그러한 은혜를 주시지 않습니다. 그러므로 그리스도에게 나아오는 모든 사람은 그러한 죄를 범하지 않은 사람입니다. 하나님께서 성령을 모독하는 죄를 범한 자에게 그러한 은혜를 주시지 않는다는 것은 명백한 사실입니다. 성령을 모독하는 죄는 스스로 하나님의 은총으로부터 벗어나는 죄입니다.

"성령을 모독하는 것은 사하심을 얻지 못하겠고"(마 12:31).

그러나 하나님께서 예수 그리스도께로 나아오게 하신 것은 사하심을 얻게 하는 특별한 은총입니다. 그러므로 그분께 나아온다는 것 자체가 그런 죄를 범하지 않았음을 증명합니다. 또한 성령을 모독하는 죄는 스스로 그리스도의 살과 피의 희생으로부터 벗어나는 죄입니다. 그러므로 이들에 대해서는 '다시 속죄하는 제사'(히 10:26)가 없습니다. 그러나 하나님은 그리스도의 살과 피와 무관한 자에게는 그리스도에게 나아오는 은혜를 베푸시지 않습니다. 그러므로 그리스도에게 나아오는 모든 사람은 그러한 죄를 범하지 않은 사람입니다.

둘째, 그리스도에게 나아오는 것은 하나님의 특별한 인도하심에 의한 것입니다.

"나를 보내신 아버지께서 이끌지 아니하시면 아무도 내게 올 수 없으니"(요 6:44).

하나님은 그리스도의 피로 말미암는 죄 사함에 아무런 분깃이 없는 자를 그리스도에게로 인도하지 않으십니다. 그러나 예수 그리스도에게 나아오는 모든 사람은 그리스도의 피로 말미암는 죄 사함의 분깃(몫)을 받은 사람이기 때문에 성령을 모독하는 죄를 범하지 않은 것입니다. 하나님께서 죄 사함의 분깃을 허락하지 않은 자를 예수 그리스도에게로 인도하지 않으신다는 것은 분명한 사실입니다. 그것은 웃음거리가 될 뿐이며, 하나님의 지혜나 공의나 거룩이나 선하심과도 배치되는 일이기 때문입니다.

셋째, 예수 그리스도에게 나아온다는 것은 죄 사함과 구원의 약속으로 들어선다는 것입니다. 그러나 성령을 모독하는 죄를 범하는 사람에게 죄 사함과 구원의 약속이 주어질 수는 없습니다. 그러므로 그러한 죄를 범한 사람은 결코 예수 그리스도에게 나아오려는 마음을 가질 수 없습니다.

넷째, 예수 그리스도에게 나아오는 것은 그분의 중보 사역 안으로 들어오는 것입니다.

"그가 항상 살아 계셔서 그들(하나님께 나아가는 자들)을 위하여 간구하심이라"(히 7:25).

예수 그리스도에게 나아오는 사람은 성령을 모독하는 죄를 범할 수 없습니다. 그리스도께서는 자기 백성들에게 이러한 죄를 범한 자들을 위해서는 기도하지 말라고 명령하셨습니다. 그러므로 그리스도께서도 그들을 위해 기도하지 않으십니다. 그분은 자기에게 나아오는 사람들을 위해서만 기도하십니다.

성령을 모독하는 죄를 범한 자들에게 그리스도는 아무런 유익이 되지 못하고 죽은 사람에 불과합니다. 그들은 하나님의 아들을 다시 십자가에 못 박아 죽일 뿐, 그분의 보혈을 거룩하게 여기지 않기 때문입니다(히 6:6 참고). 그러므로 이와 같이 그리스도를 경멸한 자는 영생을 위해 그분께 나아올 수 없습니다. 그리스도에게 나아오는 사람은 그분의 인격과 보혈의 공로를 귀하게 여길 수밖에 없습니다.

다섯째, 만일 성령을 모독하는 죄를 범한 사람이 예수 그리스도께 나아온다면, 하나님의 진리가 서지 못할 것입니다. 그렇게 되면 한편으로는 결코 용서받지 못할 것이라고 말씀하시면서 또 다른 한편으로는 "내가 결코 내쫓지 아니하리라"라고 말씀하시는 것이 되기 때문입니다. 그러므로 그러한 죄를 범한 사람은 결코 용서받지 못하고, 예수 그리스도에게 나아올 마음도 가질 수 없습니다. 그러한 사람이 새롭게 되어 회개하거나 회개를 통해 새롭게 되는 것은 불가능한 일입니다(히 6:6 참고). 그러므로 이러한 문제로 염려하거나 고민하지 마십시오. 예수 그리스도에게 나아오는 모든 사람은 결코 성령을 거스르는 죄를 범한 사람이 아닙니다.

6) 자신의 어리석음

여러분이 하나님께서 여러분을 예수 그리스도에게로 인도하시는 방법에 대해 잘못 상상함으로써 두려워하게 될 수도 있습니다. 예수 그리스도에게 나아오는 사람 중에는 이러한 이유로 큰 고통을 겪는 사람도 있습니다. 그들은 자신들이 정말로 예수 그리스도에게 나아오고 있다면 하나님께서 이러저러한 방식으로 자신들을 이끌어 주셔야만 한다고 생각합니다.

예를 들면 이렇습니다. "만일 하나님이 나를 예수 그리스도에게로 이끌어 가시는 중이라면, 그분이 나로 다시 부르짖게 하실 때까지 나에게 죄책감을 안겨 주실 것이다." "만일 하나님이 나를 정말로 예수 그리스도에게로 이끌어 가시는 중이라면, 나는 사탄의 시험이라는 무서운 공격을 받게 될 것이다." "만일 하나님이 나를 정말로 예수 그리스도에게로 이끌어 가시는 중이라면, 나는 그에 관한 놀라운 계시를 받을 것이다."

그들은 이런 식으로 하나님이 하실 일을 지정해 놓고 그것을 기대합니다. 그러나 하나님은 그러한 방법대로 그들을 이끄시지 않습니다. 오히려 하나님은 다른 방식으로 그들을 예수 그리스도에게로 이끌어 가십니다. 그래서 그들이 자신들이 생각하는 것과는 다른 방식으로 그리스도에게 나아오기 때문에 당황하게 되는 것입니다. 그들은 무거운 짐을 예상하지만, 하나님은 그들의 타락한 모습만 깨닫게 하시지 무거운 짐을 지우시지는 않습니다. 그들은 사탄의 무서운 시험과 유혹을 예상하지만, 하나님은 그러한 시험으로 영광을 받기에는 아직 때가 이르다고 생각하십니다. 그들은 은혜와 자비와 그리스도에 대한 위대하고도 영광스러운 계시를 기대하지만, 하나님은 그들의 목에서 멍에를 벗기고 그들 앞에 먹을 것을 두는 정도에 그칩니다(호 11:4 참고). 그래서 그들이 그리스도에게 나아오면서 다시 한 번 당황하게 되는 것입니다.

이처럼 여러분은 하나님께서 여러분이 생각하는 것과 다른 방식으로 여러분을 그리스도에게로 이끄시는 것으로 당황스럽겠지만, 오히려 그로 인해 감사해야 합니다. 하나님은 죄인을 그리스도에게로 이끄는 방법을 여러분보다 더 많이 알고 계십니다(사 40:13 참고). 그러나 하나님은 어떠한 방법으로 여러분을 그리스도에게로 이끄실 것인가에 대해서 미리 말씀하시지 않습니다(욥 33:13 참고). 때때로 하나님은 '바람 날개'(시 18:10)나 '회오리바람'(사 41:16)과 같은 방법을 사용하시기도 하지만, 때로는 그러한 방법 속에 하나님이 계시지 않을 때도 있습니다(왕상 19:11 참고).

하나님께서 여러분을 다른 사람보다 극적이지 않은 방법으로 부드럽게 다루신다고 해서 시기하지 마십시오. 하나님이 여러분을 흉용하고 창일한 큰 하수로 인도하기 싫어하실 때에는 천천히 흐르는 물을 거절하지 마십시오(사 8:6,7 참고). 그렇지 않으면 '연기 나는 두 부지깽이 그루터기에 불과한'(사 7:4 참고) 사탄과 죄책감에 사로잡히고 말 것입니다.

예수님은 베드로에게 그저 "나를 따르라"라고 말씀하셨습니다. 또 삭개오는 예수님께서 "삭개오야, 속히 내려오라"(눅 19:5)라고 말씀하시자 '급히 내려와 즐거워하며 영접'하였습니다(눅 19:6 참고). 만약 베드로나 삭개오가 여러분처럼 자신의 방식을 고집하면서 주의 영을 주장하려 했다면, 한동안 예수 그리스도께 나아오기 어려웠을 것입니다.

또한 지나친 죄의식이나 사탄의 끔찍한 부르짖음, 또는 풍성한 계시와 같은 것들이 하나님께서 여러분의 영혼을 예수 그리스도께로 인도하는 증거가 되는 것은 아닙니다. 우리는 발람이나 가인이나 가룟 유다와 같은 사람들을 통해 이 점을 잘 볼 수 있습니다.

한 걸음 더 나아가, 여러분이 비록 지금은 이러한 상황 가운데 있지 않다 하더라도 언젠가 이러한 상황에 처하여 당황하게 될 수도 있다는 사실을 알아야 합니다(시 88:15 참고). 그러므로 여러분이 지금 불 가운데 있지도 않고 전쟁의 경고나 나팔 소리를 듣지 못한다고 할지라도 그것으로 불평하지 말고 시험에 들지 않게 깨어 기도하십시오(마 26:41 참고). 그리고 은혜의 보좌 앞으로 담대히 나아와 긍휼하심을 받고 때를 따라 돕는 은혜를 얻으십시오(히 4:16 참고).

가련한 사람들이여, 여러분은 "만일 내가 시험을 받았다면 더욱 큰 확신을 가지고 더 빨리 예수 그리스도께로 갈 수 있었을 것입니다"라고 외칩니다. 그러나 여러분은 자신이 무슨 말을 하는지도 모르고 있습니다. 욥의 고백을 들어 보십시오.

"곧 주의 손을 내게 대지 마시오며 주의 위엄으로 나를 두렵게 하지 마실 것이니이다. 그리하시고 주는 나를 부르소서. 내가 대답하리이다. 혹 내가 말씀하게 하옵시고 주는 내게 대답하옵소서"(욥 13:21,22).

우리를 예수 그리스도에게로 이끄는 것은, 무거운 죄짐이 부과되는 것이 아니라 긍휼에 대한 깨달음이며, 사탄의 부르짖는 소리가 아니라 아버지의 인도하심입니다. 저는 이 모든 것을 알고 있습니다.

물론 때로는 예수 그리스도께 나아오는 사람이 유혹이나 무거운 짐과 같이 자신이 원하는 방식으로 오기도 합니다. 그러나 주님께서는 우리를 잔잔한 물가로 인도하시기도 합니다. 만일 먼 곳으로 여행을 떠나기 전에 먼저 여행 시기를 정해야 한다면, 혹독하게 추운 겨울에 떠날 것인지 따뜻한 봄에 떠날 것인지를 정해야 한다면(예수 그리스도를 향한 여정처럼 매우 유익한 여행이라면 기꺼이 불과 물도 통과하겠지만), 자신이 그 시기를 선택할 수 있는 한 저는 따뜻한 봄에 떠나리라고 정할 것입니다. 왜냐하면 봄에는 발걸음이 가벼울 뿐만 아니라 낮이 길고 따뜻하며 밤이 짧고 춥지 않기 때문입니다.

때때로 예수 그리스도는 자기의 사랑하는 백성이 잘 찾아올 수 있도록 격려하기 위해 여러분이 힘이 빠진다고 외면하는 방식을 사용하십니다. 그분은 "나의 사랑, 내 어여쁜 자야 일어나서 함께 가자"(아 2:10)라고 말씀하십니다. 이유가 무엇입니까?

"겨울도 지나고 비도 그쳤고 지면에는 꽃이 피고 새가 노래할 때가 이르렀는데 비둘기의 소리가 우리 땅에 들리는구나. 무화과나무에는 푸른 열매가 익었고 포도나무는 꽃을 피워 향기를 토하는구나. 나의 사랑, 나의 어여쁜 자야 일어나서 함께 가자"(아 2:11-13).

그리스도에게 나아오는 죄인들이여, 안심하십시오. 여러분이 원죄로 말미암아 타락했음을 깨닫고 예수 그리스도의 흠 없는 의가 필요하다는 사실을 인식한다면, 또 그리스도 안에서 발견되기를 원하고 십자가를 지고서 그분을 따르고자 한다면, 순풍과 좋은 날씨를 달라고 기도하며 나아오십시오. 의심하거나 상상하지 말고 예수 그리스도에게로 나아오십시오. 여러분에게 해산하는 여인의 고통을 보내시도록 하나님을 시험하지 말고, 즉시 실행하십시오. 여러분의 어리석음 때문에 하나님이 그 일을 행하시도록 하지 마십시오.

"해산하는 여인의 어려움이 그에게 임하리라. 그는 지혜 없는 자식이로다. 해산할 때가 되어도 그가 나오지 못하느니라"(호 13:13).

7) 남아 있는 부패성

그리스도께서 여러분을 받아 주시지 않을 것이라는 두려움은, 여러분이 그분에게 나아오고 있는 중인데도 여러분의 영혼에서 부패성이 발견되기 때문에 생기기도 합니다. 예수 그리스도에게 나아오고 있는 중인데도 자신이 갈수록 악해지고 있다는 사실을 발견하는 사람들이 있습니다. 이러한 상황은 그리스도께 나아오는 사람에게 참으로 고통스러운 시련이 아닐 수 없습니다.

설명하면 이렇습니다. 예수 그리스도에게 오고 있는 사람 가운데는 처음에는 분별력과 감동과 상한 심령을 가지고 그분을 따랐지만 점차 어둡고 무감각하며 완고한 상태가 되어 영적 의무를 게을리 하는 경우가 있습니다. 그는 자신에게 불신앙적이고 무신론적이며 신성모독적인 경향이 있다는 사실을 발견하게 됩니다. 그는 하나님의 말씀이나 심판이나 지옥 형벌에 대해서 아무런 두려움도 느끼지 못할 뿐만 아니라 이러한 자신의 행위에 대해 애통해하지도 않습니다. 참으로 절망적인 상황에 빠져 있는 것입니다.

예수 그리스도가 자기에게 나아온 자나 오고 있는 자들을 결코 거절하지 않고 다 받아 주실 것이라는 확신을 가진 사람들이 시험이 없다고 불평했다면, 한편 남아 있는 부패성으로 힘들어하는 사람들은 너무 많은 시험 가운데 있는 셈입니다. 과연 그들이 그러한 상황을 반기고 있습니까? 그러한 경험이 없는 사람들은 어려운 상황을 좋게 여길지도 모르지만, 실제로 그러한 상황에 빠진 사람들은 극심한 시련과 정신적 고통을 감내할 준비를 해야 합니다.

그들은 맹수들이 우글거리는 사막 한가운데 있습니다. 곳곳에 곰과 사자와 표범과 늑대와 악어가 돌아다니고, 온갖 의심과 두려움과 사탄의 세력이 나타나 그들의 영혼을 괴롭힙니다. 그들은 마음 깊은 곳에서 모락모락 피어나는 불과 유황의 연기를 보고, 멀리서 다가오는 끔찍한 폭풍우 소리를 듣습니다.

오! 나의 친구들이여, 모든 것을 알고 계신 예수 그리스도도 시험당하는 것을 즐거워하지 않으셨습니다. 성경은 그분이 '(성령에게) 이끌리어'(마 4:1) 가셨다고 말합니다. 성령이 그분을 '몰아내신' 것입니다(막 1:12 참고). 예수 그리스도에게 나아오는 사람에게도 때때로 이러한 일이 일어날 수 있습니다. 이러한 일은 참으로 예기치 않은 시련입니다. 진노에서 벗어난 사람에게 이러한 올무를 놓을 필요가 있겠느냐고 생각하는 사람도 있을 것입니다.

구약시대의 교회는 대적이 자신을 이러한 고통으로 이끌었다고 한탄했습니다(애 1:1-10 참고). 그들이 소망과 두려움, 천국과 지옥 사이에 있는 환난과 많은 고난 가운데로 사로잡혀 간 것입니다(애 1:3 참고). 시험당하는 자도 마찬가지입니다. 그는 자신이 얼마나 연약한 존재인지를 깨닫고 자기 안에 절망적인 경향이 있음을 발견합니다. 그리고 하나님께 항변하면서 우리에 갇힌 성난 황소같이 날뛰지만, 모든 죄는 그에게로 돌아가 그를 산산조각 내고 맙니다. 그는 이러한 실책에 대해 아무것도 느끼지 못할 만큼 완고해진 자신의 마음을 발견합니다. 그리고는 혼란에 휩싸이게 되고, 그의 생각과 행동이 뒤죽박죽되기 시작합니다.

시험은 그리스도인에게 양치기 개와 같은 역할을 합니다. 즉, 갑자기 뒤에서 다가와 습한 웅덩이 구석으로 끌고 가 겁을 주고 상처를 입히며 기진맥진할 때까지 진흙탕에서 뒹굴게 만든 뒤에 놓아주는 것입니다.

이처럼 그들이 자신이 쫓겨날지도 모른다고 두려워하는 데에는 이유가 있습니다. 그들은 말합니다. "나는 길을 잃었습니다. 나는 예수 그리스도께 나아가고 있는 것이 아닙니다. 나처럼 절망적이고 완고하며 악한 마음을 가진 사람이 은혜를 받는다는 것은 있을 수 없는 일입니다. 나는 결코 더 나아질 수 없습니다."

이러한 상황에 처해 있는 사람에게 어떤 말을 해야 합니까? 저는 그들에게 이러한 시험이 그들을 더 나은 하나님의 백성으로 만들어 주는 데 매우 유익한 역할을 한다고 대답하겠습니다. 또 갈수록 타락하는 것과 자신이 얼마나 악한지를 명백하게 보는 것은 서로 다르다고 대답하겠습니다.

보기 흉한 외모를 가졌는데도 자신이 잘생겼다고 생각하는 사람이 있었습니다. 불행히도 거울이 없었기 때문에 그는 언제나 외모에 대한 자만심으로 가득 차 있었습니다. 어느 날 초상화를 그리는 한 화가가 그를 찾아가서 그의 실제 모습을 생생하게 그려 주었습니다. 초상화를 본 그는 그제서야 자신의 외모가 생각보다 훨씬 흉측하다는 사실을 깨달았습니다.

그리스도에게 나아오는 죄인들이여, 여러분이 당하는 시험은 이 화가와 같은 역할을 합니다. 그것이 여러분의 일그러진 마음을 생생하게 그려 여러분의 눈앞에 제시하면 그것을 통해 여러분이 자신의 본모습이 얼마나 악한지를 보게 되는 것입니다.

히스기야는 선한 사람이었지만 병이 들었습니다. 제가 생각하기로 그는 자신의 마음에 대해 약간 지나칠 정도로 긍정적인 생각을 가지고 있었습니다. 또한 제가 생각하기로 하나님께서는 그가 회복된 후 그의 심중에 있는 것을 모두 드러내시기 위해 그를 시험하셨습니다(이사야 38장 1-3절과 역대하 32장 31절을 비교해서 보시기 바랍니다).

참으로 우리는 측량할 수 없이 악합니다. 그러나 우리는 시험을 당하기 전까지는 그러한 사실을 제대로 깨닫지 못합니다. 그러다가 시험이 닥치면, 화가가 그린 흉한 얼굴처럼 우리의 추악한 모습이 생생하게 드러나는 것입니다. 그러나 이러한 우리의 본모습이 우리가 예수 그리스도께로 나아가는 것을 막을 수는 없습니다.

하나님께서 우리의 추한 마음을 보게 하시는 데에는 두 가지 방법이 있습니다. 하나는 하나님의 말씀과 성령의 빛을 통해서이며, 또 하나는 마귀의 시험을 통해서입니다. 이 두 가지 방법은 각각의 방식으로 우리의 악함을 드러냅니다. 먼저, 말씀과 성령의 빛은 마치 태양 빛을 통해 집안에 있는 먼지나 옷에 묻은 얼룩을 보는 것처럼 추하고도 더러운 우리의 모습을 보게 합니다. 그리고는 우리에게 먼지를 털고 얼룩을 지워야 할 필요성을 인식시킵니다. 말씀과 성령의 빛은 이러한 우리의 상태를 더 나쁘게 만들지 않습니다.

반면 사탄의 시험은 죄의 광기를 살립니다. 말하자면, 우리 안에 수많은 마귀를 만들어 내는 것입니다. 죄는 마치 수감되어 있는 죄수처럼 육체의 감옥에서 뛰쳐나오려고 합니다. 우리의 눈과 귀와 입에서 뛰쳐나와 복음을 방해하고 신앙을 조롱하며, 믿음의 증거를 어둡게 하고 우리의 영혼을 정죄하려고 합니다. 그러나 이는 궁극적으로 하나님의 백성들에게 유익합니다. 실제로는 그 어떤 시험도 여러분을 넘어뜨릴 수 없습니다. 신실하신 하나님께서 여러분이 감당하지 못할 시험을 허락하시지 않기 때문입니다(고전 10:13 참고).

욥기와 시편과 예레미야애가를 보십시오. 또 그리스도께서도 하나님을 모독하고 마귀를 섬기며 자살하라는 시험을 받으셨다는 사실을 기억하십시오(마 4:1-11; 눅 4:1-13 참고). 여러분이 이보다 더 심한 시험을 받을 수는 없습니다. 진실로 우리와 같이 시험을 받으시되 죄는 없으신(히 4:15 참고) 그분이 우리의 구세주이십니다. 그분이 시험받으심으로써 시험하는 자를 이기고 시험받는 자들의 구주가 되셨습니다(골 2:14,15; 히 2:15 참고).

그렇다면 그리스도에게 나아오는 사람이 왜 이와 같이 비참한 상태에 처하게 되는 것일까요?

첫째, 그리스도에게 나아오는 사람들 중에는 시험을 당하기 전까지는 자신이 성경에서 말하는 만큼 악하지는 않다고 생각하는 사람이 있기 때문입니다. 사실 그들이 그리스도에게 나아가는 것은 자신에게서 악을 발견하였기 때문입니다. 그러나 그들이 보지 못하는 악이 얼마나 많은지 모릅니다. 베드로는 시험당하기 전까지는 자신이 주님을 배반하고 저주하며 맹세까지 하면서 거짓말하리라고는 생각하지도 못했습니다. 그러나 막상 시험이 닥치자 그는 슬프게도 이 모든 악이 자신에게 있다는 사실을 알게 되었습니다(요 13:36-38; 막 14:37-40,66-72 참고).

둘째, 그리스도에게 나아오는 사람들 중에는 자신이 받은 은혜에 도취된 나머지 그리스도의 인격에 사로잡힐 생각을 하지 않는 사람도 있기 때문입니다. 하나님은 그들이 자신의 보화로부터 눈을 돌려 자신의 아들의 인격과 사역과 공로를 바라보게 하시고자 그들을 시험의 구렁텅이에 빠트리십니다.

저는 이것이 바로 욥기의 가르침이라고 생각합니다. 욥은 "내가 눈 녹은 물로 몸을 씻고 잿물로 손을 깨끗하게 할지라도 주께서 나를 개천에 빠지게 하시리니 내 옷이라도 나를 싫어하리이다"(욥 9:30)라고 고백하였습니다. 그가 자신이 받은 은혜에 도취되어 자신의 탁월함을 높였던 것입니다. 이러한 점은 욥기 33장 8-13절, 34장 5-10절, 35장 1,2절, 40장 1-5절, 42장 3-7절에서도 찾아볼 수 있습니다. 그러나 우리는 시험을 통과한 욥이 많은 것을 배웠음을 볼 수 있습니다.

하나님은 때때로 우리에게서 은혜를 빼앗고 우리를 시험하는 자에게 홀로 남겨 두시기도 합니다. 우리에게 아들보다 그림자를 더 사랑하지 말라는 교훈을 주시기 위해서 말입니다. 에스겔 16장과 호세아 2장에서 하나님이 자기 백성을 어떻게 다루셨는지 살펴보십시오.

셋째, 많은 것을 받은 사람이 형제가 잠시 미혹되었다는 이유로 그들을 판단하고 정죄하기 때문입니다. 하나님은 이러한 여러분의 교만한 마음을 낮추시고자 시험하는 자를 통해 여러분을 넘어뜨리시고는 자신의 연약함을 깨닫게 하십니다.

"교만은 패망의 선봉이요 거만한 마음은 넘어짐의 앞잡이니라"(잠 16:18).

넷째, 하나님께서 낮추신 사람을 보면서 우리도 동일한 시험에 빠지지 않도록 자신을 살피고 돌아보아야 하는데도 우리가 그렇게 하지 않기 때문에 하나님께서 시험을 보내시기도 합니다. 그래서 그들과 동일한 시험에 빠지게 하시는 것입니다(갈 6:1 참고).

다섯째, 게으르고 나태한 여러분을 깨우고 각성시키기 위해 시험이 임합니다. 여러분은 베드로가 잠든 후에 시험이 찾아왔다는 것을 알고 있을 것입니다. 그가 깨어 기도하지 못하였기 때문에 자신의 주님을 세 번이나 부인한 것입니다.

여섯째, 여러분이 자신의 힘을 과신하기 때문에 시험이 옵니다. 베드로에게 임한 시험도 이러한 경우에 해당합니다. 그는 "모두 주를 버릴지라도 나는 결코 버리지 않겠나이다"(마 26:33)라고 하였습니다. 그러나 그의 이러한 과신이야말로 시험을 부르는 지름길이었습니다(요 13:36-38 참고).

일곱째, 하나님께서는 여러분을 지혜롭게 하여 때가 되면 고난당하는 자들을 위한 증거가 되게 하시고자 여러분에게 시험을 보내십니다. 그리스도 역시 시험당하는 자들을 도우시기 위해 시험을 받으셨습니다(히 2:18 참고).

여덟째, 사탄이 하나님께 여러분을 시험하게 해 달라고 간청하기도 합니다. 그는 여러분을 시험하면 틀림없이 성공해 여러분이 주를 향하여 욕하게 될 것이라고 주장합니다. 그는 욥을 이런 식으로 시험하였습니다(욥 1:11 참고). 그러므로 여러분도 사탄의 말이 참이 되지 않도록 주의해야 합니다.

아홉째, 여러분의 은혜가 불로써 더욱 연단을 받게 하기 위해서입니다. 녹슨 찌꺼를 제거함으로써 여러분의 믿음이 잠시 있다가 없어질 금보다 더 귀한 것임을 천사들과 마귀에게 보여 주려는 것입니다. 또한 예수 그리스도께서 나타나실 때에 여러분이 시험당할 때 마귀와 그를 따르는 무리들을 대적한 행위에 대해 칭찬과 영광과 존귀를 얻게 하려는 것입니다(벧전 1:6,7 참고).

열째, 때때로 하나님은 다른 사람들로 하여금 동일한 죄를 범하지 않게 하시려는 목적으로 여러분이 시험당하는 모습과 고통과 불평을 그들에게 보여 주십니다.

그런데 이러한 상황에서 여러분에게 하나님의 은혜가 없다고 가정해 보십시오. 그보다 더 나쁜 상황은 없을 것입니다. 그렇다면 여러분은 단지 구세주를 필요로 하는 비참한 존재이요 죄인일 뿐입니다. 그러나 본문은 이러한 자들에게 필요한 가장 선하고도 자비로운 분을 제시합니다. 그분은 여러분을 격려하고 위로하기 위해 "내게 오는 자는 내가 결코 내쫓지 아니하리라"라고 말씀하십니다.

2. 적용

이제 이러한 관찰을 우리의 삶에 적용해 보겠습니다.

적용 1 예수 그리스도에게 나아오는 사람이 그리스도께서 자신을 받아 주시지 않을지도 모른다는 두려움을 가질 수 있습니까? 그렇다면 이러한 사실은 우리 안에 이러한 믿음과 의심이 동시에 존재한다는 것을 가르쳐 줍니다.

예수님은 베드로를 향해서 "믿음이 작은 자여, 왜 의심하였느냐"(마 14:31)라고 하셨습니다. 예수님은 그에게 "믿음이 없는 자여"라고 하시지 않고 "믿음이 작은 자여"라고 하셨습니다. 그가 의심할 때에도 여전히 믿음을 가지고 있었던 것입니다. 예수 그리스도에게 나아오는 많은 사람들도 이와 마찬가지입니다. 그들은 그리스도에게 나아오면서도 오지 못할까 두려워하고 의심합니다. 그들이 약속과 말씀을 믿음으로 바라볼 때에는 그리스도께 나아오지만, 자기 앞에 놓여 있는 어려움을 바라볼 때에는 의심하고 두려워하게 되는 것입니다.

베드로는 예수님께 "나를 명하사 물 위로 오라 하소서"(마 14:28)라고 말했습니다. 그리고 그리스도가 "오라"(마 14:29)고 하시자 예수님께로 가기 위해 배에서 내렸습니다. 이제부터는 물 위를 걸어서 예수님께로 가야 합니다. 그런데 그곳에는 시험이 기다리고 있습니다. 이처럼 죄인들이 "나를 명하사 오라 하소서"라고 할 때에 그리스도께서는 "오라, 내게 오는 자는 내가 결코 내쫓지 아니하리라"라고 말씀하십니다. 그런데 죄인들이 그분에게로 가려고 하지만 그들 앞에는 물이 놓여 있습니다. 그들은 빠질지도 모른다는 두려움을 안고 물 위로 걸어가야만 합니다. 그래서 믿음이 작은 사람은 시험의 광풍이 불어 닥칠 때에 의심과 두려움의 파도가 일어나 가라앉고 마는 것입니다.

여기서 여러분은 작은 믿음 가운데 베드로가 행한 두 가지 행위를 볼 수 있습니다. 그는 그리스도에게로 나아오고 있으며 부르짖고 있습니다. 작은 믿음은 부르짖지 않고는 나아올 수 없습니다. 거룩한 담대함이 지속되는 동안은 안전하게 나아올 수 있지만, 이 담대함이 약해지면 더 이상 걸음을 뗄 수 없습니다. 나머지는 모두 부르짖음으로 갈 수밖에 없는 것입니다. 베드로는 작은 믿음으로 갈 수 있는 데까지 갔습니다. 그리고는 그의 작은 믿음이 허락하는 데까지 가서 그리스도께 부르짖었습니다.

"주여, 나를 구원하소서"(마 14:30).

이와 같이 베드로는 비록 작은 믿음을 가지고 있었지만, 나아오면서 부르짖었기에 물에 빠지지 않았던 것입니다.

"예수께서 즉시 손을 내밀어 그를 붙잡으시며 이르시되 믿음이 작은 자여 왜 의심하였느냐 하시고"(마 14:31).

적용 2 예수 그리스도에게 나아오는 사람이 그리스도께서 자신을 받아 주시지 않을지도 모른다는 두려움을 가질 수 있습니까? 그렇다면 이러한 사실은 예수 그리스도에게 나아오는 사람에게서 쉽게 발견할 수 있는 낙심과 좌절의 이유를 보여 줍니다. 예수 그리스도께서 자신을 받아 주시지 않을지도 모른다고 두려워하기 때문에 낙심하고 좌절하는 것입니다.

세상은 우리를 낙심한 사람이라고 조롱합니다. 우리가 종종 그렇게 보인다는 말입니다. 그러나 그들은 우리가 낙심하는 이유를 모릅니다. 우리가 낙심해 있을 때 예수 그리스도께서 참으로 우리를 받아 주신다는 사실을 깨달을 수만 있다면, 우리는 그들 앞에서 승리의 개가를 부를 것이며, 우리 마음의 기쁨은 '그들의 곡식과 새 포도주가 풍성할 때보다 더할' 것입니다(시 4:7 참고).

적용 3 예수 그리스도에게 나아오는 사람이 그리스도께서 자신을 받아 주시지 않을지도 모른다는 두려움을 가질 수 있습니까? 그렇다면 이러한 사실은 예수 그리스도에게 나아오는 사람이 새로운 각성과 지각을 가지고 생각하는 사람이라는 것을 보여 줍니다. 왜냐하면 두려움은 사물에 대한 지각과 사색에서 비롯되기 때문입니다.

그들은 자신의 죄를 인식하고, 그로 인한 저주와 하나님의 영광스러운 위엄을 인식하며, 예수 그리스도께서 받아 주신다는 것이 얼마나 복된 일인지를 압니다. 그들은 하늘의 영광과 죄의 악함에 대해 깊이 생각하고 그러한 것들을 깨달아 압니다. 이러한 것들이 그들의 영혼에 들어와 그들을 깨우치고 각성시키며 두려움을 느끼게 하는 것입니다.

"내가 기억하기만 하여도 불안하고 두려움이 내 몸을 잡는구나"(욥 21:6).

"그러므로 내가 그 앞에서 떨며 지각을 얻어 그를 두려워하리라"(욥 23:15).

죽은 자는 그들처럼 두려움에 떨지 않습니다. 죽은 자는 두려워하지도 않고 느끼지도 못하며 무관심합니다. 살아서 지각을 가지고 있는 사람만이 예수 그리스도께서 자신을 받아 주시지 않을지도 모른다는 두려움을 가집니다. 죽어서 감각이 없는 자는 낙심하지 않습니다. 그들은 시늉만 할 뿐입니다. 그들은 아무런 근거도 없이 확신합니다. 베이야르(Bayard)[1]만큼 용맹한 사람이 누가 있겠습니까?

사실 그들은 예수 그리스도에게 나아오지 못하는 것을 두려워해야 합니다. 이처럼 무지한 죄인들을 위해 예비된 지옥과 불과 구덩이, 하나님의 진노와 지옥의 고통은 얼마나 끔찍한지 모릅니다. 성경은 "우리가 이같이 큰 구원을 등한히 여기면 어찌 그 보응을 피하리요"(히 2:3)라고 했습니다. 그러나 그들은 지각하지 못하기 때문에 두려워하지도 않습니다.

넷째, 예수 그리스도에게 나아오는 사람이 그리스도께서 자신을 받

---

[1] **역자주** – 베이야르(1473-1524)는 여러 나라와의 전쟁에서 혁혁한 공을 세운 프랑스의 장군입니다. 그는 기사의 상징이요 두려움을 모르는 흠결 없는 기사로 존경받았습니다.

아 주시지 않을지도 모른다는 두려움을 가질 수 있습니까? 그렇다면 이러한 사실은 오래된 성도가 처음 나오는 성도를 긍휼히 여기고 그들을 위해 기도해야 한다는 것을 가르쳐 줍니다.

여러분도 애굽 땅에서 나그네로 있었기에 나그네의 심정을 압니다. 여러분은 그들을 사로잡고 있는 두려움과 의심과 공포가 어떤 것인지를 잘 압니다. 그러므로 그들을 긍휼히 여기고 그들을 위해서 기도하며 격려해야 합니다. 그들에게는 이 모든 것이 필요합니다. 죄의식이 그들을 사로잡고 하나님의 진노에 대한 두려움이 그들에게 엄습하기 때문입니다. 어쩌면 지옥을 떠올리며 그곳에서 불타는 모습을 마음속으로 그리고 있는지도 모릅니다.

여러분은 사탄이 얼마나 간교한 방법으로 그들에게 의심을 불어넣는지 알 것입니다. 사탄은 할 수만 있다면 그들이 의심과 두려움으로 낙심하고 무너지기를 바랍니다. 그러하기에 성숙한 그리스도인은 그들을 위해 곧은길을 만들어야 합니다. 거치는 돌을 제거함으로써 연약한 자들이 먼 길을 돌아가지 않고 '저는 다리로 하여금 어그러지지 않고 고침을 받게' 해야 합니다(히 12:13 참고).

8장

두려움을 내쫓으시는 그리스도

이제 세 번째 관찰에 대해 살펴보겠습니다. 즉, 예수 그리스도는 자기에게 오는 자가 자신이 쫓겨날 수도 있다고 생각하는 것을 원하지 않으십니다(⑧).

본문에는 이러한 내용이 가득합니다.

"내게 오는 자는 내가 결코 내쫓지 아니하리라."

그리스도께서 결코 내쫓지 않으시겠다고 말씀하셨으므로 우리도 그렇게 생각해서는 안 됩니다. 이제 이 사실에 대해 더욱 자세히 살펴보겠습니다.

1. 그리스도의 의지

그리스도께서는 자기에게 나아오지 않은 사람들에게도 그렇게 생각하지 말라고 하셨습니다.

"내가 너희를 아버지께 고발할까 생각하지 말라. 너희를 고발하는 이가 있으니 곧 너희가 바라는 자 모세니라"(요 5:45).

이들은 그리스도께 나아오지 않은 자들입니다. 이 구절 앞에서 예수님은 이들에 대해 "너희가 영생을 얻기 위하여 내게 오기를 원하지 아니하는도다"(요 5:40)라고 말씀하셨기 때문입니다. 예수 그리스도는 자신에게 오지 않는 그들을 거절하시겠지만, 그들을 아버지께 고발하지는 않는다는 사실을 알려 주신 것입니다. 이처럼 예수 그리스도가 자기에게 오지 않은 자들에게도 그들을 고발할까 생각하지 말라고 하셨다면, 자기에게 오는 사람들에게는 두말할 필요도 없지 않겠습니까?

"내게 오는 자는 내가 결코 내쫓지 아니하리라."

그리스도께서는 간음한 여자가 끌려 왔을 때 자신이 세상에 온 것은 결코 정죄하고 내쫓기 위해서가 아니라는 사실을 말씀과 행동으로 분명하게 보여 주셨습니다(요 8:1-11 참고). 서기관들과 바리새인들이 여자를 데려와 그녀의 소행을 밝혔을 때에도 예수님은 그들의 말을 듣지 못하시기라도 한 것처럼 그저 몸을 굽혀 손가락으로 땅에 쓰셨습니다. 예수님께서 이러한 행동을 통해 누가 고발하든 자신은 죄인에 대한 고발을 받을 수 없다는 사실을 분명히 밝히신 것이 아닐까요? 그들은 결국 예수님께서 여자를 정죄하실 것이라고 생각하면서 묻기를 마지아니하였으나, 예수님은 이렇게 대답하시면서 여자를 정죄하는 자들을 모두 물리치셨습니다.

"너희 중에 죄 없는 자가 먼저 돌로 치라"(7절).

그러고 나서 여자에게 자신에게로 나아올 것을 격려하시며, "나도 너를 정죄하지 아니하노니 가서 다시는 죄를 범하지 말라"(11절)라고 하셨습니다.

예수님이 죄인들을 정죄하기가 두려워 이렇게 행하신 것이 아닙니다. 죄를 범한 여자를 정죄하는 것이 그분의 일이 아니었기 때문입니다. 예수님은 세상을 심판하기 위해 보내심을 받은 것이 아니라 그로 말미암아 세상이 구원을 받게 하려고 오셨습니다(요 3:17 참고). 이와 같이 그리스도는 주변의 재촉에도 불구하고 간음한 여자(그때까지 예수님께로 나아올 생각이 전혀 없었던)를 정죄하지 않았습니다. 그렇다면 하물며 자기에게 나아오는 자들이 그리스도께서 내쫓을지도 모른다는 생각을 하도록 하시겠습니까?

"내게 오는 자는 내가 결코 내쫓지 아니하리라."

그리스도께서는 자기에게로 돌아온 죄인에게 그리스도가 쫓아낼지도 모른다고 생각하지 말라고 말씀하셨습니다.

"악인은 그의 길을, 불의한 자는 그의 생각을 버리고 여호와께로 돌아오라. 그리하면 그가 긍휼히 여기시리라. 우리 하나님께로 돌아오라. 그가 너그럽게 용서하시리라"(사 55:7).

하나님은 불의한 자에게 그의 생각을 버리고 돌아오라고 하심으로써, 특별히 예수 그리스도에게 나아오는 자에게 불신앙적인 생각을 버리라고 명하셨습니다. 결국 그리스도께서는 악인에게 그의 길을 버릴 뿐만 아니라 그의 생각도 버리라고 하신 것입니다.

"악인은 그의 길을, 불의한 자는 그의 생각을 버리고 여호와께로 돌아오라."

예수 그리스도께 나아오기 위해서는 두 가지 모두를 버려야만 합니다. 하나만 버리면 다른 하나가 발목을 잡기 때문입니다. 가령 어떤 사람이 악하고도 더러운 삶을 모두 청산했다고 할지라도 예수 그리스도께서 자신을 받아 주시지 않을 것이라는 생각에 사로잡혀 있다면, 이러한 생각이 그가 예수 그리스도에게로 가는 것을 막을 것입니다.

> 죄인들이여, 여러분은 참으로 그리스도에게 나아오고 싶습니까?
> "예, 그렇습니다."
> 그렇다면 여러분의 악한 길을 버리십시오.
> "예, 알고 있습니다."
> 그런데 왜 그렇게 더디 나아옵니까?
> "방해를 받고 있기 때문입니다."
> 무슨 방해입니까? 하나님께서 여러분을 버리셨습니까?
> "아닙니다."
> 그렇다면 여러분에게 빨리 나아오고 싶은 마음이 없습니까?
> "그렇지 않습니다. 그러나 빨리 가고 싶어도 그렇게 할 수가 없습니다."

> 이유가 무엇입니까? 여러분이 망설이는 이유와 근거가 무엇인지 말해 보십시오.
> "하나님께서 명하셨고 나도 빨리 가고 싶지만, 내 마음속에 예수 그리스도에게 빨리 가지 못하게 만드는 여러 가지 생각이 떠오르기 때문입니다. 나는 종종 내가 택자가 아닐지도 모른다고 생각합니다. 때로는 내가 부르심을 받지 못하였다는 생각도 합니다. 어떤 때는 내가 너무 늦게 온 것이 아닌가 하는 생각이 들기도 하고, 또 어떤 때는 그리스도에게 나아온다는 것이 무슨 뜻인지 모르겠다는 생각이 들기도 합니다. 내게는 은혜나 감동이 없다는 생각이 들 때도 있고 기도가 안 된다는 생각이 들 때도 있습니다. 때로 나는 매우 위선적인 사람이라는 생각이 들기도 합니다. 이러한 생각들이 내가 그리스도께 나아가지 못하도록 나의 발목을 잡습니다."

앞서 언급한 대로 설사 악한 길을 버린 사람이라 하더라도 그의 마음에는 여전히 여러 가지 생각이 남아 있습니다. 그리고 이러한 생각들이 예수 그리스도께 나아가는 것을 방해하기 때문에 너무나 고통스러워합니다. 이러한 불신(불신은 이 모든 생각의 근원이 되는 죄입니다)은 악한 길보다 훨씬 쉽게 우리를 얽맵니다.

그러나 예수 그리스도는 이러한 생각을 버리라고 명령하셨습니다. 그러므로 그리스도에게 나아오는 죄인들이여, 이러한 생각을 버리십시오. 그렇게 하지 않는 것은 그리스도의 명령을 저버리는 것이요, 자신의 생각 속에 갇혀 은혜 안에 서지 못하는 것입니다.

"만일 너희가 굳게 믿지 아니하면 너희는 굳게 서지 못하리라"(사 7:9).

이와 같이 예수 그리스도는 자기에게 나아오는 사람들을 낙심하게 만드는 이러한 생각들을 철저히 배격하셨습니다. 즉, 예수 그리스도께서는 자기에게 나아오는 자들이 그리스도가 받아 주시지 않을지도 모른다는 생각을 하지 않기를 바라시는 것입니다.

"내게 오는 자는 내가 결코 내쫓지 아니하리라."

2. 확신의 근거

이제 이러한 관찰의 근거에 대해 살펴보겠습니다.

첫째, 만일 예수 그리스도께서 여러분에게 그분이 여러분을 내쫓으실 수도 있다고 생각하게 하셨다면, 자신의 말이 거짓임을 스스로 입증하는 셈입니다. 예수님께서 "내가 결코 내쫓지 아니하리라"라고 말씀하셨기 때문입니다. 그리스도는 자신의 말을 스스로 부인하는 자로 여겨지기를 원하시지 않습니다. 그분께서 친히 "나는 진리요"(요 14:6 참고)라고 말씀하셨기 때문입니다. 그러므로 예수님은 자기에게 나아오는 사람이 자신이 내쫓길 것이라고 생각하도록 내버려 두실 리가 없습니다.

둘째, 만일 예수 그리스도께서 자기에게 나아오는 죄인에게 내쫓길 수도 있다고 생각하게 하신다면, 그것은 그분이 가장 반대하고 그의 거룩한 복음과도 정면으로 배치되는 불신앙을 허용하는 셈입니다(마

14:31, 21:21; 막 11:23; 눅 24:25 참고). 그러므로 예수 그리스도는 자기에게 나아오는 사람이 자기가 내쫓길 수도 있다고 생각하도록 두실 리가 없습니다

셋째, 만일 예수 그리스도께서 자기에게 나아오는 자들이 내쫓길 수도 있다고 생각하게 하신다면, 그들은 그리스도에게 참으로 하나님께서 주신 자들을 받아 주실 의지가 있는지 의심스러워할 것입니다. 그들은 아버지께서 주셔서 그리스도에게 나아오기 때문입니다. 그러나 그분은 아버지께서 주신 자들은 다 자기에게 올 것이며, 아버지께서 자기에게 주신 자들을 결코 내쫓지 않을 것이라고 말씀하셨습니다. 그러므로 예수 그리스도는 자기에게 나아오는 죄인이 내쫓길 수도 있다고 생각하도록 만드실 리가 없습니다.

넷째, 만일 예수 그리스도께서 자기에게 나아오는 자들이 내쫓길 수도 있다고 생각하게 하신다면, 그들은 그리스도께서 아버지의 이끄심을 거부하고 멸시한다고 생각할 것입니다. 아버지가 이끌지 않으면 아무도 그리스도께로 나아올 수 없기 때문입니다. 그러한 생각은 참으로 하나님을 모독하는 악한 생각입니다. 그러므로 예수 그리스도는 자기에게 나아오는 죄인이 내쫓길 수도 있다고 생각하게 하실 리가 없습니다.

다섯째, 만일 예수 그리스도께서 자기에게 나아오는 자들이 내쫓길 수도 있다고 생각하게 하신다면, 그들은 그리스도가 아버지께서 맡기신 것을 신실하게 여기지 않으신다고 생각할 것입니다. 아버지의 뜻은 아버지께서 주신 자들을 그리스도가 하나도 잃어버리지 않고 다시 살

리는 것이기 때문입니다(요 6:39 참고). 아버지께서는 아들에게 그들을 맡기셨습니다. 그러므로 예수 그리스도는 자기에게 나아오는 죄인이 내쫓길 수도 있다고 생각하게 하실 리가 없습니다.

여섯째, 만일 예수 그리스도께서 자기에게 나아오는 자들이 내쫓길 수도 있다고 생각하게 하신다면, 그들은 그리스도가 제사장의 직무에 충실하지 않다고 생각할 것입니다. 그러나 그리스도는 제사장의 첫 번째 직무로서 그들을 위해 값을 지불하고 구속하셨으며, 두 번째 직무로서 항상 살아 계셔서 그들을 위해 간구하십니다(히 7:25 참고). 그리스도는 우리가 이 제사장의 직무에 대해 그분의 충실성을 의심하는 것을 용납하지 않으십니다. 그러므로 예수 그리스도는 결코 자기에게 나아오는 죄인이 내쫓길 수도 있다는 생각을 하게 하실 리가 없습니다.

일곱째, 만일 예수 그리스도께서 자기에게 나아오는 자들에게 그분이 내쫓을 수도 있다는 생각을 하게 하신다면, 우리를 구원하시려는 의지와 능력과 효력에 대한 의구심을 낳게 될 것입니다. 그러나 그리스도는 우리에게 이러한 의구심을 가지게 하실 리가 없습니다. 그러므로 예수 그리스도는 자기에게 나아오는 죄인에게 그가 내쫓으실 수도 있다는 생각을 결코 하게 하실 리가 없습니다. 그분은 자신의 의지에 대한 의구심을 일축하십니다.

"내가 결코 내쫓지 아니하리라."

그리스도께서는 자신의 능력에 대한 의문을 용납하시지 않습니다. 성경은 그리스도가 자기를 힘입어 하나님께 나아가는 자들을 온전히 구원하실 수 있다고 말합니다(히 7:25 참고). 그분은 자신의 사역의 효력에 대한 모든 의문을 없애십니다. 그리스도의 보혈이 우리를 모든 죄에서 깨끗하게 하시기 때문입니다(요일 1:7 참고). 그러므로 예수 그리스도께서 자기에게 나아오는 죄인이 내쫓길 수도 있다고 생각하도록 하실 리가 절대 없습니다.

여덟째, 만일 예수 그리스도께서 자기에게 나아오는 자들에게 그분이 내쫓을 수도 있다고 생각하게 하신다면, 그들은 아버지와 아들과 성령의 분명한 증거도 거짓이라고 생각할 것입니다. 뿐만 아니라 그것은 곧 모세오경과 선지서와 시편과 신약의 모든 복음을 부정하는 것이 될 것입니다. 그리스도께서 그것을 용납하실 리가 없습니다. 그러므로 예수 그리스도께서 자기에게 나아오는 죄인에게 그분이 내쫓을지도 모른다고 생각하도록 하실 리가 없습니다.

아홉째, 만일 예수 그리스도께서 자기에게 나아오는 죄인이 내쫓길 수도 있다고 생각하게 하신다면, 예수 그리스도라는 피난처를 찾은 우리에게 큰 안위를 주시리라는 아버지의 맹세마저 의심받게 될 것입니다(히 6:18 참고). 그분은 그것을 용납하지 않으십니다. 그러므로 예수 그리스도께서 자기에게 나아오는 죄인이 내쫓길 수도 있다고 생각하게 하실 리가 절대 없습니다.

9장
적용

지금까지 살펴본 내용을 적용함으로써 결론을 도출해 봅시다.

1. 본문의 가르침(정보 제공)

본문은 우리에게 다음과 같은 점을 가르쳐 줍니다.

1) 사람은 원래 그리스도로부터 멀리 떨어져 있습니다

본문이 우리에게 전하는 첫 번째 가르침은, '사람은 원래 그리스도로부터 멀리 떨어져 있다'는 것입니다. 다음과 같은 세 가지 질문을 통해 이러한 가르침에 대해 구체적으로 살펴봅시다.

"예수 그리스도께 나아오지 않는 자는 어디에 있습니까? 예수 그리스도께 나아오지 않는 자는 누구입니까? 예수 그리스도께 나아오지 않는 자는 어디로 갑니까?"

(1) 예수 그리스도께 나아오지 않는 자는 어디에 있습니까?

그는 하나님으로부터 멀리 떨어져 있습니다. 그에게는 하나님이 없습니다(엡 2:12 참고). 그의 통찰력과 의지와 감정과 판단과 양심이 모두 하나님으로부터 벗어나 있습니다. 그는 자신을 지옥 형벌에서 건져 주실 수 있는 유일한 구원자이신 예수 그리스도로부터 떠나 있습니다(시 73:27 참고). 그는 성령의 역사로부터 떨어져 있습니다. 이러한 거듭남의 역사, 제2의 창조가 없이는 그 누구도 천국을 볼 수 없습니다(요 3:3 참고). 그는 하나님이 받으시기에 합당한 의로부터 떨어져 있습니다(사 46:12 참고).

그는 죄의 권능과 지배 아래 있습니다. 죄가 그를 이기고 그를 다스립니다. 그의 모든 육신과 영혼의 기능에 죄가 거하기 때문에 그의 머리부터 발끝까지 성한 곳이 없습니다(사 1:6; 롬 3:9-18 참고). 그는 웃시야와 함께 별궁에 거하며, 다른 나병환자들과 함께 이스라엘 진영 밖에 격리되어 있습니다(대하 26:21; 민 5:2 참고). 그의 생명은 더러운 자와 함께 있으며(욥 36:14 참고), 그는 '악독이 가득하며 불의에 매인 바'(행 8:23) 되었습니다. 그는 죄 가운데 있습니다(고전 15:17 참고). 그는 육신에 속한 자요(롬 8:8 참고) 사망 가운데 거하며(요일 3:14 참고), 마귀의 올무에 사로잡혀 그의 포로가 되었습니다(딤후 2:26 참고).

그는 율법의 저주 아래 있습니다(갈 3:13 참고). 마귀가 그 안에서 그를 지배하고 다스립니다(엡 2:2,3; 행 26:18 참고). 그는 어둠 가운데 거하여 그 안에서 행하며, 어디로 가는지 알지 못합니다. 어둠이 그의 눈을 멀게 만들었기 때문입니다. 그는 멸망으로 가는 넓은 길에 서 있습니다. 그는 넓은 문을 통과하여 결국 지옥으로 가게 될 것입니다.

(2) 예수 그리스도께 나아오지 않는 자는 누구입니까?

그는 하나님의 대적입니다(눅 19:14,27; 롬 8:7 참고). 그는 마귀의 자식이요 지옥의 자식입니다(요 8:44; 마 23:15 참고). 그의 악한 본질은 마귀에게서 온 것이며(요일 3:8 참고), 결국 지옥이 그를 삼킬 것입니다(시 9:17 참고). 그가 예수 그리스도에게로 오지 않았기 때문입니다. 그는 진노의 자식이요 진노의 후사입니다. 그것이 그의 분깃입니다. 하나님이 그것을 갚아 주실 것입니다(엡 2:1-3; 요 3:36 참고). 그는 자기의 생명을 해하는 자입니다. 그는 자기의 영혼을 해하며 사망을 사랑합니다(잠 1:18, 8:35,36 참고). 그는 마귀의 시중을 드는 자이며, 정죄 받은 자입니다(잠 21:16; 마 25:41 참고).

(3) 예수 그리스도께 나아오지 않는 자는 어디로 갑니까?

그리스도께 나아오지 않는 자는 그리스도로부터 더욱 멀어집니다. 모든 죄가 예수 그리스도로부터 한 걸음씩 더 멀어지게 만들기 때문입니다(호 11:7 참고).

그는 어둠 가운데 있기 때문에 그 안에서 행하기를 좋아합니다. 그리스도는 세상의 빛이시며, 그러하기에 그리스도에게로 오지 않는 자는 어둠에 다니는 자입니다(요 8:12 참고). 그는 결국 무한하신 하나님께서 하실 수 있는 만큼 하나님과 그리스도와 천국과 복락으로부터 최대한 멀리 제거됩니다.

2) 죄인은 그리스도 안에서 영생을 발견할 수 있습니다

본문이 우리에게 전하는 두 번째 가르침은 '죄인이 어디서 영생을 발견할 수 있느냐' 하는 것입니다. 죄인은 바로 그리스도 안에서 영생을 발견합니다.

"이 생명이 그의 아들 안에 있는 그것이니라"(요일 5:11).

"아들이 있는 자에게는 생명이 있고"(요일 5:12).

"대저 나를 얻는 자는 생명을 얻고 여호와께 은총을 얻을 것임이니라"(잠 8:35).

다음의 세 가지 질문을 통해 이 점에 대해 구체적으로 살펴봅시다.

"예수 그리스도 안에는 어떤 생명이 있습니까? 누가 그 생명을 얻을 수 있습니까? 생명을 얻기 위한 대가는 무엇입니까?"

(1) 예수 그리스도 안에는 어떤 생명이 있습니까?

첫째, 그리스도 안에는 의롭게 하시는 생명이 있습니다. 모든 사람은 율법 안에서 죄로 말미암아 죽었습니다. 오직 그리스도의 의와 보혈만이 우리를 이러한 사망에서 생명으로 옮길 수 있습니다(요 5:24 참고). 그리스도로 말미암아 우리를 살리시려고 하나님이 그를 세상에 보내신 것입니다(요일 4:9 참고). 그분이 성취하신 의와 우리를 위한 죽음으로 우리를 살리시려는 것입니다(롬 5장 참고).

둘째, 그리스도 안에는 영원한 생명이 있습니다. 그것은 끝없이 영원히 지속되는 생명입니다.

"하나님이 우리에게 영생을 주신 것과 이 생명이 그의 아들 안에 있는 그것이니라"(요일 5:11).

이와 같이 '칭의'와 '영원한 구원'이 모두 그리스도 안에 있습니다. 그러므로 예수 그리스도에게 오지 않는 사람은 결코 그것을 얻을 수 없습니다.

(2) 누가 그 생명을 얻을 수 있습니까?

첫째, 그 생명을 가지기 원하는 자가 그것을 얻습니다.

"원하는 자는 값없이 생명수를 받으라 하시더라"(계 22:17).

둘째, 그것에 목말라하는 자가 그것을 얻습니다.

"내가 생명수 샘물을 목마른 자에게 값없이 주리니"(계 21:6).

셋째, 자신의 죄로 인해 곤비한 자가 그것을 얻습니다.

"이것이 너희 안식이요 이것이 너희 상쾌함이니 너희는 곤비한 자에게 안식을 주라 하셨으나"(사 28:12).

넷째, 가난하고 궁핍한 자가 그것을 얻습니다.

"그는 가난한 자와 궁핍한 자를 불쌍히 여기며 궁핍한 자의 생명을 구원하며"(시 72:13).

다섯째, 그리스도를 따르며 영생을 구하는 자가 그것을 얻습니다.

"나를 따르는 자는 어둠에 다니지 아니하고 생명의 빛을 얻으리라"(요 8:12).

(3) 생명을 얻기 위한 대가는 무엇입니까?

아무것도 없습니다. 죄인들이여, 여러분은 값없이 영생을 얻습니다.

"원하는 자는 값없이 생명수를 받으라 하시더라"(계 22:17).

"내가 생명수 샘물을 목마른 자에게 값없이 주리니"(계 21:6).

"갚을 것이 없으므로 둘 다 탕감하여 주었으니"(눅 7:42).

돈 없이, 값없이 사 먹을 수 있습니다.

"너희 모든 목마른 자들아, 물로 나아오라. 돈 없는 자도 오라. 너희는 와서 사 먹되 돈 없이, 값없이 와서 포도주와 젖을 사라"(사 55:1).

죄인들이여, 목이 마릅니까? 곤비합니까? 영생을 얻기 원합니까? 여러분이 가진 것에 개의치 말고 나아오십시오. 그리스도 안에 있는 모든 좋은 것들이 돈 없이, 값없이 나아오는 자에게 제공될 것입니다. 그분은 원하는 자에게 영생을 주십니다. 그것을 얻는 데에는 돈이 필요 없습니다. 값없이 그것을 주십니다. 이 얼마나 복된 조건입니까?

3) 예수 그리스도만이 유일한 구원자이십니다

본문이 우리에게 제시하는 세 번째 가르침은 '다른 곳은 없다'라는 것입니다. 만일 다른 곳이 있다면, 본문의 약속을 제쳐 놓아도 될 것입니다. "결코 내쫓지 아니하리라"라는 말씀이 아무리 중요해도, 만일 다른 곳이 있다면 그리로 가면 되지 않겠습니까? 그러나 오직 그리스도만이 구원하실 수 있다는 사실에 그분의 영광이 있습니다. 여기에 그분의 사랑이 나타납니다. 오직 그분만이 우리를 구원하실 수 있습니다. 또 그분은 결코 숨어 계시지 않고 "내게 오는 자는 내가 결코 내쫓지 아니하리라"라고 말씀하십니다.

예수 그리스도만이 구원하실 수 있다는 것은 분명한 사실입니다. 다음의 말씀을 보십시오.

"다른 이로써는 구원을 받을 수 없나니 천하 사람 중에 구원을 받을 만한 다른 이름을 우리에게 주신 일이 없음이라"(행 4:12).

"하나님이 우리에게 영생을 주신 것과 이 생명이 그의 아들 안에 있는 그것이니라"(요일 5:11).

만약 우리가 다른 곳에서도 영생을 얻을 수 있다면, 그것은 율법을 통해서일 것입니다. 그러나 율법 안에는 영생이 없습니다.

"하나님 앞에서 아무도 율법으로 말미암아 의롭게 되지 못할 것이 분명하니"(갈 3:11).

의롭게 되지 않으면 영생도 없습니다. 그러므로 영생은 오직 예수 그리스도 안에만 있습니다(갈 3장 참고).

그렇다면 왜 하나님은 영생을 오직 예수 그리스도 안에서 얻게 하셨습니까? 그것은 하나님과 인간 모두와 관련하여 그럴 수밖에 없기 때문입니다.

① 영생은 하나님과 관련하여 예수 그리스도 안에 있어야만 합니다.

첫째, 영생은 하나님의 긍휼과 공의를 이루기 위하여 그리스도 안에 있어야만 합니다. 만일 그리스도께서 그 일을 감당하지 않으셨다면 하나님의 공의가 이루어질 수 없었을 것입니다. 그리스도께서, 오직 그분만이 우리를 위해 율법의 요구를 이루시고 공의를 이루셨습니다. 가령 예수 그리스도께서 우리를 위해 지신 죄를 천사가 대신 졌다면, 모든 천사는 영원히 지옥으로 가고 말았을 것입니다. 그러나 그리스도가 지셨기 때문에 그것을 능히 감당하시고 모든 형벌을 받으셨으며, 자기 백성을 죄에서 구속하시고 하나님의 공의를 만족시키신 것입니다(롬 3:24-26 참고). 그러므로 이제 우리가 믿음으로 예수 그리스도께 나아가 그분이 영생을 위해 행하신 사역을 의지하기만 하면, 하나님은 '미쁘시고 의로우사 우리 죄를 사하시며 우리를 모든 불의에서 깨끗하게 하실 것'(요일 1:9)입니다.

둘째, 영생은 그러한 방법을 제공하신 하나님을 높이고 찬양하기 위해서 예수 그리스도 안에 있어야만 합니다. 이것은 주 예수 그리스도를 통하여 만유 안에서 영광을 받으시기 위해 '주께서 행하신 일'인 것입니다.

셋째, 영생은 가난한 자와 비천한 자, 연약한 자와 상심한 자, 아무도 돌아보지 않는 자를 긍휼히 여기시는 하나님의 뜻대로 주시기 위해 예수 그리스도 안에 있어야만 합니다(시 38:6, 51:17, 113:7, 147:3 참고).

넷째, 영생은 누구든지 자랑하지 못하도록 하시기 위해 그리스도 안에 있어야만 합니다. 바울도 동일한 취지의 논리를 제시합니다.

"그러므로 율법의 행위로 그의 앞에 의롭다하심을 얻을 육체가 없나니 율법으로는 죄를 깨달음이니라……그런즉 자랑할 데가 어디냐. 있을 수가 없느니라. 무슨 법으로냐 행위로냐. 아니라. 오직 믿음의 법으로니라"(롬

3:20,27).

"너희는 그 은혜에 의하여 믿음으로 말미암아 구원을 받았으니 이것은 너희에게서 난 것이 아니요 하나님의 선물이라. 행위에서 난 것이 아니니 이는 누구든지 자랑하지 못하게 함이라. 우리는 그가 만드신 바라. 그리스도 예수 안에서 선한 일을 위하여 지으심을 받은 자니 이 일은 하나님이 전에 예비하사 우리로 그 가운데서 행하게 하려 하심이니라"(엡 2:8-10).

② 영생은 사람과 관련하여 예수 그리스도 안에 있어야 합니다.

첫째, 영생이 예수 그리스도 안에 있을 때 우리는 그것을 가장 쉬운 조건, 즉 값없이 얻을 수 있습니다. 그것은 삯이 아니라 선물입니다(롬 6:23 참고). 만일 영생이 모세의 손에 있다면, 우리가 영생을 얻기란 어려울 것입니다. 그러므로 영생이 그리스도 안에 있음을 인하여 하나님께 감사하십시오. 영생은 그리스도 안에 간직되어 있다가 그분으로 말미암아 값없이 죄인들에게 전달되며, 우리는 그것을 감사함으로 받아 누립니다(요일 1:1-3; 갈 3:14 참고). 성경은 이러한 사실을 분명하게 보여 줍니다.

둘째, 영생은 그 터를 견고하게 하기 위해 그리스도 안에 있어야 합니다. 만약 영생이 다른 곳에 있었다면 쉽게 무너지고 말았을 것입니다. 율법은 육신으로 말미암아 연약할 수밖에 없습니다. 그러나 그리스도는 '시험한 돌이요 귀하고 견고한 기촛돌'(사 28:16)입니다. 그러므로 그리스도께서는 여러분의 짐을 능히 지시며, 자기에게 나아오는 자들을 얼마든지 받아 주십니다.

셋째, 영생은 모든 후손들에게 확실한 보장이 되기 위해 그리스도 안에 있어야 합니다. 만일 영생이 우리 손에 주어졌다면, 아무리 탁월한 자라고 해도 잃어버리고 말 것입니다. 혹 다른 존재에게 주어졌더라도 밥 먹듯 배교하는 우리의 모습에 상처받아 우리에게서 긍휼을 거두어 갈 것입니다. 그러나 영생은 그리스도 안에 있습니다. 그분은 우리를 긍휼히 여기시고 우리를 위해 기도하시며, 우리를 거듭 용서하십니다. 우리의 영생은 우리가 길을 잃고 방황할 때 찾아오시는 그분에게 있습니다. 우리의 영생은 우리가 다른 길로 갈 때에도 우리를 불쌍히 여기시는 그분에게 있습니다. 우리의 영생은 우리를 꾸짖지 않고 용서하시는 그분 안에 있습니다. 그러므로 우리는 그리스도 안에 영생이 있음을 인하여 하나님께 영광을 돌려야 합니다. 그것이 모든 후손에게 확실하게 보장된 것입니다.

4) 불신이란 무엇입니까

영생을 위해 그리스도께 나아오라는 말씀이 주는 네 번째 가르침은 '불신의 악'에 관한 것입니다. 불신의 악은 그분에게 나아오는 자들을 방해하는 가장 크고도 유일한 죄입니다. 그리스도는 오겠느냐고 묻지 않으십니다. 그분은 "내게 오는 자는 내가 결코 내쫓지 아니하리라"라고 말씀하십니다.

죄인이 예수 그리스도에게 나아가는 것을 방해하는 악이 무엇입니까? 그것이 바로 불신입니다. 우리는 믿음으로 그리스도께 나아갑니다. 그러나 불신은 우리를 그분께로 나아가지 못하게 하며, 우리를 하나님으로부터 떠나게 만듭니다. 불신은 처음부터 세상을 하나님으로부터 떠나게 만들었으며, 지금까지도 떠나 있게 만들고 있습니다. 불신은 거짓과 함께하기에 더욱 쉽게 그렇게 만듭니다.

불신은 '하얀 악마(white devil)'라고도 불립니다. 우리의 영혼 안에서 온갖 사악한 행위를 하면서도 겉으로는 '광명의 천사'(고후 11:14)처럼 나타나기 때문입니다. 그것은 마치 하늘의 조언자인 양 행동합니다. 그러므로 이 악한 병적 요소에 대하여 조금 더 살펴보겠습니다.

첫째, 이 죄는 무엇보다도 자신의 행위에 대한 변명거리를 가지고 있습니다. 불신은 영혼을 그리스도로부터 떼어 놓으면서 그들에게 아직 자격이 없다거나 준비가 되지 않았다고 말합니다. 더욱 많은 죄의식과 회개와 겸손과 상한 마음이 갖추어져야 한다는 것입니다.

둘째, 이 죄는 양심과 잘 어울립니다. 그리스도에게 나아오는 죄인의 양심은 자신을 향해 "너는 아무것도 할 수 없는 쓸모없는 사람이다"라고 말합니다. 무지몽매하고도 완고한 죄인인 그를 예수 그리스도께서 알아주시지 않을 것이라고 말합니다. 그리고 그때 불신 역시 "그런 네가 예수 그리스도에게 나아갈 수 있다고 생각하느냐?"라고 힐난합니다.

셋째, 이 죄는 감정과도 잘 어울립니다. 그리스도에게 나아오는 죄인은 육신의 악과 죄의 활동, 그리고 죄에 대한 하나님의 진노와 심판을 느끼며, 그로 인해 비틀거리기도 합니다. 그런 죄인에게 불신은 "네가 아는 것처럼 너에게는 은혜가 없다. 네 마음을 채우고 있는 것은 부패와 타락뿐이다. 너는 하나님의 진노 아래 있는 자로서 하나님께서 너를 사랑하시지 않는다는 것을 알고 있다. 그런데 어떻게 네가 감히 예수 그리스도에게 나아가겠다는 말인가?"라고 다그칩니다.

넷째, 이 죄는 육신의 지혜와도 잘 어울립니다. 육신의 지혜는 잠깐 의심하는 것과 한 걸음 물러나 있는 것, 양측의 말을 다 들어 보는 것이 신중한 처사라고 생각합니다. 급하게 서두를 필요가 없으며, 충분한 조언이 필요하다는 것입니다. 불신은 바로 이러한 육신의 지혜와 죽이 맞습니다.

다섯째, 이 죄는 영혼의 귀에 대고 끊임없이 속삭입니다. 영생을 위해 예수 그리스도에게 나아오는 자로 하여금 하나님의 신실하신 약속을 불신하게 만드는 것입니다. 또한 그들을 받아 주시고 구원하시는 그리스도의 의지에 대해 오해하도록 속삭입니다. 불신은 이처럼 간교한 죄입니다.

여섯째, 이 죄는 우리를 위로하기 위하여 성령께서 베푸신 여러 가지 약속들을 언제든지 대적할 준비를 갖추고 있습니다. 그러다가 그리스도에게 나아오는 사람이 잠깐 방심하는 틈을 타 교묘한 술수와 트집과 경멸로 약속을 빼앗아 감으로써 아무런 유익을 얻지 못하게 만들어 버립니다.

일곱째, 이 죄는 무엇보다도 우리의 기도와 믿음과 사랑과 열심과 소망과 기대를 약화시킵니다. 우리의 마음을 하나님으로부터 멀어지게 만드는 것입니다.

마지막 여덟째로, 이 죄는 앞서 언급한 대로, 지금도 온갖 안전하고도 확실한 거짓을 가지고서 우리의 영혼을 두드립니다. "좀 더 현명하고 세심하며 신중하게 처신하라. 충고에 귀를 기울이고 서둘러서 믿음을 받아들이지 말고 조심하라"라고 속삭입니다. 또 "먼저 하나님이 너를 사랑하신다는 사실을 확신하라. 하나님이 네게 분명하게 역사하시기 전에는 어떤 약속도 붙들지 말라. 하나님의 구원도 믿지 말라. 네 안에 가끔씩 하나님의 증거에 대한 확신이 든다 할지라도 계속해서 생각하고 의심해 보아야 한다. 믿음으로 살지 말고 그보다 더 확실한 감각과 지각으로 살아야 한다. 보거나 느끼지 못하는 것을 두려워하고 믿지 말며 모든 것에 대해 의심해 보아야 한다"라고 속삭입니다. 이것이 불신의 조언입니다. 워낙 그럴듯한 거짓으로 포장되어 있기 때문에 지혜로운 그리스도인이라 해도 이러한 논리를 쉽게 떨쳐내기란 쉽지 않습니다.

이제 믿음과 불신을 비교해 봄으로써 불신의 특징에 대해서 더욱 구체적으로 살펴봅시다.

믿음은 하나님의 말씀을 믿지만, 불신은 그것의 확실성에 대해 의심합니다(시 106:24 참고). 믿음은 말씀이 진리이기 때문에 믿지만, 불신은 동일한 이유로 그것을 의심합니다.

"내가 진리를 말하므로 너희가 나를 믿지 아니하는도다"(요 8:45).

믿음은 하나님의 약속 안에서 장애물보다는 도움을 더 많이 찾지만,

불신은 하나님께서 약속하셨는데도 "어찌 이런 일이 있으리요"(왕하 7:2)라고 말합니다.

"그가 백 세나 되어 자기 몸이 죽은 것 같고 사라의 태가 죽은 것 같음을 알고도 믿음이 약하여지지 아니하고 믿음이 없어 하나님의 약속을 의심하지 않고 믿음으로 견고하여져서 하나님께 영광을 돌리며 약속하신 그것을 또한 능히 이루실 줄을 확신하였으니"(롬 4:19-21).

"진실로 진실로 네게 이르노니 우리는 아는 것을 말하고 본 것을 증언하노라. 그러나 너희가 우리의 증언을 받지 아니하는도다. 내가 땅의 일을 말하여도 너희가 믿지 아니하거든 하물며 하늘의 일을 말하면 어떻게 믿겠느냐"(요 3:11,12).

믿음은 그리스도가 책망하고 꾸짖어도 그의 마음에서 사랑을 깨닫지만, 불신은 그리스도가 우리를 사랑한다고 말해도 진노를 상상합니다(마 15:22-28, 25:24 참고).

믿음은 하나님께서 주시지 않더라도 기다립니다(시 25:5; 사 8:17 참고). 그러나 불신은 하나님이 조금이라도 지체하시면 즉시 모든 것을 포기하고 대적합니다(왕하 6:33 참고). 믿음은 두려움 가운데서도 위로를 발견하지만, 불신은 평안한 가운데서도 두려움을 만들어 냅니다(대하 20:20,21; 마 8:26; 눅 24:25 참고). 믿음은 하나님의 지팡이를 통해 기쁨을 얻지만, 불신은 크신 자비와 긍휼 가운데서도 위로를 얻지 못합니다(시 23:4; 민 12:5-10 참고).

믿음은 무거운 짐을 가볍게 하지만, 불신은 가벼운 짐을 감당할 수 없는 짐으로 만듭니다(말 1:12,13 참고). 믿음은 우리가 낙심할 때에 도움을 주지만, 불신은 잘 가고 있는 자를 넘어뜨립니다(미 7:8-10; 히 4:11 참고). 믿음은 우리가 하나님을 벗어나면 하나님께 다시 가까이 나아가게 하지만, 불신은 하나님께 다가가는 우리를 하나님으로부터 멀어지게 만듭니다(히 10:22, 3:12,13 참고).

믿음이 지배하는 곳에서는 우리가 '하나님의 벗'이라 불립니다. 그러나 불신이 지배하는 곳에서는 우리가 그의 대적이 됩니다(히 3:18; 계 21:8 참고). 믿음은 우리를 은혜로 인도하지만, 불신은 우리를 진노 아래에 가둡니다(롬 3:24-26; 엡 2:8; 요 3:36, 8:24; 요일 5:10; 히 3:17; 막 16:16 참고). 믿음은 마음을 깨끗하게 하지만, 불신은 마음을 더럽히고 오염시킵니다(행 15:9; 딛 1:15,16 참고). 믿음은 그리스도의 의가 우리에게 전가되게 하지만, 불신은 우리를 율법 아래 매어 멸망하게 만듭니다(롬 4:23,24, 11:32; 갈 3:23 참고).

믿음은 우리의 행위가 그리스도를 통해 하나님께 열납되게 하지만, 불신이 하는 모든 것은 죄입니다(히 11:4; 롬 14:23 참고). 믿음이 없이는 하나님을 기쁘시게 할 수 없기 때문입니다(히 11:6 참고). 믿음은 우리에게 평안과 위로를 주지만, 불신은 바람에 밀려 요동하는 바닷물결같이 흔들리게 만듭니다(롬 5:1; 약 1:6 참고).

믿음은 그리스도 안에서 보화를 발견하지만, 불신은 그 안에서 흠모할 만한 아름다운 것을 찾지 못합니다(벧전 2:6-8; 사 53:1-3 참고). 믿음은 우리로 그리스도의 충만한 삶을 살게 하지만, 불신은 비참한 삶을 살게 합니다(갈 2:20 참고). 믿음은 우리를 율법과 죄와 사망과 사탄과 모든 악에 승리하게 하지만, 불신은 우리를 이 모든 것에 취약하게 만듭니다(요일 5:4; 눅 12:46 참고).

믿음은 보이는 것보다 보이지 않는 것에 더욱 큰 가치를 두지만, 불신은 장래의 일보다 눈앞에 보이는 것을 더욱 중요하게 생각합니다(고후 4:18; 히 11:24-27; 고전 15:32 참고). 믿음은 우리에게 하나님의 도를 기쁨으로 받게 하지만, 불신은 그것을 무겁고도 어려운 것으로 만듭니다(갈 5:6; 고후 12:10,11; 요 6:60; 시 2:3 참고).

아브라함과 이삭과 야곱은 믿음으로 말미암아 약속의 땅을 얻었지만, 아론과 미리암과 모세와 그를 따라 나선 자들은 불신으로 말미암아 그곳에 들어가지 못했습니다(히 11:9, 3:19 참고). 이스라엘 백성들은 믿음으로 홍해를 건넜지만, 그들 중 대부분의 사람들은 불신으로 광야에서 멸망했습니다(히 11:29; 유 1:5 참고). 이스라엘의 열두 지파가 믿음이 없어 하지 못한 일을 기드온은 믿음으로 삼백 명의 군사와 빈 항아리로 해냈습니다(삿 7:16-22; 민 14:11,14 참고). 베드로는 믿을 때에 물 위로 걸었으나, 믿지 않을 때에 빠져 들어갔습니다(마 14:22-33 참고).

이와 같은 사례는 얼마든지 있습니다. 그러므로 구원받았다고 생각하는 영혼들은 불신에 빠지지 않도록 조심해야 합니다. 비록 그분의 안식에 들어갈 약속이 우리에게 남아 있을지라도, 혹 이르지 못할 자가 있을까 두려워하십시오.

2. 자기 점검

지금까지 그리스도에게로 와야 할 필요성과 그리스도께서 자기에게 오는 자를 받아 주신다는 사실과 그분에게 오는 자가 그분으로 말미암아 받게 될 유익에 대해서 살펴보았습니다. 이제 여러분 자신에게 다음과 같은 질문을 진지하게 던져 보십시오.

"나는 진정으로 예수 그리스도에게 나아오고 있는가?"

이 질문에 분명하게 대답하기 위해서는 몇 가지를 점검해 보아야 합니다. 이러한 과정을 통해 자신을 양심적으로 돌아보아야 합니다. 왜냐하면 만일 여러분이 예수 그리스도에게 나아오고 있지 않다면, 여러분은 죄와 육신과 사망과 마귀의 올무와 율법의 저주 아래 놓여 있는 것이기 때문입니다. 또 예수 그리스도에게 나아오는 것 외에는 이러한 것들로부터 빠져나올 수 있는 다른 방법이 없기 때문입니다. 여러분이 그리스도께 나아온다면, 예수 그리스도는 여러분을 받아 주실 것이며 결코 내쫓지 않으실 것입니다. 여러분이 지금 예수 그리스도에게 나아온다면, 심판 날 후회하지 않을 것입니다. 그러나 여러분이 지금 나아오기를 거절한다면, 그날 크게 애통해할 것입니다.

이제 여러분은 그리스도에게로 나아오라는 초청을 받았습니다. 만일 여러분이 그리스도께 나아오기를 거절한다면, 이러한 초청을 받지 않았던 때보다 여러분에 대한 심판과 형벌이 더욱 크고 무거워질 것입니다.

여러분이 "예수 그리스도께 나아오고 싶습니다"라고 말한다면, 참으로 다행스런 일입니다. 그러나 아무런 근거 없이 말했다가 낭패를 당하지 않도록 몇 가지를 검증해 봅시다.

1) 예수 그리스도에게 오면서 무엇을 버렸습니까

여러분이 진정으로 예수 그리스도에게 나아오고 있다면, 여러분은 무엇을 버렸습니까? 무엇을 버리고 예수 그리스도께 나아오고 있습니까? 롯은 소돔에서 나올 때에 소돔 사람들을 버리고 나왔습니다(창 19:12-22 참고). 아브라함은 갈대아 우르를 떠날 때에 고향과 친척을 버리고 나왔습니다(창 12:1-9; 행 7:2-4 참고). 룻은 이스라엘의 하나님의 날개 아래로 피할 때에 부모와 이방 신들과 고향을 버렸습니다(룻 1:15-17, 2:11,12 참고). 베드로는 그리스도께서 부르실 때에 그물을 버려두고 예수님을 따랐습니다(마 4:18-20 참고). 마태는 그리스도께서 부르실 때 모든 세관 일을 버리고 따라나섰습니다(마 9:9 참고). 바울은 그리스도에게 나아올 때에 자신의 의를 버렸습니다(빌 3:6-9 참고). 마술을 행하던 사람들은 예수 그리스도에게 나아올 때에 모든 사람 앞에서 그 값이 은 오만이나 되는 책을 불태워 버렸습니다(행 19:18-20 참고).

여러분은 어떻습니까? 여러분은 죄를 떠났습니까? 소돔의 낙을 떠났습니까? 사랑하는 친구들과 지인들을 떠났습니까? 불법적인 소득과 우상과 자신의 의와 불법적인 책과 주술적인 것들을 버렸습니까? 이러한 것들 가운데 어느 것 하나라도 버리지 않고 여러분의 마음과 삶 속에 남겨 두었다면, 여러분은 아직도 예수 그리스도께 나아오지 않은 것입니다.

2) 여러분을 그리스도에게 오게 만드는 동인이 있습니까

여러분이 예수 그리스도에게 나아왔습니까? 대답해 보십시오. 무엇이 여러분을 예수 그리스도께로 나아오게 하였습니까? 일반적으로 사람은 동인이 없이는, 조금 더 정확히 말해서 그러한 동인이 사람들을 움직이게 만들지 않으면 움직이지 않습니다. 예수 그리스도에게 나아오는 것도 마찬가지입니다. 이것은 이유가 있어야 한다는 뜻이 아니라 그들을 움직이게 만드는 원인이 있어야 한다는 말입니다. 동인이 그들을 보내지 않으면 예수 그리스도에게 나아오지 않습니다.

여러분은 어떻습니까? 여러분은 여러분을 나아오게 만든 동인이 있습니까? 현재 유죄 선고를 받은 상태라면, 그리스도에게 나아올 충분한 이유가 될 것입니다. 그러나 그러한 이유가 그들을 움직이지 않는다면 아무런 소용이 없습니다. 그들의 눈이 열려 그러한 상태에 있는 자신을 보기 전에는 아무런 효과가 없습니다. 그들을 예수 그리스도에게 나아가게 만드는 것은 진노 아래 머물러 있는 상태가 아니라 그것을 보는 것입니다. 모든 사람이 죄로 말미암아 진노 아래 있지만, 예수 그리스도에게 나아오는 사람은 별로 없습니다. 왜냐하면 사람들이 자신의 상태를 깨닫지 못하기 때문입니다.

세례 요한은 "누가 너희를 가르쳐 임박한 진노를 피하라 하더냐"(마

3:7)라고 말했습니다. 사람은 경고를 받기 전에는, 그리고 그 경고를 받아들이기 전에는 예수 그리스도에게로 오지 않습니다. 이스라엘 백성은 자신들이 율법으로 말미암아 죽게 되었다는 사실을 깨닫기까지 중보자를 찾지 않았습니다(출 20:18,19 참고). 세리는 자신이 죄로 말미암아 멸망하게 된 자임을 깨닫고 나서야 나아왔습니다(눅 18:13 참고). 탕자는 사망이 그를 집어삼키려 할 때까지 나아올 생각을 하지 않았습니다(눅 15:17,18 참고). 삼천 명이나 되는 사람들은 자신이 어떻게 해야 구원을 얻을 것인지를 염려하기 전까지는 나아오지 않았습니다(행 2:37-39 참고). 바울은 자신이 멸망하게 되었다는 사실을 깨닫기 전까지 나아올 생각을 하지 않았습니다(행 9:3-11 참고). 간수는 자신이 죽게 된 것을 안 후에야 나아왔습니다(행 16:29-31 참고).

영적인 병에 걸린 것을 깨닫지 못하는 사람을 예수 그리스도에게로 보내느니 차라리 건강한 사람을 병원에 가게 하거나 아프지도 않은 사람에게 약을 먹으라고 설득하는 편이 더 쉬울 것입니다. 건강한 사람에게는 의사가 필요 없습니다(막 2:17 참고). 그런데 왜 그가 의사에게 가겠습니까? 아구까지 가득 찬 주전자에는 물을 더 담을 수 없습니다. 그런데 왜 샘으로 가겠습니까? 여러분이 다른 것으로 가득 차 있다면 그리스도께 제대로 나아올 수 없습니다. 그래서 그리스도는 여러분을 텅 빈 상태로 보내실 것입니다(눅 1:52,53 참고). 그리고 '상심한 자들을 고치시며 그들의 상처를 싸매실' 것입니다(시 147:3 참고).

3) 그리스도에게서 무엇을 발견하였습니까

여러분이 예수 그리스도에게 나아오고 있습니까? 그렇다면 여러분은 그분에게서 무엇을 보았습니까? 예수 그리스도에게 나아오기 위해서는 반드시 무언가를 보아야 합니다. 그렇지 않으면 결코 그리스도께 나아올 수 없습니다. 무엇이 여러분으로 하여금 세상을 다 버리고 그분에게 나아오게 만들었습니까?

여러분은 그분의 인격에서 어떤 흠모할 만한 아름다운 것을 발견하였습니까? 여러분이 그리스도에게서 그런 것을 발견하지 못한다면, 여러분은 그분에게로 오지 않을 것입니다(사 53:1-3 참고). 아가서의 노래들은 그리스도 안에 무엇인가 훨씬 더 아름답고 매력적이며 흠모할 만한 것이 있다는 사실을 가르쳐 줍니다. 그렇지 않다면, 밤낮 '그가 어디 있느냐'라고 물으면서 그토록 애타게 그를 찾아다니지 않을 것입니다(아 6:1 참고).

이 땅에는 우리의 마음을 빼앗는 것들이 많이 있습니다. 여러분이 눈을 닫고서 예수 그리스도의 아름다움을 보지 못하고 살아가는 한, 여러분의 마음은 언제나 이 땅에 머물러 있을 것입니다.

여러분은 참으로 예수 그리스도께 나아왔습니까? 그렇다면 그분에게 나아온 후에 여러분은 무엇을 발견하였습니까? 베드로는 그리스도께 나아온 후에 영생의 말씀을 발견하였습니다(요 6:68 참고). 그는 그리스도가 생명을 나누어 주시는 산 돌이심을 발견하였습니다(벧전 2:4, 5 참고). 그리스도는 자기에게 나아오는 자들이 마음의 쉼을 얻을 것이라고 말씀하셨습니다(마 11:28 참고). 그렇다면 여러분은 그분에게서 마음의 쉼을 얻었습니까?

구약성경에 등장하는 인물들을 살펴봅시다.

아브라함은 자신이 발견한 것 때문에 고향을 떠나 이 땅에서 순례자요 나그네로 살았습니다(창 12:1-4; 히 11:8-10 참고). 모세는 자신이 발견한 것 때문에 애굽의 모든 보화와 왕관을 버렸습니다(히 11:24-26 참고). 다윗은 그분에게서 많은 것을 발견하고는 "주의 궁정에서의 한 날이 다른 곳에서의 천 날보다 나은즉 악인의 장막에 사는 것보다 내 하나님의 성전 문지기로 있는 것이 좋사오니"(시 84:10)라고 고백하였습니다. 다니엘의 세 친구는 그리스도에게서 무엇을 발견하였기에 그분을 위해 극렬히 타는 풀무 불 속으로 뛰어들었으며(단 3장 참고), 다니엘은 무엇 때문에 사자 굴에 던짐을 당했습니까?(단 6장 참고)

이번에는 순교자들을 살펴봅시다.

스데반은 자신이 발견한 것 때문에 그리스도의 이름을 위하여 기쁘고도 평화롭게 자신의 생명을 드렸습니다(행 7:55-60 참고). 이그나티우스(Ignatius)는 자신이 발견한 것 때문에 그리스도를 부인하기보다 처참한 고통과 죽음을 더 원하였습니다.[1]

로마누스(Romanus)는 그리스도 안에서 무엇을 보았기에 분노로 가득한 황제의 끔찍한 협박 앞에서 "황제여, 나는 당신이 어떠한 형벌로

---

1) *Acts and Monuments*, vol 4, p.25.

협박할지라도 그것을 달게 받을 것이며, 살려달라고 하지 않을 것입니다"라고 대답하였을까요? 애굽인 메나스(Menas)는 그리스도 안에서 무엇을 보았기에 잔인한 고문을 받으면서도 "내 마음속에 하늘나라와 견줄 만한 것은 없다. 온 세상을 다 준다고 해도 어찌 한 영혼보다 귀하겠는가? 우리를 예수 그리스도의 사랑에서 떼어 놓을 자가 누구인가? 나는 나의 주, 나의 왕으로부터 육신을 죽이는 자를 두려워하지 말라고 배웠다"라는 확신에 찬 고백을 하였을까요?[2]

율랄리아(Eulalia)는 그리스도 안에서 무엇을 보았기에 한쪽 관절이 부러지는 순간에도 "주여, 나는 결코 당신을 잊지 않겠습니다. 그리스도여, 당신의 승리를 기억하게 하시니 감사합니다"라고 외쳤을까요? 아그네스(Agnes)는 과연 그리스도에게서 무엇을 보았기에 자신을 처형하려는 군인들을 기쁨으로 맞이할 수 있었을까요? 그녀는 "나는 이 칼을 기꺼이 온몸으로 받아들일 것이다. 나는 칼자루까지 받아들일 것이다. 그리하여 이 악한 세상을 벗어나 나의 신랑이신 그리스도와 함께할 것이다"라고 고백하였습니다.[3]

율리타(Julitta)는 그리스도 안에서 무엇을 보았기에 우상에게 절하지 않으면 어떤 보호도 받을 수 없으며, 모든 재산과 목숨까지 내어 놓아야 한다는 황제의 명령에 대해, "나의 생명아, 세상 부귀야, 잘 있거라. 죽음아, 속히 오너라. 나의 모든 소유를 수천 번 내놓아야 할지라

---

[2] Ibid, p.116,117.
[3] Ibid, p.121,122.

도 나는 나의 창조주를 배반하지 않을 것이다"라고 하였을까요?[4]

마르쿠스(Marcus)는 그리스도에게서 무엇을 보았기에 대적들이 그를 칼로 벤 후 꿀을 발라 파리와 벌 떼의 먹이로 매달아 놓았을 때에도 목숨을 부지하기 위해 단 한 푼도 내놓을 수 없다고 하였을까요?[5] 콘스탄틴(Constantine)은 그리스도에게서 무엇을 보았기에 그분을 위해 박해받은 사람들의 상처를 볼 때마다 입을 맞추었을까요?[6]

그들은 그리스도에게 나아온 후에 조롱과 채찍질뿐만 아니라 시험과 칼로 죽임을 당하고, 궁핍과 환난과 학대를 받았습니다. 그러나 이러한 사탄의 온갖 괴롭힘에도 개의치 않고 그들은 그리스도를 향한 사랑을 드러냈습니다. 이러한 예는 얼마든지 있습니다.

그러나 여기서 중요한 것은 '여러분 자신이 그리스도에게서 무엇을 발견했느냐' 하는 것입니다. 그리스도에게 나아오면서도 그분에게서 아무것도 발견하지 못했습니까? 혹은 발견한 것이 있기는 하지만 그것이 여러분을 죄의 낙이나 육신의 정욕으로부터 떼어 놓지는 못합니까? 그러한 것들로부터 떠나야 합니다. 그렇지 않으면 여러분은 예수 그리스도에게 나아오고 있는 것이 아닙니다. 예수 그리스도에게 나아온 사람은 그분에게서 다른 곳에서는 결코 발견할 수 없는 것을 발견해야 합니다.

---

[4] Ibid, p.122.
[5] Ibid, p.119.
[6] Ibid, p.135.

그리스도에게 나아오는 사람들은 그들이 범한 죄를 그들에게 돌리지 않고 세상과 자기를 화목하게 하시는 하나님을 발견합니다. 그리스도가 아니고서는 하늘이나 땅 그 어디에서도 하나님을 발견할 수 없습니다(고후 5:19,20 참고).

또 예수 그리스도에게 나아오는 사람들은 그분에게서 죄를 용서하고 영혼을 거룩하게 하시며 이 악한 세상에서 넘어지지 않도록 지키시는 '은혜의 샘'을 발견합니다.

예수 그리스도에게 나아오는 사람들은 그분에게서 능력을 발견합니다. 그리스도가 말씀으로 여러분을 찾아가거나 여러분이 믿음으로 그리스도를 만나는 순간 곧바로 생명이 여러분의 영혼으로 옮겨 가는 능력을 발견합니다. 이 능력이 여러분을 마치 잠에서 깨어난 사람처럼 깨울 것이며, 여러분의 영혼의 모든 능력을 깨울 것입니다.

여러분이 예수 그리스도에게 나아왔습니까? 여러분은 그리스도에게서 이 세상 무엇과도 비교할 수 없는 영광을 발견하였습니까? 그리스도의 영광은 약탈한 산에 비할 수 없습니다.

"주는 약탈한 산에서(more than) 영화로우시며 존귀하시도다"(시 76:4).

무슨 말을 더 하겠습니까? 여러분은 그리스도에게서 의를 발견하였으며, 쉼과 평안과 기쁨과 천국과 영광과 영생을 발견하였습니다.

죄인들이여, 마음속으로 한 번 더 물어보십시오. "나는 예수 그리스도에게 나아오고 있는가?" 여러분이 그리스도께 나아오고 있느냐 나아오고 있지 않느냐에 따라 천국과 지옥이 결정됩니다. "나는 그리스도에게 나아오고 있다"라고 대답할 수 있다면, 여러분은 참으로 행복한 사람이요, 하나님께서 여러분을 인정하실 것입니다. 그러나 여러분이 그리스도에게 나아오고 있지 않다면 무엇으로 행복할 수 있겠습니까? 영생을 위해 예수 그리스도에게 나아오지 않는 사람이 어떻게 행복할 수 있겠습니까? 그런 사람은 결국 저주를 받아 지옥으로 가게 될 것입니다.

3. 위로와 격려

예수 그리스도에게 나아오는 죄인들이여, 그리스도께서 "결코 내쫓지 아니하리라"라고 하신 말씀에 큰 위로를 받기 바랍니다. 여러분은 사람들 가운데 주의 복을 받은 자들입니다. 하나님 아버지는 여러분을 위하여 독생자를 희생 제물로 준비하셨으며, 여러분의 주 예수 그리스도는 여러분을 위한 처소를 예비하러 가셨습니다(요 1:29; 히 10장 참고).

여러분은 완전하신 그리스도에게 나아오고 있습니다. 여러분은 영적으로나 육적으로, 그리고 이 세상에서나 장차 올 세상에서 조금도 부족함이 없습니다. 이는 반드시 예수 그리스도 안에서, 또는 그리스도에 의해서 얻을 수 있습니다. 단 지파가 얻으려는 땅이 부족함이 없는 땅이었던 것처럼(삿 18:10 참고) 그리스도도 마찬가지입니다. 그분과 함께하면 하늘이나 땅 위에 있는 어떤 좋은 것도 부족하지 않습니다.

1) 그리스도는 충만하신 분입니다

(1) 그리스도에게는 은혜가 충만합니다.

이 은혜는 때때로 사랑으로 간주됩니다. 그 누구도 예수 그리스도만큼 사랑할 수 없습니다. 다윗을 향한 요나단의 사랑은 여인의 사랑보다 위대했지만, 그리스도의 사랑은 지혜를 뛰어넘습니다. 그것은 온 세상과 모든 피조물의 사랑을 다 합한 것보다 더 크고, 사람과 천사의 사랑보다 더 위대합니다. 그 사랑 때문에 그리스도는 자신의 영광을 내려놓고 하늘 보좌를 떠났습니다. 그 사랑 때문에 그분은 육신을 입고 마구간에서 태어나셨으며, 구유에 누우셨습니다. 그 사랑 때문에 그분은 이 땅에서 가난하게 사셨으며, 우리의 질고와 연약과 죄와 저주와 사망과 진노를 대신 지셨습니다. 비천하고도 무가치하며 감사하지 않는 백성, 자신을 대적한 백성들을 위해서 말입니다.

"우리가 아직 연약할 때에 기약대로 그리스도께서 경건하지 않은 자를 위하여 죽으셨도다. 의인을 위하여 죽는 자가 쉽지 않고 선인을 위하여 용감히 죽는 자가 혹 있거니와 우리가 아직 죄인 되었을 때에 그리스도께서 우리를 위하여 죽으심으로 하나님께서 우리에 대한 자기의 사랑을 확증하셨느니라. 그러면 이제 우리가 그의 피로 말미암아 의롭다하심을 받았으니 더욱 그로 말미암아 진노하심에서 구원을 받을 것이니 곧 우리가 원수 되었을 때에 그의 아들의 죽으심으로 말미암아 하나님과 화목하게 되었은즉 화목하게 된 자로서는 더욱 그의 살아나심으로 말미암아 구원을 받을 것이니라"(롬 5:6-10).

(2) 그리스도에게는 진리가 충만합니다.

성경은 그분에 대해 "은혜와 진리가 충만하더라"(요 1:14)라고 말합니다. 진리는 언약의 이행에 대한 신실함을 뜻합니다. 그분은 본문("내가 결코 내쫓지 아니하리라")의 약속을 비롯한 모든 약속을 반드시 지키십니다. 그러하기에 그리스도의 말씀은 진리입니다. 하나님은 언약을 지키시는 신실한 하나님이십니다. 그리고 그리스도의 언약 역시 진리입니다.

"주께서 옛적에 우리 조상들에게 맹세하신 대로 야곱에게 성실을 베푸시며(진리를 이루시며) 아브라함에게 인애를 더하시리이다"(미 7:20).

그리스도와 그분의 말씀은 진리입니다.

"내가 곧 길이요 진리요"(요 14:6).

"진리의 글"(단 10:21).

"진리의 말씀들"(전 12:10).

"주의 율법은 진리로소이다"(시 119:142).

"주의 말씀들이 참되시니이다"(삼하 7:28).

"그의 입에는 진리의 법이 있었고"(말 2:6).

그리스도의 말씀은 진리이며, 그분은 이 진리를 수천 대까지 성취하시는 진리로 충만하십니다. 그분은 여러분을 속이지 않으십니다. 그러므로 그리스도께 나아오는 죄인들이여, 예수 그리스도께 담대히 나아오시기 바랍니다.

(3) 그리스도에게는 지혜가 충만합니다.

그분은 우리에게 하나님의 지혜가 되십니다.

"예수는 하나님으로부터 나와서 우리에게 지혜와 의로움과 거룩함과 구원함이 되셨으니"(고전 1:30).

그분은 교회 전체의 일과 그리스도에게 나아오는 모든 사람들의 구체적인 삶을 모두 주관하시는 지혜입니다. 그렇기 때문에 그분은 '만물 위에 머리'가 되십니다(엡 1:22 참고). 즉, 교회의 유익을 위해 이 세상의 모든 것을 다스리시는 지혜가 되십니다. 모든 사람의 행위와 사탄의 시험과 하나님의 섭리와 고통과 절망을 하나님의 지혜이신 그리스도께서 주관하십니다. 그리고 이 모든 것을 교회의 유익을 위해 사용하십니다. 그러므로 어떤 어려움이나 사악한 방해가 있을지라도, 그리스도께서 도우시면 이 세상에서 일어나는 모든 일이 그리스도의 교회와 백성에게 유익한 방향으로 진행될 것입니다.

(4) 그리스도는 성령으로 충만합니다.

그리스도는 자기에게 나아오는 죄인들에게 성령을 베푸십니다. 그분께서 성령을 한량없이 받으셨기 때문에 모든 사람들에게 성부께서 정하신 분량에 따라 성령을 나누어 주실 수 있습니다(요 3:34; 딛 3:5,6; 행 1:5 참고). 그러하기에 그리스도께서는 자기에게 나아오는 사람들에게 "그 배에서 생수의 강이 흘러나오리라"(요 7:38)라고 말씀하십니다.

그리스도는 참으로 성령의 은혜로 충만한 '보고(storehouse)'입니다.

"우리가 다 그의 충만한 데서 받으니 은혜 위에 은혜러라"(요 1:16).

그분은 겸손히 회개하며 나아오는 모든 사람들에게 풍성한 믿음과 사랑과 신실함과 겸손과 은혜를 주시고, 그 위에 성령을 넘치도록 부어 주십니다. 그러므로 그리스도에게 나아오는 죄인들이여, 여러분은 결코 황량한 사막으로 나아오고 있는 것이 아닙니다.

(5) 그리스도에게는 긍휼이 풍성합니다.

영생을 위해 그리스도에게 나아오는 사람은 이러한 긍휼을 깨닫습니다. 그분은 여러분의 연약함을 받아 주십니다. 그분은 여러분의 무지를 불쌍히 여기시며, 여러분의 연약함을 체휼하십니다(히 5:2 참고). 그분은 여러분의 허물을 사랑으로 용서하시고, 여러분의 배교를 치유하시며, 아무 조건 없이 여러분을 사랑하십니다(히 2:17,18; 마 9:2; 호 14:4; 겔 16:5,6; 사 63:9; 시 78:38 참고). 그분의 긍휼은 끝이 없습니다. 그분은 상한 갈대를 꺾지 않고 꺼져 가는 심지를 끄지 않습니다(마 12:20 참고). 그분은 긍휼을 받지 못한 사람을 긍휼히 여기시고, 여러분의 고난을 대신 담당하십니다(시 86:15, 111:4, 112:4; 애 3:22 참고).

(6) 그리스도에게는 능력과 엄위가 풍성합니다.

그리스도에게 나아오는 죄인들이여, 여러분이 나아가고 있는 예수 그리스도는 여러분의 대적에 대한 능력과 엄위를 가지고 계십니다. 그분은 여러분의 모든 대적보다 훨씬 뛰어납니다. 그분은 만왕의 왕이시며, 여러분을 위해 인생의 모든 도모를 꺾으십니다. 그분은 여러분의 길에 도사리고 있는 뱀을 멸하시고, 여러분을 둘러싸고 있는 모든 환난과 어려움에서 여러분을 구해 내실 것입니다(시 27:5,6 참고). 그분의 마음은 지혜로우며, 그분의 능력은 한이 없습니다(고전 1:24; 롬 8:28; 마 7:29, 28:18 참고). 모든 생명이 그분의 장중에 있으며(계 15:3,4; 요 9:4, 17:2 참고), 타락한 천사들도 그분 앞에서 부들부들 떨 것입니다(눅 8:24; 약 2:19 참고). 그분은 여러분의 생명을 능히 구원하실 것입니다.

(7) 그리스도는 겸손하십니다.

그리스도에게 나아오는 죄인들이여, 여러분이 나아가고 있는 예수 그리스도는 마음이 겸손한 분이십니다. 그분은 아무도 멸시하시지 않습니다. 그분은 여러분이 비천하거나 약하다고 무시하시지 않습니다(마 9:20 참고). 그분은 여러분이 가난하거나 추하거나 어리석다고 경멸하시지 않습니다(눅 14:21; 잠 9:4-6 참고). 그분은 어리석고 비천한 자를 택하시고, 오히려 이 세상의 지혜와 힘을 무시하십니다(사 38:14,15 참고). 그분은 여러분의 더듬거리는 기도를 들으시고, 마음으로 부르짖는 탄식의 의미를 아시며, 여러분의 정성이 담긴 보잘것없는 헌물을 받으십니다(요 4:27; 막 12:33,34; 약 5:11 참고).

얼마나 복되신 그리스도입니까? 그러므로 그리스도에게 나아오는 죄인들이여, 여러분은 참으로 행복한 사람입니다.

2) 그리스도는 넓은 마음을 가지고 계십니다

예수 그리스도에게 나아오는 사람이 그분으로 말미암아 누리는 유익은 또 있습니다. 그분은 모든 것에 충만하실 뿐만 아니라 넓은 마음을 가지고 계십니다. 그분은 여러분을 위해 자신이 가진 것을 기꺼이,

그리고 아낌없이 내어 주십니다. 그분은 마음과 손을 모두 열어 놓고 계십니다. 이제 이러한 사실에 대해 더욱 구체적으로 살펴보겠습니다.

(1) 그리스도가 여러분을 오라고 부르셨습니다.

이것은 그분의 넓은 마음을 확실하게 보여 줍니다. 그분은 여러분을 오라고 부르셨습니다. 만일 그분에게 그러한 마음이 없다면 그렇게 하시지 않았을 것입니다. 그리스도는 자기에게 나아오는 여러분들을 향해 구하고 찾고 두드리라고 명령하십니다. 또 여러분을 격려하기 위해 다음과 같은 약속을 덧붙이십니다.

"구하라 그리하면 너희에게 주실 것이요 찾으라 그리하면 찾아낼 것이요 문을 두드리라 그리하면 너희에게 열릴 것이니, 구하는 이마다 받을 것이요 찾는 이는 찾아낼 것이요 두드리는 이에게는 열릴 것이니라"(마 7:7,8).

만일 부자가 가난한 사람에게 이렇게 말한다면, 그 부자는 마음이 넓은 사람이 아니겠습니까? 가령 그가 자신의 집에 찾아와 문 앞에서 구하고 문을 두드리면 원하는 것을 주겠다고 말한다면, 그는 참으로 인심이 후한 사람이 아닙니까? 예수 그리스도께서 바로 그렇게 하십니다. 이 사실을 기억하시기 바랍니다(사 55:3; 시 50:15 참고).

(2) 그리스도는 복을 주시겠다고 약속하셨습니다.

그리스도는 여러분을 오라고 부르셨을 뿐만 아니라 기꺼이 복을 주시겠다고 말씀하십니다. 그분은 그 일을 기쁨으로 하십니다.

"내가 기쁨으로 그들에게 복을 주되 분명히 나의 마음과 정성을 다하여 그들을 이 땅에 심으리라"(렘 32:41).

(3) 그리스도는 꾸짖지 않고 주십니다.

그분은 모든 사람에게 후히 주시고 꾸짖지 않으십니다(약 1:5 참고). 가난한 자에게 기쁨을 주고 싶어하는 사람들이 있지만, 그들은 긍휼을 베풀면서 여러 가지 간섭과 조언을 덧붙입니다. 그래서 도움을 받는 사람이 고마움을 크게 느끼지 못하는 것입니다. 그러나 그리스도께서는 그렇게 하시지 않습니다. 그분은 여러분의 모든 죄를 등 뒤에 던지시고(사 38:17 참고) 다시는 그러한 불의와 악을 기억하지 않으십니다(히 8:12 참고).

(4) 그리스도는 자기에게 나아오지 않는 자들에 대해 탄식하십니다.

그리스도가 마음이 넓으신 것은 그분에게 나아오지 않는 자들에 대한 탄식에 잘 나타납니다.

"예루살렘아 예루살렘아, 선지자들을 죽이고 네게 파송된 자들을 돌로 치는 자여, 암탉이 그 새끼를 날개 아래에 모음같이 내가 네 자녀를 모으려 한 일이 몇 번이더냐? 그러나 너희가 원하지 아니하였도다"(마 23:37).

그분은 그들에 대해 탄식하셨습니다. 성경의 다른 곳에서는 "그러나 야곱아 너는 나를 부르지 아니하였고, 이스라엘아 너는 나를 괴롭게 여겼으며"(사 43:22)라고 말씀하십니다. 우리는 이 말씀을 통해 구원에 대한 그리스도의 의지를 읽을 수 있습니다. 그분이 생명과 유익한 것들을 여러분에게 얼마나 주고 싶어하시는지를 볼 수 있습니다. 그분은 여러분이 나아오지 않을 때 탄식하시고, 여러분이 그분의 이름을 부르지 않을 때 마음 아파하십니다.

그리스도에게 나아오는 죄인들이여, 예루살렘이 그의 날개 아래로 오지 않을 때에 예수님께서 성을 바라보시면서 "너도 오늘 평화에 관한 일을 알았더라면 좋을 뻔하였거니와 지금 네 눈에 숨겨졌도다"(눅 19:42)라고 말씀하시면서 우셨던 것을 기억하십시오.

(5) 그리스도는 탕자가 돌아오는 것을 매우 기뻐하십니다.

그리스도의 넓은 마음은 탕자가 집으로 돌아왔을 때 크게 기뻐하신다는 사실에도 잘 나타납니다. 그분은 잃어버린 양을 찾고 기뻐하셨습니다. 그분은 몇 푼 되지 않는 돈을 찾고 기뻐하셨습니다. 그분은 탕자가 돌아왔을 때 얼마나 기뻐하셨는지, 그의 집에 풍악과 춤추는 소리가 가득했습니다(눅 15장 참고).

그리스도에게 나아오는 죄인들이여, 여러분에게 도움을 주기 위해 몇 가지 격려를 덧붙이고자 합니다.

첫째, 하나님은 여러분이 나아오는 그곳에 속죄소, 즉 은혜의 보좌를 마련해 두셨습니다. 하나님은 그곳에서 여러분의 기도를 들으시고 받아 주실 것입니다. 하나님은 이 속죄소 위에서 여러분과 만나겠다고 말씀하셨습니다

"거기서 내가 너와 만나고 속죄소 위 곧 증거궤 위에 있는 두 그룹 사이에서 내가 이스라엘 자손을 위하여 네게 명령할 모든 일을 네게 이르리라"(출 25:22).

하나님은 마치 "죄인들아, 너희가 내게 나아오면 속죄소 위에서 나를 만날 것이며, 나 역시 언제든지 너희와 만날 것이다. 나는 그곳에서

너희를 용서할 것이며, 너희의 간구를 듣고 너희를 은혜로 받아 줄 것이다"라고 말씀하시는 것 같습니다.

둘째, 하나님은 여러분이 드리는 기도와 눈물을 위해 '금 제단'(계 8:3)을 준비하셨습니다. '금 제단'이란 금으로 만든 제단으로, 하나님께서 여러분의 기도와 눈물을 얼마나 귀하게 여기시는지를 보여 줍니다. 이 금 제단이 바로 예수 그리스도이십니다. 이 제단이 여러분과 여러분의 제물을 열납되게 만듭니다(마 23:19; 히 10:10; 벧전 2:5 참고).

셋째, 하나님은 여러분이 있던 지옥문으로부터 여러분이 향하고 있는 하늘문에 이르기까지 모든 길을 자신의 정원에 있는 꽃으로 단장해 놓으셨습니다. 수많은 약속과 초청과 부르심과 격려가 여러분이 가는 길 주변을 백합화처럼 수놓고 있지 않습니까? 그것을 발로 짓밟지 않도록 주의하십시오. 이러한 약속들은 그리스도에게 나아오는 죄인들을 격려하기 위해 아버지와 아들의 이름과 함께합니다. 또한 자비와 선함과 긍휼과 사랑과 불쌍히 여김과 은혜와 용서와 죄 사함의 이름과 함께합니다.

넷째, 하나님은 여러분을 격려하시기 위해 구원받은 자들의 이름과 그들이 범한 죄를 모아 두셨습니다. 그분의 책에는 여러분이 인내하고 성경의 위로로 소망을 가지도록 이 모든 것이 상세하게 기록되어 있습니다. 이 책에는 노아의 이름과 그의 죄, 그리고 하나님께서 그에게 어떠한 긍휼을 베푸셨는지가 기록되어 있습니다. 이 책에는 롯과 그의 죄의 성격과 하나님께서 그에게 어떠한 긍휼을 베푸셨는지가 기록되어 있습니다. 이 책에는 모세와 아론과 기드온과 삼손과 다윗과 솔로몬과 베드로와 바울의 이름과 그들의 죄가 어떠한 것이며, 하나님께서 그들에게 어떠한 긍휼을 베푸셨는지가 기록되어 있습니다. 이 모든 것이 그리스도에게 나아오는 사람들을 격려합니다.

예수 그리스도에게 나아오는 사람들을 위하여 또 하나의 격려를 덧붙이고자 합니다. 여러분은 참으로 그리스도에게 나아오고 있습니까? 여러분이 나아오는 것은 하나님의 부르심 때문입니다. 여러분은 그리스도께 나아오기 전에 부르심을 받았습니다. 부르심은 행위나 공로에 의한 것이 아니라 부르시는 이로 말미암습니다. 그분은 산에 올라가 원하는 자들을 부르셨으며, 부르심을 받은 자들은 그분께 나아왔습니다(막 3:13 참고).

여러분은 그리스도에게 나아오고 있습니까? 그렇다면 그것은 하나님의 조명(illumination) 때문입니다. 하나님이 여러분으로 보게 하셨기 때문에 여러분이 나아올 수 있는 것입니다. 여러분이 어둠 속에 있는 한 여러분은 어둠을 사랑할 것이며, 여러분의 행위가 악하기 때문에 그리스도에게 나아올 수 없습니다. 그러나 이제 하나님의 조명을 받아 여러분이 누구이며 어디에 있는지, 그리고 여러분의 구주가 누구이며 어디에 계신지를 알았기 때문에 예수 그리스도께 나아오게 된 것입니다. 예수님은 "바요나 시몬아, 네가 복이 있도다. 이를 네게 알게 한 이는 혈육이 아니요 하늘에 계신 내 아버지시니라"(마 16:17)라고 말씀하셨습니다.

여러분은 그리스도에게 나아오고 있습니까? 그렇다면 그것은 하나님께서 여러분의 마음을 그리스도에게로 이끄셨기 때문입니다. 하나님은 여러분을 부르시고 조명하시어 여러분의 마음이 그리스도에게로 향하도록 하셨습니다. 그 결과 여러분이 예수 그리스도에게 나아오게 된 것입니다. 여러분 안에서 예수 그리스도에게 나아올 '의지'가 일어나도록 역사하신 분이 바로 하나님이십니다. 그러므로 예수 그리스도에게 나아올 '의지'를 주신 하나님께 영광을 돌려야 합니다. 여러분이 예수 그리스도에게 속한 것은 하나님께서 그리스도에게로 나아올 의지를 여러분에게 주셨기 때문입니다(시 110:3 참고). 여러분의 마음에서 적대감이 사라지게 하신 하나님께 감사해야 합니다. 하나님께서 그렇게 하시지 않았다면, 여러분은 여러분의 구원을 싫어했을 것입니다.

여러분은 예수 그리스도에게 나아오고 있습니까? 여러분에게 능력을 주신 분이 하나님이십니다. 하나님께서 여러분이 구원에 대한 의지를 강력하게 추진할 수 있도록 힘을 주셨습니다.

"너희 안에서 행하시는 이는 하나님이시니 자기의 기쁘신 뜻을 위하여 너희에게 소원을 두고 행하게 하시나니"(빌 2:13).

하나님은 그러한 힘도 주시지 않은 채 여러분의 의지를 임의로 작동시키시지 않습니다. 여러분은 이러한 힘이 부가적인 은혜임을 알아야 합니다. 아가서에서는 "너는 나를 인도하라. 우리가 너를 따라 달려가리라"(아 1:4)라고 말합니다. '의지'와 '능력'을 별개의 것으로 본 것입니다. 다윗도 마찬가지입니다. 그는 "주께서 내 마음을 넓히시면 내가 주의 계명들의 길로 달려가리이다"(시 119:32)라고 고백했습니다. 이와 같이 그리스도에게 나아오려는 의지와 이러한 의지를 움직이는 힘은 별개의 은혜인 것입니다.

여러분이 어느 날 갑자기 생각하지도 못한 열정과 충동에 의해 예수 그리스도께로 달려가는 것(그리스도에게 나아오는 죄인은 이 말이 무슨 의미인지 알 것입니다) 역시 하나님의 도우심 때문입니다. 아마도 여러분은 종종 불현듯 예수 그리스도께로 달려가고 싶은 강력한 충동을 느낄 것입니다. 이와 같이 성령의 부드럽고도 강력한 바람과 상쾌한 미풍이 여러분의 돛을 향해 불어올 때, 여러분은 마치 바람 날개를 타듯이 모든 두려움과 시험을 극복하고 자신과 모든 기도를 넘어 그리스도께로 향하게 될 것입니다.

그리스도에게 나아오는 죄인들이여, 여러분은 가끔 예수 그리스도와 아름다운 입맞춤을 한 적이 없습니까? 꿀송이같이 복된 말씀이 지쳐 있는 여러분의 영혼에 부어져 새로운 힘이 솟아나는 것을 경험해 본 적이 없습니까? 설령 잠시 스쳐 지나가는 순간에 불과하더라도 때때로 예수 그리스도께서 여러분에게 자신을 슬쩍 비추시지 않습니까? 여러분은 마치 태양 빛이(갑자기 구름에 가려 사라지더라도) 온몸을 따사롭게 내리쬐듯이, 그분의 날개가 영혼의 빛처럼 여러분의 영혼을 부드럽게 감싸고 있다는 생각을 할 때가 없습니까? 이러한 것들은 모두 하나님의 선하신 손이 여러분에게 임하신 증거입니다.

그리스도에게 나아오는 죄인들이여, 이 모든 순간이 여러분이 의지를 가지고 그리스도께로 나아오도록 강권하여 마침내 구원에 이르도록 할 것입니다.

옮긴이 **황의무 목사**는 한국외국어대학교 영어과를 졸업하고 한국은행에서 근무하다가 기독신학대학원대학에서 신학을 공부하였습니다. 그리고 한국은행을 퇴직한 후에 고려신학교를 졸업(M.Div)하고, 현재 상도교회(고신) 담임목사로 시무 중이며, 역서로는 『그리스도인』, 『고난을 주시는 하나님』, 『그리스도의 임재』, 『그리스도인의 성장』 등이 있습니다.

잉글랜드 P&R 시리즈 27

내게로 오라

지은이 | 존 번연
옮긴이 | 황의무

펴낸곳 | 지평서원
펴낸이 | 박명규

편 집 | 정 은, 이윤경
디자인 | 안소영
마케팅 | 문신준

펴낸날 | 2011년 2월 8일 초판

서울 강남구 역삼동 684-26 지평빌딩 135-916
☎ 538-9640,1 Fax. 538-9642
등 록 | 1978. 3. 22. 제 1-129

값 10,000원
ISBN 978-89-6497-008-9-94230
ISBN 978-89-86681-78-9(세트)

메일주소 jipyung@jpbook.kr
홈페이지 www.jpbook.kr
페이스북 www.facebook.com/jipyung
트 위 터 @_jipyung